# 나라의

# 아버지,
# 대통령,
# 각 하,

# 이승만

역사하는 신문

하루의 역사를 기록한 신문을 통해 천년 동안 이어갈 역사를
재구성·재평가하기 위해 기획되었다.

나라의 아버지, 대통령, 각하, 이승만

초판 1쇄 인쇄 2020년 11월 25일
초판 1쇄 발행 2020년 11월 30일

엮은이 김홍식
펴낸이 김연희

펴 낸 곳 그림씨
출판등록 2016년 10월 25일(제406-251002016000136호)
주 소 경기도 파주시 광인사길 217(파주출판도시)
전 화 (031) 955-7525
팩 스 (031) 955-7469
이 메 일 grimmsi@hanmail.net

ISBN 979-11-89231-39-2 03910

이 도서의 국립중앙도서관 출판예정도서목록(CIP)은 서지정보유통지원시스템
홈페이지(http://seoji.nl.go.kr)와 국가자료공동목록시스템(http://www.nl.go.kr/kolisnet)에서
이용하실 수 있습니다.(CIP 제어번호: CIP2020046521)

# 나라의 아버지, 대통령, 각 하, 이승만

김흥식 엮음

그림씨

# 머리말

대한민국 초대 대통령 이승만은 대한민국 현대사에서 가장 문제적 인물 가운데 한 사람이다. 한편에서는 대한민국 초대 대통령으로서 자랑스러운 대한민국을 건국한 아버지(이승만이 개신교 신자로서 '하나님 아버지'를 평생 숭배하였다는 사실을 떠올리면 그를 '나라의 아버지'로 숭배하는 시민이 있다는 사실은 그에게 감개무량한 일일 것이다.)이자 애국자로 추앙하는 반면, 다른 한편에서는 일제강점기 내내 민족의 고통은 아랑곳하지 않고 자신의 명예만을 위해 동분서주했을 뿐 아니라 독립운동 내내 온갖 분열을 일으킨 인물, 나아가 한국전쟁(6·25전쟁) 시기 수도 서울을 버리고 자신의 안위만을 내세우며 도망쳤을 뿐 아니라 수많은 정적을 죽이면서 종신집권을 꾀하다가 학생과 시민의 저항을 받아 나라에서 쫓겨나 이역만리 타국 땅에서 죽은 독재자로 평가한다.

따라서 이 책을 엮은 이는 이승만에 대해 그 어떤 주관적 평가도 거부한다.

『나라의 아버지, 대통령, 각하, 이승만』은 역사 서술의 한 방식인 기사본말체에 의거, 「역사하는 신문」 시리즈로서 이러한 문제적 인물이 대한민국의 초대, 2대, 3대 대통령을 지내는 동안 그가 어떤 공적 활동을 했는지 그 당시 신문을 통해 증언한다.

그가 행한 행동, 주장한 정책, 수많은 인터뷰 내용, 그리고 그가 대통령으로 재임하던 12년 동안 대한민국 내에서 그와 밀접한 연관 아래 일어난 사건만을 증언하는 것이다.

이렇게 증언하는 까닭은 이승만이 사적(私的) 인물이 아니라 10년 이상(대통령으로 재임한 기간만도 12년이며 그 외에도 우리 겨레에 영향을 미친 시간까지 더하면 수십 년에 달한다.) 공적 지위에 있었기 때문에 대한민국 현대사를 이해하는 데 매우 중요한 지침이 되기 때문이다.

그리고 역사를 이해하고자 하는 시민 스스로 이 자료들을 통해 어떤 경우에는 '이승만 대통령 각하'로, 또 다르게는 '이승만 박사'로, 또는 '나라의 아버지'로 불린 이승만에 대해 정확한 평가를 내릴 수 있기를 바라기 때문이다.

물론 누군가는 말할 것이다.

"그 시대는 극히 짧은 시간만을 제외한다면 독재자 이승만이 쥐락펴락한 언론만이 존재했소. 그런데 그 언론들이 솔직하고 공정하게 보도를 했겠소? 그 시대 보도만을 가지고 어찌 그를 평가할 수 있단 말이오?"

맞다. 그러나 어느 시대에나 언론은 공평무사(公平無私)를 기치로 내걸 뿐 엄밀한 의미에서 공평무사하게 보도하지 않는다. 민주주의가 과도해 민의를 대변하기는커녕 온갖 가짜 뉴스가 난무하고 편파와 왜곡 보도로 이미 언론을 자본의 시녀, 권력의 하수인으로 치부하는 21세기 오늘날 언론이 온전히 공정하게 보도한다고 믿는 시민은 극히 일부분이다.

그러니 그러한 문제까지 엮은이가 책임을 질 수는 없을 것이다.

다만 이런 말을 덧붙이고 싶다.

"시대를 읽는 시민은 그러한 왜곡과 휘장 속에서 진실을 찾아내는 이들일 것입니다. 그들이 있기에 굴곡 많은 대한민국 현대사 속에서도 시민들이 오늘날과 같은 민주와 자유의 시대를 누릴 수 있는 것 아니겠습니까?"

독자 여러분이 그러한 눈썰미의 소유자이기를 바랄 뿐이다.

2020년 가을

김홍식

# 차례

## 일러두기

1 이 책에서 자료를 뽑은 신문은 『경향신문』과 『동아일보』이다.

2 이승만이 언론에 등장한 것은 대한제국 시기부터이다. 그러나 이 책에서는 광복한 대한민국의 정부가 수립된 이후로부터의 행적만을 수록하였다. 이는 정부수립 전까지의 내용이 불필요하거나 무의미하기 때문이 아니라, 그 시기에는 대한민국 정부에 책임을 진 공식적인 지위를 갖지 않았기 때문에 그러하였다. 즉, 이승만의 역할이 큰 비중을 차지하기는 했지만 공식적인 행위가 아니라는 의미이다.

3 본문은 인용한 신문기사를 그대로 옮기는 것을 원칙으로 하였다. 단 어려운 한자어의 경우에는 각주로 처리함을 원칙으로 하였으며, 맞춤법 역시 오늘날 맞춤법 원칙에 따라 표기하였다.

4 본문을 이해하는 데 반드시 필요한 역사적 배경에 대해서도 각주로 처리하여 독자 여러분의 이해를 돕도록 하였다.

5 본문을 해독할 수 없는 경우에는 ㅁㅁ로 표시하였다.

6 본문에 붙인 각주 내용은 대부분 한국학중앙연구원 간행 『한국민족문화대백과사전』과 국립국어연구원 발행 『표준국어대사전』에서 인용하였다.

001

# 반민법

『동아일보』 1948. 9. 4.

**이양 사무 신중히**
**반민법[1] 인신공격 도구화는 금물**
**이 대통령 담화 발표**

이 대통령은 3일 공보처를 통하여 정권 이양 및 친일분자 처벌 등에 관한 담화를 다음과 같이 발표하였다.

**정권 이양에 대하여**

미군정이 8월 16일부터 폐지된 이후 민국정부[2]는 정령을 발표하지 않고 2주일 동안을 가위(可謂) 진공 상태로 계속되어 있으므로 민간에 다소 의혹이 생겨서 정국이 자못 우려를 가지게 됨은 유감으로 생각하는 바이다. 그러나 그 이유는 누가 책

---

1 본래 법의 명칭은 '반민족행위 처벌법.'
일제 강점기 동안 일본에 협력하며 악질적으로 민족 배반 행위를 하였던 친일분자를 처벌하기 위하여 1948년 제정한 법률. 8·15광복 당시의 국민 감정상 부득이하게 입법이 되었으나 이승만 정부의 비협조로 이렇다 할 성과를 거두지 못하였고, 세 차례의 개정을 거친 뒤 '반민족행위 처벌법 등 폐지에 관한 법률'에 의하여 1951년에 폐지되었다.(『표준국어대사전』 설명 인용)

2 1948년 8월 15일 출범한 대한민국 정부.

이 대통령.

# 東亞日報

## 移讓事務愼重히

### 反族法人身攻擊道具化는禁物

### 李大統領談話發表

#### 政權移讓에 對하여

#### 親日派問題

『동아일보』 1948. 9. 4.

임을 맡고자 아니하거나 또는 책임을 내놓고자 아니하는 폐단이 있는 것이 아니요, 다만 군정과 민국정부 사이에 이양하고 접수하는 조건이 양편에 충분하게 작성되어 넘겨 맡는 물건이나 책임을 소상히 성문(成文) 서인(署印)한 후라야 신구교체를 완성할 수 있을 것이요, 만일 그렇지 못해서 아무 양해 없이 한편에서는 들어가고 보면 맡는 사람은 무엇을 맡는지도 모르고 책임을 졌다가 일후(日後)에 문제가 생기게 되면 무엇을 가지고 증명하며 대답할 수 있으리오. 그러므로 며칠 지체가 될지라도 분명히 할 수 있는 데까지는 정돈하고 행하려 함이니 이 조리(條理)하에서 벌써 경찰 기타 몇 부는 이미 접수된 것이니 좀 더 인내하면 며칠 내로 성적이 표명될 줄 믿는 바이다.

## 친일파 문제

친일분자 처벌 문제는 내가 3년 전 귀국한 날부터 문제가 되어 많은 파동을 주던 바이다. 내가 그때에도 말한 바는 정부를 세워서 국권을 찾은 후에 특별법원을 조직하고 특별법을 만들어서 공결(公決)로 처단해야만 귀정(歸正)이 날 것이요, 그 전에는 아무런 선동과 계획이 생길지라도 다 처결은 못되고 인심만 선동될 것이라고 선언하였다.

지금 국회에서 이 문제로 많은 사람이 선동되고 있으니 내가 한 번 더 설명하고자 하는 바는, 이때가 이런 문제로 민심을 이산시킬 때가 아니요, 이렇게 하는 것으로 문제 처단이 되지 못하고 백방으로 손해만 될 뿐이니, 나라를 위하며 동포를 도우려는 남녀는 각각 심사숙려해서 먼저 정권을 회복하여 정부의 위신이 내외에 확립되도록 가장 힘쓸 것이다.

원래 법률을 먼저 정하고 그 법률에 위반한 자를 정죄하는 것이 통례이지만, 전에 지은 죄를 벌 주기 위해서 정하는 법은 통례가 아니므로 비상조처로써 적어도 국민 다수의 합의를 얻어 특별법원 판결에 복종할 만치 형식이라도 만들어 가진 뒤에 처단을 해야 할 것이지, 그렇지 않으면 처벌에 경중을 막론하고 이 문제가 또 발생되어서 끝날 날이 없을 것이니, 무익한 언론으로 서로서로 인신공격을 일삼지 말고 지혜로운 방식을 만들어 민중이 다 복종할 만한 경우를 차려 놓고 속히 판결될 만한 것을 마련하여야 될 것이다.

정부나 단체에서 아무런 공평한 방식을 연구할지라도 필경은 시행되지 못하고 도리어 남의 조소만 듣게 될 것이니, 지혜로운 우리 남녀동포들은 무익한 쟁론을 피하고 종용히 방식을 연구해서 남의 나라 사람들이 이런 경우에 행한 것을 모범하는 것이 좋은 줄로 생각한다.

**『동아일보』 1948. 9. 24.**

## 반공국민대회
## 반민법 반대가 목적?

'반공구국총궐기 정권 이양 축하 국민대회'는 지난 23일 상오 11시 서울운동장에서 이 국무총리, 임 상공부장관, 안 문교부장관[3] 등 명사 다수 참석 하에 수만 서울시민이 참가한 가운데 신대룡 씨 사회로 성대히 거행되었다.

먼저 국군악대의 주악이 있고 이어 의례가 끝난 후 이영선 씨의 개회사와 아울러 이관운 씨의 식사가 있었고, 다음 내빈 다수의 치사가 있었다. 계속하여 대회회장 이종영 씨의 반공 격려사와 이에 결의문 통과가 있었고, 메시지 낭독 그리고 반민족자처단법 수정을 요청하는 건의안을 통과하고 하오 3시 반 경 폐회하였다. (사진은 국민대회)

3 이범석 국무총리, 임영신 상공부장관, 안호상 문교부장관.

# 反共國民大會
## 反民法反對가目的?

반공구국총궐기정권이양국민대회(反共救國總蹶起政權移讓國民大會)는 작二十三일 상오十一시 서울 운동장에서 이(李)국무총리 임석(任)

상공부장관 안(安)문교부장관등명사 다수참석하에 수十만서울시민이 참가한 가운데 신대동(申大福)씨사회로 성대히거행되었다. 먼저국군악대(國軍樂隊)의 주악(奏樂)이있고 이어의례(儀禮)가끝난후이성선(李成善)씨의 개회사와 아울러 이창운(李昌運)씨의 식사(式辭)가있었고다음내빈다수의치사(致辭)가있었다 계속하여 대회회장이종형(李鍾滎)씨의반공격려사(反共激勵辭)와이에 결의문낭독과가 있었고 멧세-지낭독 그리고반민족자 처단법수정을요청하는 건의안승낭과 하고하오三시반경 폐회하였다 (사진은국민대회)

『동아일보』 1948. 9. 24.

# 反共國民大會
## 反民法反對가目的?


# 國民大會餘波
## 民衆强制動員 反民法反對等
### 國會서重大問題化

# 過冬對策이 時急
## 卅萬災民首都

# 無秩序出版 團束

# 附日者處
李大統

『동아일보』 1948. 9. 24.

## 민중 강제 동원, 반민법 반대 등 국회서 중대문제화 국민대회 여파

23일 서울운동장에서 열린 '반공국민궐기대회'는 민중의 반공열을 여실히 보여주었는데, 이번 대회에 군중 동원을 동회와 경찰이 자발적이 아닌 반강요로 대회 참가를 시민에게 요구하고 심지어 대회 참가를 거부한 가정에는 빨갱이라는 누명을 뒤집어 씌우는 등 동원 방법이 재미롭지 못한 사실이 있다 하여 민중의 비난을 자아내고 있는 당일 국회에서 윤재욱 의원의 발언으로 급기야 문제화되었는데, 즉 "이번 반공대회는 정치적인 배경이 잠재하여 있다. 반공대회 석상, 반민족법 공포 실시 반대의 기세를 보이고 있다. 모모 단체에서 이번 대회에 4천만 원의 운동비를 내었다는 풍설도 있다 하며, 동회와 경찰이 군중 동원을 시키었다는데 아니 나가면 빨갱이라고 하니, 반민족법안을 제정한 국회의원도 참가하지 않으면 빨갱이가 될 것이 아닌가. 누가 반민족자이며 빨갱인지 철저히 규명하겠다."라는 발언이 있자 의사당에는 일대 수라장을 이루고 국회의원 전원이 이번 사태의 진상을 규명하기로 결의하였다는데, 앞으로의 진전이 극히 주목된다.

## 반민법 드디어 공포·실시

반민족행위자 처벌에 대한 법안은 국회에서 상당한 논전이 전개되어 우여곡절을 겪은 나머지 9월 8일 국무원[4]으로 회부되었는데, 국무원에서도 2주일을 두고 이 법안은 헌법규정에 위반된다는 이유로 국회에 재심을 요청하려고까지 했으나, 국회의 태도가 강경할 것을 생각하고 22일 드디어 이 대통령은 법률 제3호로 공포하였다.

## 정부 안정 후에 처벌하자
## 법의 문구보다도 입법정신 소중
## 반민법 공포에 이 대통령 담화

반민족행위자 처벌법에 서명·공포한 이승만 대통령은, 이 법을 운영함에 있어서는 법의 문구보다도 그 정신을 소중히 하여야 한다고 23일 다음과 같은 담화를 발표하였다.

왜적에 아부하여 악질적인 반민족행위를 감행한 자를 처단함은 민의가 지향하는 바이며 우리가 이것을 각오하는 바이므로, 이번에 국회에서 의결된 반민족행위 처벌법에 대하여 본 대통령은 민의에 따라 서명·공포하는 것이다. 다만 본 대통령은 이 법을 공포함에 몇 가지 소감을 피력하지 않을 수 없다.

첫째, 이 법에는 작(爵)을 받은 자[5]의 자손에게 벌이 미쳐서 그 재산을 몰수한다는 규정이 있는바, 이는 자세한 해석이 없으면 중고시대[6]의 연좌율과 혼돈될 염려가 있으므로 현대 민주주의 법칙국가로서 이런 법을 적용한다는 오해를 피해야

---

4 오늘날의 국무회의.

5 일본제국주의로부터 작위를 받은 자.

6 옛날, 즉 조선이나 고려시대를 일컬음.

이 대통령.

# 反民法드디어公布實施

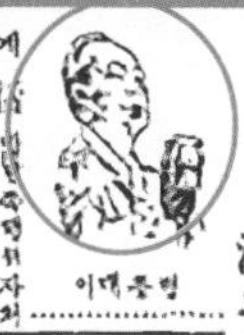
이대통령

## 政府安定後에處罰하자

### 法의文句보다도立法精神이所重

## 反民法公布에 李大統領談話

## 反共救國總蹶起 國民大會

### 政權移讓大祝賀 昨日盛況

## 國家에害없도록

### 反民法公布에尹長官記者會見談

## 文中尉等四名銃殺刑執行

## 新聞人檢擧에 「言協」서善處要望

## 運動競技

### 國際庭球聯盟에 韓國도加盟

### 歡迎試合戰績

### 大學拳鬪戰의最初 成均大對東亞大戰

『경향신문』 1948. 9. 24.

될 필요가 있을 것이며, 또 고등관을 역임한 자를 관등으로 구별하여 벌칙을 정한 것은 일정한 차별을 만들기에 필요한 것이지만, 법률은 문구보다 정신을 소중히 하는 것이니 비록 등급으로는 처벌에 해당한다 할지라도 정신적으로 용서를 받을 만한 경우도 있을 것을 참작하여 이후 특별법원을 조직한 후 본법에 해당한 자를 재판하는 데 있어서는 이런 점에 특별 유의하여 억울한 일이 없도록 힘쓰기를 희망하며, 일반 동포는 이런 점을 양해하여 이 방면으로 주의하기 바라는 바이다.

제6조에서 본법에 규정한 죄를 범한 자가 개전의 정상이 현저할 때는 그 형을 경감 혹은 면제할 수 있다고 한 것은 관엄(寬嚴)[7]을 구비한 규정이라 할 것이니, 대개 법으로써 죄를 벌함은 범죄자에게 보복을 가한 것보다는 범죄자를 선도하여 개과천선의 기회를 주려는 데 목적이 있는 까닭이다. 법률은 공평하고 엄정하기를 주안으로 삼는 것이나, 의혹이 있는 경우에는 후한 편으로 치우는 것이 가혹한 편으로 치우치는 것보다 항상 강할 것이다.

또 한 가지 말하고자 하는 것은 내가 처음부터 주장한 것은 반민족행위자를 처벌함은 정부가 완전히 수립된 후에 하자는 것이다. 지금 대한민국 정부가 성립은 되었으나 정권 이양이 아직도 진행 중에 있는 터요, 또 유엔총회의 결과도 아직 완정되지 못한 터이므로 모든 사태가 정돈되지 못한 이때에 이 문제를 처리함에 있어서는 내외 정세를 참고하여야 할 점이 허다한 것이니, 모든 지혜로운 지도자들은 재삼 생각할 필요가 있음을 이에 선명하는 바이다.

## 국가에 해(害) 없도록
## 반민법 공포에 윤 장관[8] 기자회견 담(談)

반민처단 법안이 공포되자 이에 해당하는 자 사이에는 상당한 공포감을 느끼고 있으며, 일부 관공리 중에서도 동요의 빛을 보이고 있다 한다. 그런데 윤 내무장관은 기자단과 회견하고 다음과 같이 말하였다.

---

7 관용과 엄격.
8 윤치영 내무부장관.

**문** 반민법 공포에 따르는 정부 측의 대책은?

**답** 정부로서는 각의에서 얘기한 것도 있으므로 개인의 입장으로는 말할 수 없다. 나로서는 공정한 입장에서 국가와 민족을 위하여 해가 안 되도록 법의 정신에 입각하여 할 것이다.

**문** 인사이동은 어느 정도 진척되고 있는가?

**답** 모든 것을 갖출 만한 인사가 안 되고 잠정적 조처를 하고 있다. 아래는 그냥 두고 최고 상부층만 하고 있는 중이다.

**문** 반민법 해당자의 자진 용퇴를 바라는가?

**답** 정치성을 띤 게 돼서 내 자신도 결함이 있는데 아홉 가지 결점 가진 사람이라도 한 가지 장점만 있으면 나라를 위해서 써야 되지.

**문** 해당자는 2년 동안 공직에서 추방되는데, 조사위원회 같은 것을 만들어 적발할 터인가?

**답** 국회에서 할 일이다. 본인이 자진해 나오지 않는 것을 나로서 부하를 지적할 수는 없다.

**『동아일보』 1948. 9. 25.**

---

## 반공대회의
## 반정부행위 지적
## 국회, 책임 규명을 가결

부일배(附日輩)[9]의 최후 발악이라고 할까. 반민족행위 처단법이 한 번 공포되자 일부 계열에서는 반공 투쟁을 구실로 삼아 실은 동법 실시 반대를 목적으로 소위 반

9 일본에 붙어살던 무리.

反政府行爲指摘 國會、責任糾明을可決

第二讀會 ...세이지可決

趙特使트氏와會見 美國務長官代理와도會談

蘇撤退는謀略 李總理記者團會見

『동아일보』 1948. 9. 25.

공국민대회를 개최하고 민중을 강제 동원시키어 일반의 분노를 자아내고 있거니와, 이 사실은 23일 국회 본회의에서도 문제되어 이에 대한 최고책임자로서 윤치영 내무장관을 국회에 소환하여 사실을 규명하는 동시에 동 장관의 반민족행위자 등용에 관해서도 책임을 추궁하자는 윤재욱 의원의 동의가 가결되어, 동일 오후 윤 장관은 국회 비밀회의에 참석하여 일장의 변호가 있었다 한다. 즉 윤 장관은 경찰 간부 인사는 잠정적 조치이며, 불원(不遠)[10] 일반의 기대에 부합되는 인사를 결정할 것이라고 답변하고, 국민대회는 그 목적이 정부 수립을 축하하고 유엔총회에 감사의 뜻을 보내는 한편 반공대회를 한다는 것이었기 때문에 집회를 허가한 것이라는 변명이 있었다 한다.

그러나 이에 대하여 김약수, 노일환, 류성갑, 이석, 김웅진 등 여러 의원의 맹렬한 공격이 있었는데, 동 의원들은 윤 장관의 답변을 비난하는 한편 반공대회에 경찰로 하여금 민중을 강제 동원시킨 것, 또 국회에 통과되고 대통령이 서명·공포한 반민족행위 처벌법 공포를 반대 결의한 것 등을 지적하여, 이것은 동 대회에 출석하여 축사까지 한 윤 장관으로서는 반정부적·반국회적 행동을 조장시킨 자가 당착의 결과가 되는 것이라고 강조하고, 국회에서는 그러한 모호한 답변 정도로는 낙착(落着)지을 수 없다 하여 상세한 내용을 조사하여 24일 국회에 보고할 것을 위촉하는 결의를 통과시키었다.

**『동아일보』 1949. 2. 3.**

## 사무분담 명백히 하라
## 반민법 실시에 대통령 담(談)

반민법 실시에 대하여 대통령 이승만 박사는 2일 다음과 같은 담화를 발표하였다. 반민법에 대하여 국회에서 법안을 통과하고 적극적으로 진행하려 하는 고로 정부에서 협조해서 속히 귀결되기를 기다렸으나, 지금에 발전되는 것을 보건대 심히 우려되는 형편이므로 2월 27일에 국회 반민법에 관한 조사위원 제씨를 청하여 토의한 바 있었는데, 그때 설명한 대강은 대략 다음과 같아, 조사위원들이 법에 범한

---

**10** 가까운 시간 내에.

자를 비밀리에 조사해서 사법부에 넘기면 사법부와 행정부에서 각 그 맡은 책임을 진행하여 처단할 것인데, 이러하지 않고 입법부와 행정부와 사법부의 일을 다 혼잡하여 행한다면 이것은 삼권분립을 주장하게 된 헌법과 위반되는 것이니 설령 국회에서 특별법안을 만들고 또 그 법안에 대통령이 서명하였다 할지라도 이것은 헌법과 위반되므로 성립되지 못하는 것이 되므로, 지금이라도 조사위원들은 조사에만 그치고 검속(檢束)[11] 하거나 재판하고 집행하는 것은 사법과 행정부에 맡겨서 헌법 범위 내에서 진행시켜 정부와 국회의 위신을 보전하며 반민법안을 짧은 시일 내에 완료하도록 하여야 할 것이다.

또 한 가지 중요한 것은, 조사할 책임을 속히 비밀리에 진행하여 범법자가 몇 명이 되든지 연록(連錄)[12] 해서 검찰부로 넘긴 다음 재판을 행해서 귀정(歸正)[13] 을 낼 것인데, 만일 그렇지 못하고 며칠 만에 한두 명씩 잡아넣어서 1년이나 2년을 끌고 나간다면 이것은 치안에 크게 관계되는 문제이므로, 이를 다 교정해서 비밀리에 조사하고 일시에 진행되도록 함이 가할 것이다. 다음 한 가지 더 말하고자 하는 바는 치안에 관계되는 문제를 중대히 보지 않을 수 없으니, 지금 반란분자와 파괴분자가 각처에서 살인 방화하여 인명이 위태하며 지하공작이 긴밀한 이때에 경관의 기술과 성적이 아니면 사태가 어려울 것인데, 기왕에 범죄가 있는 자라도 아직 보류하고 눈앞의 위기를 정돈시켜 인명을 구제하며 질서를 유지하는 것이 지혜로운 정책이 아닐까 한다.

만일 지나간 일을 먼저 징계하기 위하여 목전의 난국을 만든다면 이것은 정부에서나 민중이 허락지 않을 것이므로 경찰의 기술자들을 아직 포용하는 것이 필요하며, 따라서 기왕에 반공투쟁이 격렬할 때에 경찰기술자들이 직책을 다하여 치안에 공과 효과가 많을 때에는 장공속죄(將功贖罪)[14] 한다는 성명이 여러 번 있었으므로 정부의 위신상으로 보나 인심수습책으로 보나 조사위원들은 이에 대하

---

**11** 공공의 안전을 위협하거나 죄를 지을 가능성이 있는 사람을 잠시 잡아 가둠.

**12** 모두 기록.

**13** 바른 길로 바로잡음.

**14** 죄지은 사람이 공을 세워 속죄함.

事務分擔明白히하라
反民法實施에大統領談
北歐三國에
韓龍杓 內科醫院

『동아일보』 1949. 2. 3.

여 신중히 조처하기를 권고하는 바이다.

그러므로 이상 몇 가지 조건에 대하여 국회에 많은 동의를 요청하는 바이니, 국회의원 제씨는 이에 대해서 충분한 협조를 가지기 바라는 바이다.

# 002 이승만 생일잔치

**『동아일보』 1949. 3. 27.**

**조국에 바친 거룩한 생애!**
**노(老) 대통령의 감개도 무량**
**75학수(鶴壽)[1] 의 잔치도 성대**

평생을 오로지 조국과 민족을 위하여 바쳐 온 이 대통령의 75회 수연(壽宴)은 춘색도 화려히 새봄의 화창한 26일 전국 방방곡곡 일제히 경축식이 열리었다. 칠십에 고령, 한 줄기의 주름살도, 백발이 성성한 두발도, 전부가 조국을 위하여 바친 그 모습이라는 것을 생각할 때 국민은 자연 노 박사의 학수를 빌지 않을 수 없다. "나는 독립을 찾기 전에는 내 생일이 있을 수 없다."는 굳은 신념으로 해외에서나 환국[2] 후나 남모르는 사이에 마음속으로 이날을 보내기 40여 회. 오늘 비록 남북의 통일이 이루어지지는 않았다 하더라도 우리의 국권을 찾은 이 마당에 이 식을 거행하게 된 것은 그 얼마나 뜻깊은 일이며 감개무량한 일이 아닌가? 박사의 기리만□ □공□비는 국민 경축 행사는 다채로이 이날을 장식하였다.

---

1 '학의 수명'이란 뜻. 학이 장수하는 동물이므로, 장수의 뜻을 가짐.
2 조국으로 돌아옴.

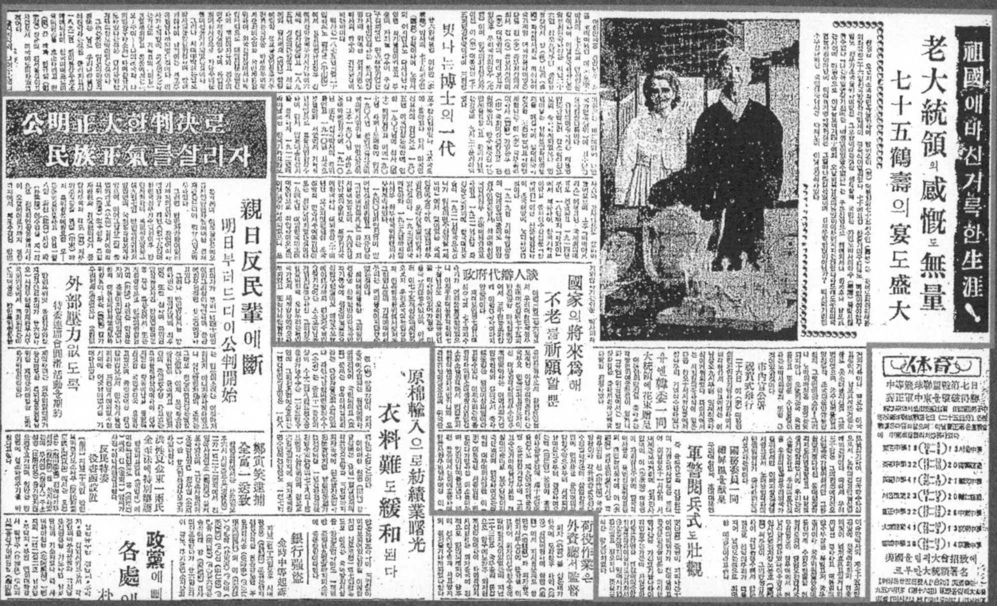
祖國에바친거룩한生涯
老大統領의感慨도無量
七十五鶴壽의宴도盛大
公明正大한判決로
民族正氣를살리자
親日反民輩에斷
明日부터드디어公判開始
外部壓力없도록
벗나는博士의一代
國家의將來爲해
不老壽祈願할뿐
政府代辯人談
原棉輸入으로紡績業曙光
衣料難도緩和된다
荷役作業은
外資廳서監督
軍警閱兵式도壯觀
體育
政黨에
各處

『동아일보』 1949. 3. 27.

대한민국이 건립된 후 처음 초대 대통령 이승만 박사의 75회 탄생일을 맞이하여 이날을 축하하는 중앙청 직원 축하식은 지난 26일 상오 9시부터 중앙청 광장에서 장 전례과장의 사회로 개식되어, 국기 게양, 애국가 봉창이 있은 다음 전 총무처장의 개회사, 김 공보처장의 이 대통령의 약력 보고가 있은 후 우리 국가의 원수이며 민족의 최고영도자이신 이 대통령이 75회 탄신을 맞이하여 삼천만□환□는 비할 데 없이 다만 국가민족을 위하여 고수만강[3]을 축원할 따름이다.

금년의 축하식은 대통령의 뜻을 받들어 간소한 식전으로써 축하하게 되었으나, 명년 이날은 남북통일과 민생 문제를 해결하여 성대히 축하할 것을 삼천만을 대표하여 맹세한다는 이 국무총리[4]의 하사(賀詞)가 있은 후 신 국회의장[5] 선창으로 전원 대통령의 만수를 축원하는 만세를 고창하고 환희가 넘치는 가운데 9시 30분 폐식되었다.

## 빛나는 박사의 일대

26일 대통령 이승만 박사의 75회 수연을 맞이하여 노 박사의 어지럽고도 다사다난하였던 과거를 돌이켜보고 투쟁의 자취를 들추어 구절구절 피맺힌 민족 해방 위업을 다시 한 번 인식하는 동시에 혁명가며 위대한 정치가인 노 박사의 학수와 건강을 길이 비는 바이다.

박사는 1875년 3월 20일, 황해도 평산군에서 고고히 생을 고한 후 집에서 한학을 배우기 시작하여 6세 때 천자문을 떼고, 1895년 청운의 뜻을 품고 서울에 와 당시 배재학당에 입학, 동교를 졸업한 후 기울어가는 국운을 바로세우며 세계 문화의 수입과 국민 계몽을 위하여 외국간섭을 벗어나 독립 자력으로 『매일신문』을 발간하며 개인의 자유와 정부의 민주개혁을 역설하며 독립협회의 한 사람으로 자유주의 운동의 선봉자가 되었던 것이다.

---

**3** 장수와 건강.
**4** 이범석 국무총리.
**5** 신익희 국회의장.

그러나 시대의 박해는 날로 박사의 운동을 위협하며 방해가 심하여 급기야는 체포·투옥을 당하게 되었던 것이다. 박사가 7개월의 옥중 생활을 하는 가운데 기독교의 '믿음'을 있게 되었고, 옥중에서는 "오! 주여~ 나의 조국과 나의 영을 구하소서." 하며 절규·기도하였다는 것은 당시 유명한 기록의 한 토막이었던 것이다.

그러는 동안 일본의 야망적 침해는 날로 우리나라를 잠식, 침략하는 것을 물리치고, 1892년 한미통상우호조약에 의하여 한국의 대표로 미국의 원조를 호소하려고 민 공작[6]과 한규설 장군[7]의 친서를 가지고 사절로서 미국에 도미하였던 것이다.

당시 박사의 나이 17세의 포사한 소년이었다. 그 후 국내에 돌아왔다 다시 미국인 선교사의 알선으로 1905년 미국 워싱턴 대학에 입학, 1907년에 석사학위를 얻고, 이에 1907년 하버드대학에 입학, 1908년 한인 처음으로 미국의 박사학위를 얻었던 것이다. 그 후 1908년 프린스턴 대학에 입학하여 1910년 또한 철학박사의 학위를 얻고 1910년 고국으로 돌아와 서울에서 기독청년 사업으로 교육 사업을 착수하여 당시 일본의 총독정치를 공격하자 1912년 왜족이 날조한 한국기독교 음모 사건의 한 사람으로 끌려 들어갔으며, 그 후 '미니애폴리스'에서 개최된 국제회의 대표로 선출되고 1914년부터 1918년까지 '하와이'에서 체류하여 한국기독교야학교 동지회 주간신문 『한국태평』이란 신문을 발간하여 조국 해방에 노력하였던 것이다.

1919년 기미독립운동의 억센 민족의 총의로 망명정부이었던 당시 상해 대한민국임시정부 초대 대통령으로 하였고 1921년 5월 화성톤[8] 군축회의에 한국 대표로 출석, 1921년 영국으로 건너가 일본의 만주 침략을 '제네바'에서 열렸던 국제연맹에 출석하여 일인의 허무한 선전 모략을 통렬히 반격하였던 것이다.

---

**6** 민영환. 을사조약 이후 자결한 것으로 유명하다.

**7** 대한제국 법무대신을 지냈다. 한일강제병합 후 일제가 남작의 작위를 내렸으나 받지 않았다. 1920년 이상재 등과 함께 조선교육회를 창립하였다.

**8** 워싱턴.

1930년 미국에 돌아와 1939년까지 임시정무 화부[9] 한국위원단의 사무를 계속하였다.

1940년 미일전쟁이 일어날 것을 미리 알고 저 유명한 『일본 내정의 폭로』라는 저서를 내놓았으며, 1945년 연합국의 승리로 해방된 고국에 환국하니 해외 풍상 30여 년간 오로지 일편단심 조국 해방과 민족 자주에 아낌없이 모든 정열을 바쳤던 것이다.

1947년 대한민국의 초대 대통령으로 취임하여 오늘의 이날을 차지하게 되었으니 쓰기와 말하기는 쉬운 박사의 과거의 기록이나 때로는 이국고성[10]에서 남모르게 뜨거운 눈물로 옷소매를 적신 것 그 몇 번이었으며, 굶주린 배를 안고 앙천통곡[11] 조국의 운명을 통탄한 지 그 몇 번이었으랴! 그러나 노 박사의 바쳐 온 정열은 헛되지 않아 오늘의 조국 국권을 찾고 뜻 이룬 수년을 맞이하는 노 박사의 감회 또한 큰 것이 있을 것이다.

### 시내 관공서
### 축하식 거행

26일 이 대통령의 탄신일을 기념하기 위하여 시내 각 관공서, 학교에서는 이날 상오 9시부터 일제히 축하식이 거행되었다. 특히 시에서는 시 직원의 축하식이 있은 다음 상오 10시 시청 앞뜰에서 향나무의 기념식수를 하였다.

### 유엔한국위원회[12] 일동
### 대통령에 꽃다발 증정

대통령의 탄신을 축하하는 각 방면의 예물 헌정이 있거니와, 유엔위원단에서는

---

**9** 워싱턴.

**10** 낯선 외국의 외로운 성.

**11** 하늘을 우러러 통곡함.

**12** 유엔한국위원회(United Nations Commission on Korea). 1948년 12월 한반도의 독립·통일·발전 지원을 목적으로 설립한 유엔 기구.

별항과 같은 축하 서한과 함께 꽃다발을 진정하였다.

### 국가의 장래 위해 불로(不老)를 기원할 뿐 정부 대변인 담(談)

이번 3월 26일로서 우리 대한민국 정부 초대 대통령의 75회 탄신일을 맞이함에 있어서, 삼천만 동포와 함께 이를 경하하여 마지않는 바이다.

재래로 '인생 칠십 고래희'[13]라 하여 70까지 장수하기가 어려움을 말한 바 있으니, 이제 우리 대통령 각하의 70을 넘고도 오히려 5년여를 더하심에 있어 가일층 이를 축하치 않을 수 없으며, 아울러 이 75개 성상의 세월을 오로지 우리 조국의 독립 광복과 민족 행복을 위해서 바쳐 온 그 혁명 투쟁의 기록에 대해서 우리는 머리를 숙이지 않을 수 없는 것이다.

해내해외를 통한 그의 망명생활 중 한때 한 번이라도 유안[14]과 기쁨 속에 생신일을 즐겼을 리 만무한 일이요, 해방 후 오늘에 이르기까지 완전 자주독립을 찾기 전에는 스스로 이날을 기념치 않겠다 하신 그의 심중을 살펴볼 때 오늘 우리는 독립국가로서 세계열강에 대오하게 되었고, 또한 남북한을 통한 유일한 정부로서 완전 승인을 보게 된 이날, 우리의 존경하는 국부요 민족의 최고영도자이신 대통령 각하의 정부 수립 후 첫 번 맞이하는 이 역사적 기념을 환희와 경의로서 축하해 올림은 당연 이상의 일이라고 할 수 있다.

이제 우리는 대통령 각하의 평소의 생활신념인 간소, 질소[15]를 생각해서 번잡화한 형식을 택하지 않거니와 오직 경건한 마음으로써 위국불로(爲國不老)[16]를 심기하여 더욱 학수하심으로써 노래[17]의 건강만을 신명께 비는 바이다.

---

13 중국 당나라 시인 두보의 시에 나오는 구절. 70살을 사는 것은 드문 일이라는 뜻.

14 위안.

15 꾸밈없고 소박함.

16 나라를 위하여 늙지 않음.

17 노인의 앞날.

따라서 우리 3천만은 그의 평생에 걸어오신 민족국가를 위해서만 그 몸을 바치겠다 하신 웅대한 철학적 지도이념을 받들고 나갈 것을 기약함과 동시에, 우리는 대소를 막론하고 우리의 모든 것을 우리의 민족과 우리의 국가를 위해서만 이바지할 것을 맹서함으로써 노 대통령 각하의 탄생일을 삼가 축하하려는 축사로서 하는 바이다.

## 국무위원 일동
## 자수병풍을 헌정

우리 대한민국 초대 대통령 이승만 박사의 제75회 탄신일에 전국적 환희와 경축의 빛이 넘쳐 흐르고 있거니와, 이날을 경하하고 대통령의 만수무강을 복 빌고자 국무총리 이하 국무위원 일동은 대통령에게 자수병풍 한 벌을 헌정키로 되어 당일 오전 10시 국무원 일동이 경무대에서 헌납식을 거행하였다.

이 자수병풍은 현 사법행정처장 노용호 씨 부인이 그의 반생을 통하여 각혈을 경주해서 만든 것으로, 선학의 무리가 떼를 지어 날아오는 것으로 최대한 예술품이라고 한다.

## 군경 열병식도 장관

즉 육해공군과 경찰관들의 기념축하 사열식은 드디어 이날 상오 11시부터 시내 세종로 네거리에 설치된 사열대에 이승만 대통령이 자리 잡고, 주위에 열국 각 대사들과 유엔신한위 대표단 외 내빈을 비롯하여 이범석 국무총리를 위시한 각 국무위원, 신성모 국방장관 이하 각 육해공군 장성 다수 참열한 가운데 삼엄한 경계 밑에 먼저 육군 군악대의 우렁찬 주악으로부터 시작되어 남대문으로부터 행진하여 오는 백인엽 중령이 총지휘하는 육군 정예 제17연대를 선두로 제9연대와 해군 장병, 육군 독립기갑부대 그리고 수도기마대를 선두로 한 경찰대의 순으로 보무당당히 지축을 울리며 행진하여 오는 씩씩한 대부대의 사열관 이 대통령은 시종일관 만면에 만족한 미소를 띠며 일일이 답례를 보낸다.



한편 공중에서는 이에 호응하여 항공사령부 비행부대장 이근제 중령이 지휘

하는 십여 대의 비행기가 편대를 짜고 공중분열식을 비롯한 의식을 행하는 등 갖은 묘기를 다하여 감명을 주는 가운데 사열을 마친 육군장병과 경찰대의 중앙청을 통과하여 을지로를 거쳐 서울운동장까지의 일대 시가행진이 있고 정오 지나 뜻깊은 식은 막을 닫혔다.

003

# 반민 체포 특경 해산

『경향신문』 1949. 6. 8.

**"특경 해산 내가 명령"**
**반민 체포는 한꺼번에 하라**
**이 대통령 AP 기자에 언명**

지난 6일 40여 명의 경관이 반민특위를 포위·수색하여 특경대원을 일시 체포한 바 있었는데, 이에 관하여 이 대통령은 '에이피' 기자에게 다음과 같이 말하였다.(사진은 이 대통령)

내가 특별경찰대[1]를 해산시키라고 경찰에게 명령한 것이다. 특위 습격이 있은 후 국회의원 대표단이 나를 찾아와서 특경 해산을 연기하라고 요구하였으나, 나는 그들에게 헌법은 다만 행정부문만이 경찰권을 가지는 것을 용허하고 있기 때문에 특경 해산을 명령한 것이라고 말하였다. 특별경찰대는 앞서 국립경찰의 노련한 형사인 최운하[2] 씨와 조응선 씨를 체포하였는데, 이 두 사람은 6일 석방되

---

1 반민특위에 소속된 특별경찰대를 가리킨다.
2 광복 전인 1945년 종로경찰서 고등계 주임, 광복 후 경기도 경찰부 정보과장을 지냈고, 그 뒤 뇌물 사

"特警解散내가命令"

反民逮捕는한꺼번에하라

李大統領 A·P記者에言明

金明東議員 金局長談을反駁

金大法院長見解

警察行爲는過誤

適正한措置가있을터

崔雲霞氏

"비"全國에沛然

『경향신문』 1949. 6. 8.

었다. 현재 특위에 의한 체포 위협은 국립경찰에 중대한 영향을 미치고 있다.

나는 국회에 대하여 특위가 기소될 자의 비밀명부를 작성할 것을 요청하였다. 그 명부에 백 명의 이름이 오르든 천 명의 이름이 오르든 간에 거기에는 상관하지 않는다. 다만 그들이 이와 같은 명부를 우리에게 제출해 주면 우리는 기소자를 전부 체포하여 한꺼번에 사태를 청결할 것이다. 우리는 어디까지 이와 같이 그렇게 문제를 오래 끌 수는 없다.

### 김명동 의원
### 김 국장 담화를 반박

반민특별조사위원회의 결의도 없이 김명동 위원이 시 경찰국 사찰과장 최운하 씨를 체포한 것은 불법 행위라고 6일 김 시경찰국장이 언명한 바 있었는데, 이에 대하여 7일 김명동 의원은 다음과 같이 반박하였다.

헌법 101조에 의거해서 생긴 반민법을 가지고 피의자로 최운하, 조응선 등을 체포한 것은 당연한 처사다. 경찰국장 담화에는 나 개인이 독단적으로 체포·지휘를 한 것이라고 하는데, 그것은 전혀 근거 없는 말이다. 엄연히 중앙위원 3분지 2 이상의 결의에 의해서 체포했다. 그리고 피의자 최와 조를 석방했다는 말을 들었는데, 그것은 나로서는 모르는 일이다. 명일부터 동 피의자들에 대하여 문초를 할 작정이다.

### 압수품 일부 반환

6일 경찰이 특위 수색 시에 압수하여 간 지프차 2대는 6일 오후 반환되어 왔다고 하며, 내무부에서 가져 간 '엠부레스 스리쿼터'와 기타 권총, 서류, 경비전화 등은 상금[3] 반환되지 않고 있다고 한다.

---

건과 고문치사 사건 등으로 재판에 넘겨진 후에도 서울시 사찰과장에 임명되었다. 서울시 경무국장을 지내다가 한국전쟁 중 납북된 것으로 추정된다.

3 지금까지.

## 경찰 행위는 과오
## 적정한 조치가 있을 터
## 김 대법원장 견해

특위에 대한 경찰의 행위에 대하여 7일 대법원장 김병로 씨는 대략 다음과 같이 말하였다.(사진은 김 대법원장)

반민특위에 대한 중부서의 행동이 자의적 행동이 아니고 상부의 명령에 의한 것으로 본다. 소위 특경대의 무기가 경찰당국으로서 준 것이라면 온건이 회수할 수 있는 것이다. 검찰총장을 비롯한 각 공무원으로서 보신하기 위하여 법적 수속에 의하여 정당히 소지한 것을 압수하는 것은 특별한 법령에 의거치 않는 한 불법인 것은 물론이다. 경찰이 반민특위의 조사부와 검찰부 등을 수색한 것과 약간의 서류를 압수한 행위는 직무에 초월한 과오이므로 그 과월한 행위는 불법일 것이다. 그러니까 이 문제는 국민에게 미치는 영향이 중대한 것으로 보기 때문에 국회와 정부당국으로서 비상시국에 적정한 정치적 조치가 있으리라고 본다. 사법기관으로서는 불법 행위에 대한 수사기관인 만큼 적응한 행동에 의하여 법의 판단을 요구하는 때에는 물론 추호라도 용서 없이 법에 비추어 판단을 내릴 것이다.

그리고 최운하 씨 석방에 대하여서는 내가 듣기에는 반민법 제7조에 해당치 않는다는 이유로 법관이 영장을 교부치 아니 하여서 기간 만료로 석방되었다는 것이다.

004

# 안두희

『경향신문』 1949. 8. 20.

**무어라 말할 수 없다**
**안두희 석방운동 대통령 견해**

고 백범 김구 선생 살해범 안두희[1]에 대하여는 이미 지난 3일 고등군법회의에서 종신형을 언도한 바 있거니와, 최근 모모 정당 사회단체에서 안두희의 행동은 애국적 행위인 만큼 석방함이 타당하다 하고 수일 전에는 광화문 네거리에서 삐라까지 살포한 일이 있어 일반으로 하여금 의아한 감을 느끼게 하고 있다 한다. 즉 살해된 김구 선생에 대하여는 국민의 최고영예인 국민장으로 모시었는데도 불구하고 선생을 살해한 행위를 애국적이라면 선생의 과거 행동이 반역적이라는 이론적 모순이 생기게 되는데, 이 대통령은 19일 기자단 회견석상에서 안두희 석방 문제에 다음과 같이 말하였다.

그런 운동이 차차 자라서 무슨 문제가 생긴다면 모르거니와 그렇지 않는 이상 정부에서 특히 대통령으로 무어라고 말할 수 없다.

1 안두희가 백범 김구를 살해한 것은 1949년 6월 26일이었다.

# 무어라말할수없다

## 安斗熙釋放運動 大統領見解

고백범김구(金九)선생살해범 안두희에 대하여는 이미지난 三일고등군법회의에서 종신형을 언도한바 있거니와 최근 모모정당 사회단체에서 안두희의 행동은 애국적 행위인만큼 석방함이 타당하다하고 수일전 에는 광화문 네거리에서 삐라까지살포한 일이있어 일반으로 하여금 의아한감을늣기게하고있다한다 즉살해된김구선생에대하여는 국민의 최고영예인 국민장으로 모시였는데도불구하고 선생을 살해한행위를 애국적 이라면 선생의 과거행동이 반역직이라는 이론적 모순이 생기게되는데이(李)대통령은十九일 기자단회견석상에서 안두희 석방문제에 다음과 같이말하였다

그번운동이 자차 자라서무슨 문제가 생긴다면 모르거니와 그렇지 않는 이상 정부에서 특히대통령으로무어라고 말한수 없다

## 「가톨릭」夏季大學講座開催

신앙을 통하여 조국발전에 이바지하고자 한국 가톨릭教會에서는 그유구한 진리를 체득하여작금난립된 노선을 바로잡고저 여기 가톨릭하기대학강좌를 개최하기로 되였다 즉 오는二十二일부터 二十六일까지의 一五인간 명동교회대강당 에서 개최하기로 되었는데

## 남은反民 良心있

공소시효가 오는 三十일로 박두한 반민특위에서는 반민자의 체포에있어 최후단계라고 볼수있는 미체포 반민자「리승

『경향신문』 1949. 8. 20.

005

# 한글 사용

『동아일보』 1949. 11. 27.

**자모음에 따르는**
**그대로 사용하라**
**한글 문제 다시 주의**
**이 대통령**

앞서 이 대통령은 '한글'을 종래에 써 오던 대로 쓰게 하라는 담화를 발표하여, 학계는 물론 각계각층에 큰 관심을 환기하였다. 현재 학교를 비롯하여 일반에 보급 중에 있는 '신철자법'은 한글 본래의 특징인 쓰기 쉽고 읽기 쉬운 점을 반대로 복잡하게 만들어서 쓰기 어렵고 보기 힘들게 하였다. 그러므로 이러한 폐단을 없애고 '자모음'에 따른 종래의 국문을 그대로 사용케 하라는 뜻을 이 대통령은 재차 강조하여 다음과 같이 담화를 발표하였다.

현재 신문상에 쓰는 소위 한글이라는 것은 내가 누차 설명한 바와 같이 읽기도 불편하고 쓰기도 더디며 보기도 좋지 않으니, 이왕에 쓰던 바와 같이 자모 등에

『동아일보』 1949. 11. 27.

따라서 순편하도록 취등[1]하여 쓰며 오직 원글자에 뿌리되는 글자만 찾아서 쓴 것이 국문을 창조한 원칙이요 또 국문을 이용하여 문명 발전을 속히 하자는 본의이니, 이대로 이용하여 가면 그중에서 차차 발전되어 개량과 교정이 점점 자라나갈 것이니 이와 같이 하는 것을 나는 전적으로 주장하는 바이다.

근자에 그 한글학자들이 불필요한 연구를 고집하여 괴이한 방법을 사용하는 고로 많은 사람들이 이것을 문법이라 혹은 원칙이라 또 혹은 과학적 신식이라 하는 등의 언론으로 그대로 쓰고 있으니, 이를 방임하여 두고 보면 얼마 후에는 이것이 습관이 되어 다시 교정하려면 많은 노력을 요할 것이다.

그러므로 나는 다시 선언하노니 나의 주장하는 바를 옳게 아는 분들은 다 이전에 쓰던 법을 사용하여 읽기에 편하고 배우기 쉬워서 문명 발전상 속속히 전진할 기관을 만들 것이요, 공연한 장애물을 만들어 문명 전진의 속도를 지연시키지 말기를 바라는 바이다.

끝으로 한마디 더 말하고자 하는 바는 지금 쓰는 것만이 문법적이고 이전 쓰던 방식에는 문법이 없는 것이 아니나 이 방면으로 연구하여야 할 것이다.

---

1 똑같이.

006

# 실지 회복 기자회견

『경향신문』 1949. 12. 31.

---

**실지(失地)[1] 회복을 완수**
**대일감정은 악화시킬 필요 없다**
**이 대통령 기자회견 담(談)**

이 대통령은 지난 30일 기축년(1949)으로서의 마지막 기자단 회견을 하였는데, 국내외 제반 문제에 관하여 다음과 같은 일문일답이 있었다.(사진은 이 대통령)

**문** 대통령은 어제 진해에서 들어왔다 하는데, 진해에서는 무엇을 구상하였는가?
**답** 금반 진해 여행은 단순한 휴양 차였다.
**문** 조병옥 박사가 귀국 시 김포비행장에서, 나의 진퇴는 대통령에게 있다고 말하였는데 앞으로 어떻게 할 생각인가?
**답** 조 박사는 외교계의 유력한 분인 만큼 특사로서 UN에 보냈으나 현재는 분과 회의만 있어 내년 8월까지 총회가 없으므로 그간 집에 와서 몸을 휴양하고 다시 가도록 작정된 것이다.

---

1 잃어버린 땅. 여기서는 정부 수립으로 북한땅이 된 38선 북쪽을 가리킨다.

# 失地回復을 完遂

## 對日感情은 惡化시킬 必要없다

## 李大統領 記者會見談

# 列國友好援助에 感謝

## 民族正氣의 加一層昂揚緊要

副統領 年頭辭 李始榮

『경향신문』 1949. 12. 31.

**문** 대통령이 진해에 갔다 오면 내각이 개조된다는 설이 있었는데?

**답** 글쎄 그건 그렇게 말하는 사람한테 물어 보라. 나 자신으로 될 수 있는 대로 변경을 없이 할 방침이다.

**문** 현재 각료 중 몇 사람을 갈 의도는 없는가?

**답** 아직 그런 생각은 없다.

**문** 인도네시아와 외교 관계를 맺을 의도는 없는가?

**답** 승인 문제는 국무회의에 제출되어 결정될 것이니 지금 내가 무어라 말할 수 없으나, 승인할 것이 농후하다.

**문** 최근 치안이나 공장 책임자가 자기 책임을 피하기 위하여 상관에게 거짓을 말하는 경향이 많은데 일소할 의도는 없는가?

**답** 직장과 성명을 밝혀 주기 바란다. 공개하기 곤란하면 서면으로도 좋다.

**문** 명년 2월까지에는 폭도를 완전 소탕한다고 하지만 차제에 단호한 정책이 필요하다고 보는데?

**답** 정부에서는 책임자에게 자주 독촉하고 있는데 능력에 있다고 믿는다.

**문** 주일외교부를 강화한다는데 사실인가?

**답** 아직 확실한 결정은 하지 않았으니 두고 보아야 하겠다.

**문** 일본 정부에서는 대마도가 자기네 영토라는 것으로 증명하고 명년 4월 종합 학술조사단을 파견한다는데, 우리나라에서도 적당한 조치가 있어야 할 것이 아닌가?

**답** 지금 우리로서는 물론 대마도도 찾고 기타 잃은 것을 찾아야 하겠지만, 그렇다고 해서 일본인과 갈등을 만드는 것은 우리에게 불리하다고 본다. 소련이 공산당을 시켜 동양을 침략하는 것은 한국이나 일본, 미국의 두통거리인데 현재 이것을 방어하는 것이 급선무다. 대마도 문제는 강화회의 석상에서 해결할 수 있으며, 일인이 아무리 주장해도 역사는 어떻게 할 수 없을 것이다. 일인이 공산당과 싸우려면 우리도 공동으로 공동의 적을 쳐 물리쳐야 하겠다.

**문** 명년에는 꼭 남북통일을 완수해야 하겠는데 이에 대한 구체 방안은 무엇인가?

**답** 오는 해일랑은 넘기지 말고 남북통일 해야 할 결심을 가져야 할 것이다. 지금까지는 세계 대세 관계상 그냥 방임하였으며 지체한 것이다. 그러나 이제는 한인끼리 여하한 방법으로든지 담판하여 아니 되면 동족상잔을 해서라도 자주적으로 해결해야 할 것이다.

**문** 미국에 들어온 외전에 의하면 한국 군사원조를 위하여 미군인 두 사람이 내한 중이라는데 그 성과 여하는?

**답** 국무성에서 육군인 두 사람이 왔다. 그간 상당히 조사도 하고 우리가 필요한 것이 무엇이라는 것이 알게 되었으리라고 믿는다.

**문** 필리핀 퀴리노 대통령과 회견할 의도는 없는가?

**답** 퀴리노 대통령이 발표한 것을 보면 정식 초청은 아니나 만나 보고 싶어 하는 듯하나, 아직은 내가 여러 가지 관계로 떠나지 못할 어려운 형편이다. 우리는 퀴리노 대통령에게 맡기고 있는데, 정월이나 2월 중에는 무엇이 있을 터이니 준비 다 하고 기다리고 있겠다.

007

# 76회 생일잔치

『동아일보』 1950. 3. 26.

**학수무강하소서**

**오늘 이 대통령 생신일**

금 27일은 우리나라의 원수인 이승만 대통령의 76회의 생신을 맞이하는 날이다. 평생을 한결같이 민족과 국가를 위하여 쌓아 온 노 박사의 혈관은 비록 마르고 몸은 노쇠하였다 할지라도 아직도 타오르는 애국의 정열은 변함없이 불길을 이루고 있다. 안일과 사락(私樂)을 가져 보지 못한 노 대통령은 76회의 생신을 당하여 "국민은 민생고에 허덕이고 있는데 경축이 무엇이냐." 하는 거룩하고도 따뜻한 한마디의 말씀은 국민으로 하여금 송구한 마음 금할 길 없게 한다. 한 줄기의 주름살도, 하얗게 센 머리카락의 하나하나도 모두가 조국 광복에 바친 거룩한 모습일진대, 국민된 자 뉘라서 노 대통령의 만수무강을 빌지 않을쏘냐. 공을 위하여 사를 버린 지 이미 76년! 이날의 노 대통령의 감개인들 어찌 무량치 않을 수 있으랴만 조국의 실지 회복이란 중대과업을 이룩하는 날을 기약하고, 이날의 성대한 축하를 사양하는 노 박사의 지도자로서 웅대한 애국의 이념을 국민된 자 마땅히 잊어서는 아니 될 것이다. 이날을 맞아 국민은 더욱 분발하고 더욱 단결하여 실지를 회복하고 노 대통령의 생신을 3천만이 다 같이 경축할 수 있도록 노력함이 노 대통이 대통령 부처 근영.
경무대 관저 앞뜰에서.

鶴壽無疆하소서

오늘李大統領生辰日

李大統領夫妻近影

景武臺官邸앞뜰에서

『동아일보』 1950. 3. 26.

령에게 드리는 무엇보다도 좋은 민족의 선물이 될 것이요, 이것을 굳게 노 대통령 앞에 3천만의 이름으로 맹서함이 이날의 생신을 더욱 의의 깊게 빛내는 것이다.

**『동아일보』 1950. 3. 26.**

---

## 대통령 일과
## 분망하신 생활
## 때로는 장작도 패신다

76회의 탄생을 맞이한 우리의 대통령의 생활면을 '카메라'로 수록하여 보기로 하자.

◇ 위

우리가 알기를 나랏일은 아랫사람들이 하지 대통령이 하나? 하지만 그러나 대통령은 하루 온종일 한시라도 정무에 손을 뗄 사이도 없이 국내외의 모든 면의 정무에 여념이 없다. 3천만의 식구를 거느린 윗사람으로의 걱정은 더 큰 것이 있다. 모르면 묻고 가르쳐 깨우쳐 주는 노 대통령은 봄 양지에 앉아 무슨 서류인지 분주히 처결하고 있다.

◇ 왼쪽 아래

일요일이면 가느다란 낚싯대를 들고 연못가를 찾는다. 고기를 잡아서는 도로 놓아 준다. 고기를 잡기 위함이 아니요, 낚기 위한 유일한 오락이다. 이 시간이 대통령에게 있어서는 무엇보다도 즐길 수 있는 짧은 시간의 휴양이라 하겠다. 맑은 물 위를 마음껏 헤엄치며 노는 고기떼를 바라보는 대통령의 모습은 한없이 즐겁고 성스러워 보인다.

◇ 오른쪽 아래

사람은 일을 해야 산다는 근로원칙을 철칙으로 삼고, 일종의 운동을 겸한 장작패

大統領日課

奔忙하신生活

때로는 장작도 패신다

『동아일보』 1950. 3. 26.

기는 손수 시간만 있으면 도끼를 들고 뜰로 나간다. 우리가 생각하는 바와는 딴판으로 훌륭한 솜씨로 힘껏 내려 쪼개는 도끼는 대작을 보기 좋게 두 동강을 낸다. 이것은 대통령이 일찍이 망명생활로부터 지켜 내려오는 유일한 근로 작업의 시간이라 한다.

008

# 대통령 생신 경축식 거행

『동아일보』 1950. 3. 27.

**겨레를 더욱 복되게**
**76회 수연에 대통령 인사**
**봄비에 경축 도열도 성황**

이 땅에 봄빛도 짙어 만물의 소생을 재촉하는 봄비가 소리 없이 내리는 어제 26일, 민국의 초대 대통령 이승만 박사 제76회 생신일을 맞이하여 정부에서는 조야 명사 다수 참석한 가운데 대통령 생신 경축식을 이날 중앙청 제1회의실에서 성대히 거행하였다. 이 식에 앞서 비를 무릅쓰고 경무대 대통령 관저에서 중앙청까지 연도에 도열한 시민, 중등학교 학도들의 지축을 울리는 듯한 만세의 환호성을 받으며 이 대통령은 부인을 동반하고 식장에 나타났다. 식은 정각 9시 장 전례과장 사회로 시작되어 육해군 군악대의 주악 그리고 일동 국기배례, 애국가 봉창이 있은 다음 전 총무처장의 식사가 있었다.

이 식사에 이어 국회를 대표하여 윤 국회부의장[1]의 꽃다발 증정이 있었고, 우

1 윤치영 국회부의장.

중앙청 경축식 광경.

# 겨레를 더욱 복되게

## 七十六回壽宴에 大統領人事

## 봄비에 慶祝堵列도 盛況

### "우초" 美大使 紡織工場視察

『동아일보』 1950. 3. 27.

리 3천만 민족을 대표하여 거룩한 이날 대통령의 생신을 경축하는 이 국무총리[2]의 열렬한 하사(賀辭)가 있었다. 이 대통령은 감격에 넘치는 어조로 "이같이 우리 동포의 사랑을 받으매 나는 하나님과 동포에게 마음으로부터의 감사를 드린다." 고 인사를 한 다음, "내가 하루를 더 살더라도 이 나라를 좀 더 낫게 그리고 더욱 우리 민족을 복되게 하겠다."는 결의를 피력하였다. 그리고 이화여대 합창대의 축하의 노래가 있었고 김천애 양의 지도자의 노래가 끝나자 대한항공협회의 비행기로부터 경축의 꽃다발이라 하여 전 총무처장이 대통령 부인에게 봉정하자 장내는 우레와도 같이 일어나는 박수소리가 그칠 줄을 몰랐다. 다음 김동원 국회부의장 선창으로 대통령의 만수무강을 기원하는 만세 삼창이 있은 다음 육해군 군악대의 주악으로 식은 9시 40분 환희에 넘치는 가운데 끝마치었다.

**만면 희열의 대통령**

**자랑스러운 듯 사열의 광경**

어제 26일 이 대통령의 제76회 생신날을 경축하는 군경합동 사열식은 이날 아침 9시 50분부터 시내 세종로에서 거행되었다

봄비 포근히 이슬비 내리는 이른 아침부터 시청부터 세종로에 이르기까지 양편 가두에 도열한 시민의 군중으로 길을 메우고 있었다.

이윽고 검정두루마기를 입은 대통령은 부인과 함께 각부 장관 및 처장을 거느리고 사열대에 올랐다.

이때 정각 9시 50분! 육군 헌병대를 선두로 육군 군악대, 육군 보병, 기갑대 이어 해군, 경찰 등 순위로 보무도 당당히 행진이 시작되었다.

결사보국의 각오도 억센 육해공군의 행진을 일일이 답례를 하여 적이 자랑스러운 듯 대통령은 만면의 희색을 띠고 사열을 하는 가운데, 공중에는 항공대의 공중사열이 전개되었다. 편대를 지은 비행기는 지상 사열부대와 호흡을 맞춰 남대문 방면으로부터 시청 상공을 날아 가로수에 닿을락 말락 최저공비행의 묘기를

2 이범석 국무총리.

위-사열식.
원내-대통령 부처.
아래-학생 도열의 광경.

滿面喜悅의 大統領
자랑스런 뜻査閱의 光景
通話는 可及的 빨리
民情聽取第一日
警察에 억울한일 말하라
愛林週間
四月一日부터

『동아일보』 1950. 3. 27.

발휘하여 대통령 사열대 앞을 제비같이 휙휙 스쳐간다. 이리하여 지상공중을 합한 군경합동 입체 사열식은 상오 10시 15분, 식을 마치었다.

009

# 제2대 국회의원 선거

『동아일보』 1950. 3. 22.

**차기 총선거**
**5월 30일 내 단행**
**대통령 특별 성명 발표**

대통령은 어제 21일 차기 총선거를 5월 30일 내로 단행하겠다는 다음과 같은 특별성명을 발표하였다.[1]

총선거 연기에 대한 일반 공론에 의하면 금년 5월 30일을 넘지 말고 헌법상 원칙대로 진행하는 것이 옳다는 것을 민간에서 절대 주장하는 것을 볼 적에 나로는 많은 안위를 가졌으니, 이는 우리 민족이 장구히 민주제도를 보전할 수 있다는 것을 믿을 수 있는 연고이다. 이와 같은 민의의 경향을 본 나로서는 대통령의 명의로 총선거를 5월 30일 이내에 실시할 것을 절대 지지하는 바이다. 그동안 다른 의견을 다소간 설명한 적이 있었으나, 그것은 다 그때의 형편에 비추어서 6월 30일 이내로 어느 날을 정하는 것이 좋겠다고 한 이유는 국회의원들이 선거운동에 긴

1 제2대 국회의원 선거를 가리킨다.

東亞日報

# 次期總選擧 五月三十日內斷行

## 大統領特別聲明發表

李大統領은 昨二十一日次期總選擧는 五月三十日內로 斷行하겠다는 다음과 같은 特別聲明을 發表하였다

『동아일보』 1950. 3. 22.

박한 것을 느끼고 각각 선거구에 돌아가게 되면 국회의 정원수가 부족하므로 신년도 예산안과 기타 긴박한 안건을 다 통과시킬 수 없는 위험성이 있다는 것을 우려해서 그와 같은 의견을 표시한 것인데, 그 후 여러 방면의 의견을 듣건대 6월은 농기에 관계되므로 피해야 되겠고, 또 헌법상 현 국회 존재가 5월 말까지이므로 6월까지 연기하는 것은 곤란한 동시에 5월 30일 이내 선거를 진행하는 데 대하여 민간 의견이 이에 많이 일치되고 있으므로 그대로 진행할 것을 나로서도 주장하는 바이다. 5월 30일 이내로 선거를 진행하게 되는 것은 지금부터 대략 9주일가량 시일이 남았으니, 국회에서 몇몇 안건을 협의적으로 많은 시일을 요구치 않고 다 통과시킬 수 있을 것인바, 신년도 예산안은 민국 정부수립 이후 처음으로 수지 균형을 맞춰 놓은 것이니 국회에서도 별로 토의할 조건이 많지 않을 것이요, 다만 검토해서 그 예산안 한도 내에서 준행하라는 것을 통과시켜 놓으면 나머지 조건은 행정부에서 그 의도에 따라 준행할 것이요, 그 외의 몇 가지 안건이 역시 세칙에 관계되는 것이므로 며칠 이내에 다 토의할 수 있을 것이니 나머지 약 2개월 동안이면 선거운동에 과히 조급하지 않을 터이므로 그대로 진행하기에 큰 곤란이 없을 것이다.

**『동아일보』 1950. 4. 1.**

---

## 선거 11월로 연기?
## 각원 일부 경질 단행
## 대통령 기자회견석상 언명

선거법 통과에 따라 5월 내에 총선거 실시가 기대되던 중 국회에 제출된 1950년도 예산안 심의에 요하는 시일 등을 고려하여 이 대통령은 총선거를 내 11월로 연기하겠다는 서한을 신 국회의장에게 전달하였다 한다. 즉 이 대통령은 31일 오전

10시 반 경무대에서 기자와 회견하고 정부가 예산안 편성에 있어 ECA[2] 원조에 의하지 아니하고 자주적 수지 균형을 기도하여 각부 지출을 대폭 삭감하는 한편 세입 증가에 치중하노라고 국회 제출이 지연된 이유를 말한 다음, 국회가 예산안을 심의하는 데 최소 3주간이 필요할 터인데 국회의원들이 5월 총선거에 대처하여 선거운동에 몰두하여 있는 관계 등을 고려하여 추수가 끝난 11월로 연기하는 것이 좋겠다는 결론을 얻어, 이 뜻을 신 국회의장에게 공한으로 전하였다고 말하였다. 따라서 앞서 통과 회부해 온 선거법 중 기일 관계 조항을 '비토'(거부)할 것이라 한다.

이어서 기자와 다음 일문일답을 하였다.

**문** 그러면 5월 말로 종료되는 현 국회의원의 임기를 개헌으로 연장하지 않는 한 6월서 11월까지의 6개월간 국회 없는 진공 상태를 여하히 하려는가?

**답** 현 의원 임기 연장 여하는 국회의원들이 할 일이니 나로서는 간여할 바 아니나, 본시 어느 나라나 국회는 항시 개회된 채 있는 것이 아니고 휴회하는 법이니, 휴회된 셈 잡고 대통령이 그 권한으로 헌법에 의거하여 국사를 원만히 처리할 수 있다.

**문** 국회 각파에게 송한하여[3] 국무총리 후임자 추천을 의뢰하였다는데 어떠한가?

**답** 각파 의원들과 만나서 의사를 타진해 보았더니 3파 간에 합의되는 일이 없었다. 그러나 각파가 추천한 대로 하겠다는 것이 아니고 그것을 참고로 하려고 한 것인데, 각파에서 추천 온 인물들에 의해서 각파의 의견을 잘 알았으므로 다소 국무위원을 경질하려고 한다. 본시 나는 국무위원을 경질할 생각을 하고 있을 때 국회가 국정감사를 공개하여 정부와 각 국무위원을 비난 공격한 때문에 마치 물러가는 장관이 국정감사 보고대로 비행이 있는 것처럼 오해받을까 저어하여 중지할 수밖에 없던 것이다.

---

**2** 미국 경제 협조처.

**3** 편지를 보내.

『동아일보』 1950. 4. 1.

『동아일보』 1950. 4. 4.

**문** 동남아제국에 외교사절을 상주시킬 계획 없는가?

**답** 필리핀, 인도네시아, 태국, 불인(佛印)[4] 등 동남아 제국과의 국교를 ㅁㅁ히 하기 위하여 마닐라든지 방콕에 1명의 대사를 상주시키려고 하는데, 아직 장소와 인선은 미정이다.

**『동아일보』 1950. 4. 4.**

---

## 예산안 조속 통과 기대
## 미 경원(經援)[5]과도 관계 크다
## 대통령 담(談)

이 대통령은 어제 3일 선거 연기와 예산 문제에 관하여, 이번 선거를 연기하게 된 것은 개인의 관계나 남의 전설만 듣고 조변석개하는 것이 아니고, 정계 풍운의 변동에 따라 국사에 방해됨이 없도록 하는 동시에 만일 5월 선거를 실시할 때 국회의원이 선거운동에 몰두하여 국회 성립을 얻지 못하여 예산 통과에 지장이 있을 것을 염려하여 연기하는 것이니, 국회의원들은 전원 출석하여 예산안을 조속히 통과시켜 주기 바란다는 다음과 같은 담화를 발표하였다.

선거 일자에 대해서 여러 번 개정하는 것이 나 일개인에 관계가 있거나 또는 남의 전설(傳說)[6]만 듣고서 조변석개하는 것이 결코 아니요, 정계 풍운이 대내대외에서 날로 변동되는 이때에 대통령이 자기의 위신이나 주장이나 혹은 의사만을

---

4 프랑스가 지배하고 있던 인도차이나 반도. 일반적으로 옛 프랑스령 식민지인 베트남·라오스·캄보디아를 가리킨다.

5 경제 원조.

6 전하는 말.

東亞日報

# 「總選擧五月에斷行」

大統領記者會見談

# 總理後任保留

豫算案通過火急

內外情勢正確認識要望

國會

民主發展에努力하

大統領國會서

中國飢饉呻吟

同情不禁

『동아일보』 1950. 4. 8.

고집하는 태도를 가지면 도리어 국사에 방해됨을 면키 어려운 형편에서 이같이 한 것이니, 전에도 말한 바와 같이 정부 예산안이 수지 균형을 맞추지 않고는 ECA 원조나 또는 내외경제책으로나 대 타격을 면할 수 없을 것이므로 무엇을 희생하더라도 이 예산안이 하루바삐 통과되어야 할 것이오.

이것을 통과시킴에는 국회의원들이 다 참여해서 정족수가 되어야만 토의할 수 있게 될 터인데, 총선거를 5월 내로 실시하게 되면 국회의 정족수를 얻을 가망이 없음이 사실이요, 그렇게 되면 예산안을 통과할 방책이 없으니 설령 정부에서 국회의원을 강청해서 촉망 중에 통과시킨다 할지라도 그 결과가 어찌 될 것이 미상[7] 하므로 11월까지 미루는 것이 유일한 방식이라는 의도 하에서 이같이 작정한 것이요, 또 그 일자를 11월 추수 이후로 하면 각 방면으로 편의할 것이므로 부득이한 사정 하에서 이같이 한 것인데, 국회에서 작정한 바로 보면 5월을 넘기지 말고 실시하는 것이 좋겠다는 의도로 국회를 휴회하고 4월 4일 다시 개회해서 예산안을 토의하기로 되었다 하나, 이것이 국회의원들의 원만한 생각이요 또 민중이 지지할 것이므로 행정부에서는 이에 노력하며 국회의원들이 전적으로 출석해서 이 예산안을 완전히 통과시키기를 바라는 바이다.

**『동아일보』 1950. 4. 8.**

---

## 총선거 5월에 단행
## 대통령 기자회견 담(談)
## 총리 후임 보류
## 예산안 통과 화급
## 내외 정세 정확 인지 요망

---

7 분명하지 않음.

전 국민의 관심을 총집중시키고 있는 총선거에 관해서 그 실시 기일이 자주 변경되어 혼선을 일으킨 바 있었는데, 이 대통령은 7일 주례 신문 기자회견에서 5월에 단행하겠다고 언명하였다. 즉 이 대통령은 기자 질문에 다음과 같이 말하였다.

□ □ □ □ 내에 사태가 돌변하여 만난을 무릅쓰고 5월에 총선거를 단행하기로 결심하였다. 워싱턴으로부터의 정보에 의하면 미 양원 일부 의원 사이에 대한(對韓) 원조에 대하여 새로운 회의론이 대두하고 있다는데, 이들은 대한 원조는 대중(對中) 원조와 마찬가지로 효과 없을 것이라는 것이다.

이러한 회의적 경향의 최근의 원인은 한국 정부가 수지 균형 예산을 확립하지 아니하는 것과 총선을 연기하는 것이라고 한다. 그들은 예산의 균형과 총선거를 실시하지 아니하는 경우 대한 경원(經援)액 중 우선 4천만 불을 삭제하려는 분위기 가운데 있다고 한다. 본시 선거일자를 연기하겠다고 한 것은 국회가 정부에서 제출한 예산안을 통과시키지 않는 때문이었다. 우국(憂國)적 국회의원들이 파쟁을 넘어 급속히 예산안을 통과시킬 때 총선거를 연기할 이유가 없었던 것인 만큼 국회의원들이 최근 수일간에 급전한 내외 정세를 인식하고 예산안을 즉시 통과시킬 것을 확신하는 동시에 5월 총선거를 단행할 것을 확언하는 바이다.

이어서 기자와 다음과 같은 일문일답을 하였다.

**문** 후임 국무총리로 다시 누구를 임명하려는가?[8]

**답** 예산안과 5월 총선거 문제가 현안 중인 만큼 당분간 보류하려고 하는데, 신임 총리가 확정될 때까지 이범석 씨가 계속 집무할 것이다.

**문** 앞서 언명한 각원 일부 경질도 보류하려는가?

**답** 국무총리 후임을 임명할 때까지 현상을 변경치 않을 생각이다.

(주=헌법 제69조 규정 "국회의원 총선거 후 신국회가 개회되었을 때에는 국무총리 임명에 대한 승인을 다시 얻어야 한다."에 의하여 5월 총선거 단행이 확정

8 당시 국무총리 이범석이 사의를 표명하자 이승만은 이윤영을 국무총리로 지명하고 국회에 인준을 요청하였으나 1950년 4월 6일, 국회에서 인준안이 부결되었다.

되는 경우 선거를 앞두고 후임 총리 승인을 국회에 요청하지 않을 것으로 보인다. 따라서 이범석 씨가 신 국회 개회 시까지 유임할 것으로 보인다.)

**문** 승인을 요청한 것은 대통령과 국회와 이윤영 씨를 위하여 정치□의적 견지에서 석연치 않은 바 있는데 대통령의 고충은 무엇인가?

**답** 국회 원내 각파가 대립된 가운데 양 세력이 항시 길항하여 잘 합의되지 않고 있다. 갑파가 지지하면 을파가 반대하는 현상에서 이윤영 씨는 양 세력에 초연한 때문에 쌍방의 찬성을 받을 줄 알고 임명하였던 것이다. 그러나 그렇지 못하였다. 이것이 민주정치의 방법인 것이다.

**문** 5월 선거를 단행하려면 거부한 선거법안을 철회해야 하지 않는가?

**답** 국회서 재의(再議)하기로 결정한 지금 철회할 시기를 놓쳤다. 그러나 본시 거부한 것은 선거일자를 규정한 조항만이므로 5월 선거를 단행하도록 잘 재의할 줄 안다.

**문** 국회에서 예산안을 급속히 통과시키지 않을 경우에도 5월 선거에 지장 없을 터인가?

**답** 당면한 정세를 충분히 인식한 국회위원들이 예산안을 통과시키지 않으리라고 생각하지 않는다. 나는 국회의원들이 국가의 운명을 생각하여 급속히 예산안을 통과시킴으로써 미국의 대한 원조 4천만 불 삭감을 방지할 때에 이들의 열렬한 애국성심을 국민 앞에 증언하여 국사를 위하여 개아(個我)의 이익을 희생하는 이들에게 다시 귀중한 '한 표'를 던지라고 권할 터이다.

010

# 총선거 특별 교시

『동아일보』 1950. 5. 18.

**국민은 모략에 기만되지 말라**
**이 대통령 총선거 특별 교시(教示)[1]**
**정치적 색태(色態)를 잘 분별하라**

5·30 총선거는 지난 5일을 마감기일로 하여 전국에 2,525명의 난립으로 약 2주일을 남긴 선거일을 앞두고 방금 각 입후보자 간 맹렬한 선거운동전이 전개되고 있거니와, 이 대통령은 17일 「총선거에 대하여 국민에게 보내는 특별 교시」를 발표하였는데, 대통령은 동 교시에 있어서 유권자의 자유로운 투표가 있기를 요청한다고 강조하였는데, 내용은 다음과 같다.

우리는 민주정체를 완수하고 보호해서 국가의 독립과 민중의 자유를 영구히 발전시키자는 주의주장으로 목숨을 내놓고 싸우고 있는 중이다. 이 싸움은 두 가지 방면으로 진행되고 있으니, 그 하나는 군사적 투쟁이다. 지금 이북에서 게릴라 전술로 군기 군물을 가지고 사방으로 침입해서 우리와 우리의 생명을 살해하며

1 가르침.

# 國民은 謀略에 欺瞞되지 말라

## 李大統領總選擧特別敎示

## 政治的色態를 잘 分別하라

## 地方議會選擧

### 五·卅選擧後에 實施

## 國府·舟山列島抛棄

### 中共臺灣侵攻準備完了乎

舟山列島

## 自由雰圍氣良好

### 韓委視察班木浦서談話

## 尤甚한 全北의 亂立相

### 攻勢集中에 現議員苦戰

## 北大盟理事會 「小安保」設置

『동아일보』 1950. 5. 18.

우리의 가옥과 재산을 파괴함에 대하여 우리는 무력으로 이를 방비할 수밖에 없고, 또 이 방면으로는 상당히 방어할 기술과 능력을 가지고 있으므로 전 민족이 같은 정신과 목적을 지켜 나갈 동안까지는 우려할 점이 조금도 없을 것이다.

다른 한 가지는 소위 냉전이다. 이것은 선전과 선동으로 사람을 속이고 꾀이고 달래서 몽매한 사람들의 마음을 현혹시켜 정부나 사회의 모든 중요기관을 다 붙잡으려는 것이 그들의 유일한 목적이요, 또 이것이 사상전의 군략(軍略)이므로, 이번 총선거에 이 분자들이 타국의 지휘와 명령을 받아 가지고 선거를 절대한 기회로 삼아서 승리를 얻으려는 것인바, 공산분자들이 절대로 피선될 가망성이 없으면 저의 동정자라도 내세우려고 하며, 그것도 여의치 못하면 저희들에게 동정은 아니 할지라도 민주 정부에 대하여 불충한 비평과 시비를 일삼는 불평분자들을 후원해서 민국정부를 어렵게 만드는 것만을 목적하고 내면으로 재정을 써 가며 모든 활동을 꾀하고 있으니, 일반 남녀 투표자들은 이 내용을 밝히 판단해서 후보자들의 사상과 주의가 무엇인 것을 묻기 전에 우선 정치상 관념과 정당 관계를 확실히 분별하는 동시에 과거의 행적을 보아 민주정부를 반대하거나 민국 정체에 항거하는 등 사실이 있는 사람은 그 의도가 완전히 변해서 민국 정부를 확실히 지지하려는 성심을 보기 전에는 투표를 재삼 고려해야 할 것이다.

물론 투표자 중에도 그러한 분자를 택해서 투표하려는 자가 없지 않을 것이나, 민주정체를 주장하는 사람으로 민주정부를 반대하는 사람에게 투표한다면 그 결과로 민주정체의 반대자가 국회에 들어가서 국회 내에서 민주정체를 전복하려는 일을 행하게 될 것이니, 그때에는 냉전전쟁만으로는 민주정부가 실패하고 말 것이므로, 이에 대해서는 애국동포들이 극히 주의해서 우리의 원수되는 자들의 모략에 빠지지 말아야 할 것이다. 가령 정부 당국에 실수가 있거나 잘못한 사람이 있어서 그것을 비평하거나 반대한다는 것은 민주정체의 정당한 일일 것이나, 이는 그 당국에 있는 개인으로서 개인의 실수와 실행은 비평할지언정 이 개인의 실수와 실행으로 말미암아 정부 제도를 반대하고자 민국의 신성한 투표권을 사용한다는 것은 국민의 자격을 깨닫지 못하는 자라 할 것이다.



민국 제도에는 헌법과 법제가 있어서 정부 당국자에게 실수나 실행이 있으면 이를 상당히 교정하는 방식이 있으니 혹은 국법에 따라서 개체(改替)할 수도 있고 혹은 탄핵할 수도 있을 것인바, 개인의 책망으로 인연하여 정치제도를 반대한다는 것은 민국 국민으로서 이에 대한 명철한 구별과 판단이 있어야 할 것이다.

투표자들이 한 가지 더 깊이 주의할 것은 정당이나 파당이나 기타 단체의 정치적 색태를 가진 사람들이니, 그 이유로는 아직까지 우리나라에 정치상 덕의(德義)가 서지 못해서 권리만 잡을 수 있으면 체면이나 공의를 불고하고 무엇이든지 못할 일이 없으리만큼 한 정도에 있으므로, 정당이나 단체를 조직하거나 또는 비밀파당을 만들 적에 내용으로는 오직 정권 획득만을 목적하게 되매, 이러한 주의로는 결코 민간의 후원을 얻지 못할 줄 알고 공론과 민의를 두려워할 만큼 된 후에야 비로소 정당제도가 바로 서게 될 것이요, 그때가 오기 전까지 정치상 명목을 가진 단체에 관련된 사람들은 극히 주의해야만 공산분자들의 계략에 빠지지 않게 될 것이며, 또 이북에서 지금 많은 화폐를 이남에 밀수입해서 총선거에 대한 지하공작에 쓰고 있다는 확보(確報)[2]가 있으니 운동가를 많이 써서 인심을 사거나 표수를 얻으려는 사람에게 대해서는 특히 주의해야 할 것이다.

본래 우리나라 애국남녀들이 누구를 물론하고 남의 뇌물을 받거나 사익을 위해서 신성한 투표권을 불법하게 사용할 이가 없을 것을 절대로 믿는 바이나, 다만 한두 사람이라도 그러한 시험에 빠져 자기의 시민권을 팔아 일시적 이익을 도모함으로써 국가의 장구한 이익을 그릇되게 한다면 나중엔 그보다 몇 갑절 되는 해를 스스로 당할 뿐 아니라 그러한 부정사실이 발각되는 때에는 투표권조차 누리기 어렵게 될 것이며, 또 후보자로 말하더라도 어떠한 수단으로든지 피선되는 것만이 유일한 양책이 아니요, 정당한 피선만이 영광될 것을 각오하는 동시에 범과[3]한 사실이 탄로될 때에는 다시 후보자로 나설 여지가 없을 것을 또한 깊이 깨달아야 할 것이다.

이번 총선에 한 가지 섭섭하게 생각하는 것은 후보자 난립이 전보다 더욱 심

---

**2** 정확한 보고.

**3** 범죄를 저지름.

해서 어떤 구역에는 20여 명 이상에 달하고 보니, 이는 결코 자랑하기 어려운 조건일 것이다. 과거 군정시대[4]에 처음에는 한국에 30, 40 정당이 있다 하더니 나중에는 정당과 단체가 4백여 개라는 소문까지 나게 되어 우리가 창피한 것을 면치 못했는데, 지금에 이르러 매 구역 입후보자가 대개 십여 명을 넘는다는 것은 유치하다는 비웃음을 또한 면키 어려울 것이다.

이는 오직 외면상 관계뿐만 아니라 실제상 결과로 보아 우리 민주정체에 우려되는 것이니, 공산당이나 중간분자들이 지지하는 후보자가 한 구에 하나씩이라면 민주진영에서 난립한 결과로 투표수가 분산, 감소될 염려가 없지 아니하므로 지금이라도 애국공심을 가진 후보자들이 공개로 기권해서 정당한 사람들이 피선되도록 노력하는 것이 실로 애국자의 자원일 것이요, 이러한 표시가 일후에 민중의 추앙을 받을 것을 굳게 믿는 바이다.

끝으로 각 투표구역에서 지방 관리나 경찰이나 혹은 세력가들이 법 외의 일을 행해서 공정한 선거에 장애가 되거나 자유 분위기에 손해를 끼치는 폐가 있어서 보고될 때에는 정부로서는 이에 엄절히 조사해서 어떠한 방법으로든지 이러한 폐단이 없도록 할 것이나, 만일 불법한 일을 현장에서 교정치 못해서 피해된 일이 있으면 증거가 소상히 제시되는 대로 비록 선거가 지난 뒤라도 선거위원회에서 철저히 조사하여 법대로 처리하게 될 것이므로, 선거 진행 중 어떠한 불공(不恭)한 일이 있을지라도 자동적으로 교정하기 위해서 폭행 망동하는 일은 절대로 금하여야 할 것이요, 이러한 폭행 망동으로 치안을 교란시키는 자가 있다면 그 곡직은 추후 법으로 판단할지라도 그 즉석에서는 법의 통제를 받아 자유권 행사가 제한될 터이니, 절대로 충돌이나 망동이 없도록 주의해야 할 것이다.

---

4 광복 후 대한민국 정부가 수립되기 전까지 과도적으로 38도선 이남지역을 다스리던 미군정시대를 가리킨다.

# 011 이시영 부통령 사의 표명

『동아일보』 1951. 5. 11.

**국민에게 고함**

**부통령 이시영**[1]

나는 국민 앞에 이 글을 내놓지 아니치 못하게 된 것을 한편으로 부끄러워하며 또 한편으로는 슬퍼하여 마지않는다. 내가 망명생활 30여 년 동안 이역에서 무위도일[2]하다가 8·15 해방과 함께 노구를 이끌고 흔연[3] 귀국하였을 때, 나는 이미 노후된 몸이건만 여생을 조국의 남북통일과 자주독립을 위해서 바치겠다는 것을 다시금 결심하였다. 그리하여 좌우 상극으로 인한 그 혼·분란, 파랑에 휩쓸리기 싫어 나는 귀국하자마자 모든 정치단체와의 관계를 분연 끊고 초야로 돌아가 야인으로서 어느 당론에도 기울이지 않고 또 어떤 파쟁에도 끌림이 없이 오직 국가를 건지

1 1869-1953. 1885년 관직에 등용된 후 형조 좌랑, 홍문관 교리 등 여러 직책을 맡았다. 한일강제병합 이후 형 이회영을 비롯한 6형제의 재산을 정리해 서간도로 이주, 독립운동을 전개하였다. 1948년 7월 초대 정·부통령 선거에서 부통령에 당선되었으나 1951년 5월 9일, 이승만의 전횡에 반대하며 국정 혼란, 부정부패에 책임을 통감한다는 성명서를 발표하고 부통령직에서 사임했다.(『한국민족문화대백과사전』 요약)

2 아무 일도 안 하고 날만 보냄.

3 기쁘거나 반가워 기분이 좋다.

# 國民에게告함

副統領 李始榮

# 李副統領辭表提出

李始榮副統領은 憲法에規定되어잇는大統領輔佐의機能을發揮할수없다는 別項과如한理由로 지난九日午後五時國會議長代理張澤相副議長에게辭表를提出하엿다

## 李副統領國會서心境을吐露

## 強力한內閣組織

民意符合한政治要望

## 戶位에안저素餐먹는格

無巧無績하엿음을謝過

(言々句々에 저린辭表內容)

## 國會本會議에上程

辭表受理與否는當分間保留

『동아일보』 1951. 5. 11.

고 민족을 살리려는 일념에 단성(丹誠)을 기울였던 것이다.

그렇듯 내 심경은 명경지수와도 같이 담담하던 중 단기 4281년(1948) 7월 20일 뜻밖에도 국회에서 나를 초대 부통령으로 선거했을 때에 나는 그 적임(適任)이 아님을 모른 바 아니었으나, 이것이 국민의 총의인 이상 내가 사퇴한다는 것은 도리어 국민의 기대를 저버리는 것이라는 생각으로 심사원려 끝에 맡지 아니치 못했다는 것을 여기에 고백한다. 그 뒤 세월이 흘러 3년 동안 오늘에 이르기까지 나는 대체로 무엇을 하였던가. 내가 부통령의 군임을 맡음으로써 국정이 얼마나 쇄신되었으며, 국민은 어떠한 혜택을 입었던가. 뿐만 아니라 대통령을 보좌하는 것이 부통령의 임무라면 내가 취임한 지 3년 동안 얼마나 한 익찬(翊贊)[4]의 성과를 빛내었던가. 하나로부터 열에 이르기까지 나는 그야말로 시위소찬(尸位素餐)[5]에 지나지 못했던 것이니, 이것은 그 과오가 오로지 나 한 사람의 무위무능에 있었다는 것을 국민 앞에 또한 솔직히 표명 않을 수 없는 것이다.

그러나 매양 사람은 사람으로 하여금 사람답게 일을 하도록 해 줌으로써 그 사람이 직능을 발휘할 수 있는 것이니 만약에 그렇지 못할진대 부질없이 공위(空位)에 앉아 허영에 도취될 것이 아니라 차라리 그 자리를 깨끗이 물러나가는 것이 떳떳하고 마땅한 일일 것이다. 그것은 정부에 봉직하는 모든 공무원 된 사람으로서 상하 계급을 막론하고 다 그러하려니와, 특히 부통령이라는 나의 처지로는 더욱 그러한 것이다. 내 본래 무능한 중에도 모든 환경은 나로 하여금, 더구나 무위하게 만들어 이 이상 시위(尸位)에 앉아 국록만 축낸다는 것은 첫째로 국가에 불충한 것이 되고, 둘째로는 국민에게 참괴(慚愧)[6]스러운 일이 아닐 수 없다. 더욱이 국가가 홍망간두에 걸렸고, 국민이 존몰단애(存沒斷崖)[7]에 달려 위기간발에 있건만, 이것을 광정할 홍구할[8] 성충(誠忠)을 두드러지게 나타내는 동량지재(棟樑之材)[9]가 별로 없음은 어

---

**4** 도와서 올바른 데로 인도함.
**5** 하는 일 없이 자리만 차지하고 있으면서 녹을 받아먹음.
**6** 매우 부끄러움.
**7** 사느냐 죽느냐의 낭떠러지.
**8** 잘못을 바로잡아 고쳐(광정), 널리 구할(홍구).
**9** 한 나라의 기둥이 될 만한 인재.

떤 까닭인가. 그러나 간혹 인재다운 인재가 있다 하되 양두구육의 가면 쓴 애국 위선자들의 도량(跳梁)[10]으로 말미암아 초토에 묻혀 비육의 탄식[11]을 자아내고 있는 현상이니 유지자로서 얼마나 통탄한 일인가. 뿐만 아니라 나는 정부 수립 이래 오늘에 이르기까지 고관의 지위에 앉아 인재로서 그 적재가 그 적소에 등용되는 것을 별로 보지 못하였다. 그러한 데다가 탐관오리는 도비(都鄙)[12]에 발호하여 국민의 신망을 상실케 하며 정부의 위신을 훼손하고, 나아가서는 국가의 존경을 모독하여서 신생 민국의 장래에 암영을 던지고 있으니, 이 얼마나 눈물겨운 일이며 이 어찌 마음 아픈 일이 아닌가. 그러나 사람마다 이것을 그르다 하되 고칠 줄 모르며, 나쁘다 하되 바로잡으려 하지 않을 뿐 아니라, 그것의 시비를 하던 그 사람조차 관직에 앉게 되면 또한 마찬가지로 탁수오류에 휩쓸려 들어가고 마니, 누가 참으로 애국자인지 나로서는 흑백과 옥석을 가릴 도리가 없다. 더구나 그렇듯 관기(官紀)가 흐리고 민막(民瞙)[13]이 어지러운 것을 목도하면서 워낙 무위무능 아니치 못하게 된 나인지라 속수무책에 수수방관할 따름이니, 내 어찌 그 책임을 통감 안 할 것인가.

그러한 나인지라 나는 이번 결연코 대한민국 부통령의 직을 이에 사퇴함으로써 이 대통령에게 보좌의 직책 다하지 못한 부끄러움을 씻으려 하며, 아울러 국민들 앞에 과거 3년 동안 아무 업적과 공헌이 없었음을 사죄하는 동시에, 앞으로 나는 일개 포의(布衣)[14]로 돌아가 국민과 함께 고락과 사생을 같이하려 한다. 그러나 내 아무리 노혼(老昏)한 몸이라 하지만 아직도 진충보국(盡忠報國)의 단심과 성열(誠熱)은 결코 사그라지지 않았는지라, 여생을 조국의 완전 통일과 영구 독립에 끝내 이바지할 것을 여기에 굳게 맹서한다. 그리고 국민 여러분은 앞으로 더욱 위국진충(爲國盡忠)의 성의를 북돋아 조국의 위기를 극복하여 주었으면 기쁨일까 한다.

단기 4284(1951)년 5월 9일.

---

**10** 거리낌 없이 함부로 날뜀.

**11** 비육지탄(髀肉之嘆). '넓적다리에 살이 붙음을 탄식한다'라는 뜻으로, 뜻을 펴지 못하고 세월만 보내는 것을 한탄함을 가리킴.

**12** 도시와 시골.

**13** 백성의 흐린 눈.

**14** 벼슬 없는 백성.

# 李副統領辭表提出

李始榮副統領은 憲法에規定되어잇는大統領輔佐의機能을發揮할수없다는 別項과如한理由로 지난九日午後五時國會議長代理張澤相副議長에게辭表를提出하엿다

## 李副統領國會서心境을吐露

## 強力한內閣組織

### 民意符合한政治要望

李始榮副統領은 十日下午國會에參席하여辭任理由를 가처說明하엿는데 나는強力한內閣을組織하을要望하엿던것이다 ……

……

단기四二八四年五月九日

## 汚吏肅淸等警告했으나

### 要路서받아주지않앗다

『동아일보』 1951. 5. 11.

## 이 부통령 사표 제출
## 이 부통령 국회서 심경을 토로
## 강력한 내각 조직
## 민의 부합한 정치 요망

이시영 부통령은 헌법에 규정되어 있는 대통령 보좌의 기능을 발휘할 수 없다는 별항과 같은 이유로 지난 9일 오후 5시 국회의장 대리 장택상 부의장에게 사표를 제출하였다. 이시영 부통령은 10일 하오 회의에 참석하여 사임 이유를 다음과 같이 설명하였다.

나는 강력한 내각을 조직하여 민의에 부합한 정치를 할 것을 요망하였던 것이다. 헌법에서 견제된 부통령의 힘으로는 달성할 수가 없었던 것이다. 2차에 걸친 유리남하[15]로 민생고는 날로 격화하여 가는데, 국민의 요망과는 반비례로 남부끄럽고 사람 같지 않는 부정 사건이 연발하고 있으니, 부통령으로서 무위무능한 가운데 그저 그 자리에만 앉아 있을 수 없어 좀 더 현명하고 유능한 부통령이 들어와 대통령을 보좌할 것을 믿고 이 자리를 물러나려는 것이니, 이것은 감정에 끌린 일시적인 일이 아니고 오래 전부터 생각한 일이며, 이대로 더하려야 할 수 없는 실정이니, 국회에서 정부를 잘 편달하여 백성을 살리도록 하여 주기 바란다.

---

15 사의 표명한 것은 한국전쟁 기간이다. 따라서 여기서 말하는 '유리남하(流離南下)'는 2차에 걸쳐 서울을 버리고 남쪽으로 피난한 것을 가리킨다.

012

# 대통령 재출마

『동아일보』 1951. 5. 13.

**재출마 의향 없다**
**이 대통령 차기 선거 언급**

이승만 대통령은 내년의 대통령 선거에 재출마할 의향을 갖지 않고 있다고 한다. 11일 UP 기자와 잠시간[1] 회견석상에서 이 대통령은 최근의 국회의 동향은 자기로 하여금 대통령 선거에 재출마할 의사를 버리도록 하려는 공작이라고 말하고, 어쨌든 나는 대통령직을 원치 않는다고 부언하였다. 국회의 동향 여하로는 재출마할 가능성을 전적으로 부정할 것은 아니지만 그는 자기보다 연소한 자가 대통령이 되어야 할 것이라 말하였다.(부산 12일발 UP 대한)

---

1 길지 않은 시간.

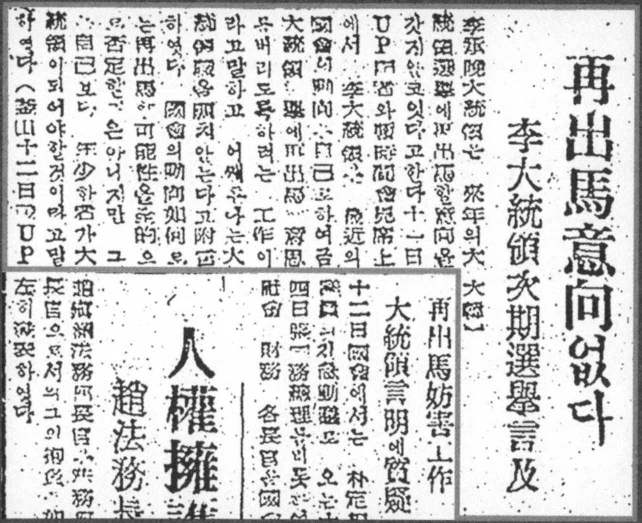

# 再出馬意向없다

## 李大統領次期選擧言及

李承晩大統領은 來年의大統領選擧에再出馬할意向을 갖지않고있다고한다 十一日 UP通信과의特別會見席上에서 李大統領은 最近의 國會의動向은自己로하여금 大統領選擧에再出馬를 [illegible] 무버리도록하려는 工作이라고말하고 어[illegible]大統領職을固執치 않는다고附言하엿다 國會의動向如何로는再出馬의可能性은絶對的으로否定한것은아니지만 그는自己보다 年少한者가大統領이되어야할것이라고말하엿다 (釜山十二日發UP

再出馬妨害工作

大統領言明에質疑

十二日國會에서는 朴定根 [illegible] 오는十四日 [illegible] 總理 [illegible] 財務 各長官 [illegible]

人權擁護

趙法務長官

[illegible] 法務長官 [illegible] 長官으로서의 그의 [illegible] 左히答辯하엿다

『동아일보』 1951. 5. 13.

# 대통령 직선 추진

『동아일보』 1951. 5. 20.

**이 대통령 개헌 문제 언급**
**대통령 '직선' 추진**
**내각책임제 부적당, 양원제 찬성**

【부산 18일 AP 합동】 신화봉 기=대한민국 대통령 이승만 박사는 17일 기자와 회견하고 나는 차기 대통령 선거에 입후보할 것을 원하지 않을지도 모르나, 대통령이 민주주의의 진실한 길인 직접선거로 선출될 것으로 추진시키겠다고 말하였다. 그런데 현행 헌법은 대통령이 국회에서 선출되기로 되어 있다. 이어 이 대통령은 다음과 같이 말하였다.

나는 현재 심경으로는 나는 차기 선거에 입후보할 것을 원하지 않을지도 모른다. 차기 선거에는 다른 사람이 입후보하는 것이 좋을 것이다. 그리고 신생 대한민국의 안정을 위하여서는 우리는 미국과 같은 정부 형태를 보유하여야 할 것이다.

이 일국의 안정성이라는 것은 외국에 의한 동국(同國) 정부 승인의 전제조건인 것이다. 나는 대통령의 권한을 내각으로 옮기려는 헌법 수정 계획에 반대하는 바이다. 무릇 이 내각책임제라는 것은 정부의 불안정을 초래하는 법이다. 그러한

政策確立焦眉

이길이 없다면 우리에게武裝을

戰時聯合大學서要路에建議

軍裁回附不當

辯護士異議申立却下

李大統領改憲問題言及

大統領「直選」推進

內閣責任制不適當, 兩院制贊成

李始榮翁生活保障

國會에서政府에建議

大法院長總理와懇談

金副統領 各部處長을引見

兩長官國會서人事

李內務―行政標準指示仰望

任農林―國會意思反映努力

崔本社々長 어제無事歸國

白將軍頌德碑

漆谷郡에建立

『동아일보』 1951. 5. 20.

제도 하에서는 대통령의 직위는 더 안한(安閑)[1]하고 비난을 받을 것이다. 개인적으로 말하자면 나는 그 제도를 환영하는 바이나, 정치적 견해 내지 국가의 이익을 생각한다면 그 제도는 적당치 않을 것이다. 제왕이 없는 우리나라에다 이러한 중간적 존재를 둘 필요가 어디 있겠는가? 신생 대한민국을 강화하기 위하여서는 우리는 양원제 국회를 갖는 것이 좋을 것이다. 즉 국회에는 상하 양원을 두는 것이 더 안전할 것으로 생각되니, 나는 앞으로 이것을 공적으로 추진할 작정이다.

그런데 현재의 한국 국회는 단원제를 채택하고 있었으며, 절대권한을 가진 임기 4개년의 대통령을 선출하는 곳도 이 국회이다. 작년에 국회 특히 야당인 민국당에서는 이 대통령의 권한을 박탈하고 이것을 국회에 책임을 지는 내각에 옮기려는 노력으로서 헌법을 수정하려고 기도하였으나 이것은 실패로 돌아갔다.

1 편안하고 한가함.

014

# 대통령 선거 입후보

『동아일보』 1951. 10. 29.

**내가 입후보로 되리라고는 생각 않는다**
**민국당과 길항하는 신당 결성 지지**
**이 대통령 차기 선거 문제에 언급**

27일 이승만 대통령은 내년 6월의 대통령 선거에 자기가 입후보하리라고 생각지 않으며, 다른 사람들이 대통령이 될 기회를 가질지 모르는 때이라고 UP 기자에게 말하였다. 대통령 선거에 재출마할 생각이냐는 질문에 대하여 그는 "내가 입후보로 되리라고 나는 생각지 않는 바이다."라고 말하였다 그런데 엄밀히 말한다면 한국 헌법의 규정으로는 대통령 선거 운동이나 대통령 후보자라는 것은 없다.

대통령은 국회가 선출하는데, 대통령 피선자는 국회의원이고 아니고를 가리지 않는다. 최근 제안되었고 또한 대통령이 강력히 촉구한 개헌안이 국회를 통과하게 되면 전기와 같은 규정은 변경될 것이다. 즉 개헌안은 대통령 선거를 직접선거로 하고 있다. 이 개헌안은 그 통과에 필요한 국회 투표에 3분의 2를 획득지 못할 것이라는 관측이 유력하다. 이 대통령은 또한 민주국민당과 길항(拮抗)할 노동자와 농민의 신당 결성을 지지한다고 말하였다. 민주국민당은 전 지주와 공업가의 단체이며, 현재로서는 활동단체를 국회 밖에서 가지고 있는 오직 하나의 정당이다.

내가 立候補로되리라고는 生覺않는다

民國黨과 拮抗하는 新黨結成支持

李大統領次期選擧問題에言及

三氏接見

韓國에出戰한 各國의戰傷兵

李氏勝利慶賀

李公報處長談

電力完全送電對策樹立焦眉

市內盜電無慮三千KW

送電途中에五割漏電

『동아일보』 1951. 10. 29.

신당 결성 운동은 비록 일부분적인 것일지라도 노동자와 농민의 지지를 획득할 것인바, 이 운동이 성공할 것 같으면 한국은 미국 및 영국에서와 같은 2당 정치기구를 가지게 될 것이다. 이 대통령은 어느 정당이나 국회 내 정파와도 초연하여 왔는데, 그가 신당의 당원 또는 지도자로 될 것인지는 말하지 않고 다만 다음과 같이 말하였다. "신당은 국민의 태반을 차지하는 일반 국민이 국정을 도울 것이다. 그리고 나의 신념을 동당(同黨)은 반영할 것이고, 신생 국민의 사□를 강화하는 데 도움을 줄 것이다. (부산 28일발 UP=대한)

015

# 대통령 직선과 양원제 개헌안 부결

『경향신문』 1952. 1. 20.

**정부 개헌안 부결**

**143대 19표의 차로**

**국회**

정부에서 제출한 대통령 직선과 양원제를 골자로 하는 개헌안은 드디어 무기명 표결에 부친 결과 재석 163명 중 가 19표, 부 143표, 기권 1표로 부결되고 말았다. 즉 18일의 국회 제9차 본회의에서는 조 부의장 사회 하에 개헌안에 대한 대체 토론에 들어갔다. 이날 의사당에는 방청객으로 초만원을 이루었으며, 토론에는 엄상섭(자유), 김정실(자유), 서범석(민국), 서이환(민우), 곽상훈(무) 등 여러 의원이 등단하여 모두 개헌안을 반대하는 발언을 하였는데, 요지는 다음과 같다.

**개거가 반대 발언!**

▲ 엄상섭 의원(자유당)=정부는 금반 개헌안을 제출하는 이유 중에 동회(同會)[1]의 신중치 못한 과오를 시정한다는 이유를 들어 양원제를 주장하고 있으나, 상원의 신

1 국회.

# 政府改憲案否決

## 一四三對十九票의差로

政府에서 提出한 大統領直選과 兩院制를骨子로하는改憲案은 드디어無記名投票에부친結果 在席百六十三名中 可十九票 否百四十三票 棄權一票로 否決되고말았다 十八日의國會第九次本會議에서는 申副議長 司會下에改憲案에對한大體討論이끝난후 이날議事堂에는 傍聽客으로超滿員을이루었으며 討論에는嚴詳燮(自由) 金正實(自由) 徐範錫(民國) 徐二煥(民友) 許[illegible](無) 等諸議員이 登壇하여 모두改憲案을反對하는發言을 하였는데 그要旨는 다음과같다

## 皆擧가反對發言!

## 比律賓代表一行國會禮訪

『경향신문』 1952. 1. 20.

중과 하원의 신중을 플러스하여 시간이 지연하면 피해가 많다. 또한 다수당의 전제를 방지할 수 있다고 하지만 하원은 상원에서도 다수당이 되는 것이 보통이다.

그리고 정부와 국회 간의 충돌을 완화할 수 있다고 말하지만, 민주정치가 발달됨에 따라 쿠데타는 할 수 없고 정당정치로 발달한 곳에는 없다. 상하 양원의 마찰이 크다. 또한 상원에는 노련한 인물을 선출한다고 운운하지만 우리나라같이 정치가 발달하지 못한 나라에서는 노련한 인물이 있을 수 없다.

▲ 서범석(민국)=정부가 제출한 양원제는 국회를 약체화시키려는 것이다. 대통령은 전 국민이 개헌안을 지지한다고 말하지만, 우리가 보기에는 국민은 개헌안에 대하여 냉혹한 태도를 취하고 있다. 우리 민주국민당은 현행 헌법의 결함을 시정하고 개헌안이 아닌 이상 반대의 의사를 표하는 바이다.

▲ 서이환 의원(민우회)=모두가 반대를 하니 나는 찬성을 하고 싶으나 그렇지 못하여 미안하다. 나는 원칙적으로 개헌을 찬성하며 대통령 직선을 찬성한다. 그러나 지방자치법이 있으면서도 면·읍장 선거도 못하고, 더욱이 지사나 서울시장을 임명하고 있으니 위선(爲先) 이것을 먼저 시정하고 개헌안이 나왔다면 모르거니와 이번에는 주객이 전도되고 있으니 시간상조라고 아니할 수 없다.

또한 내각책임제를 포함치 않은 개헌안을 찬성할 수 없다. 본의원은 3개월 전에 개헌설이 있을 때 국무위원에게, 국민은 내각책임제를 열렬히 희망하고 있다는 점을 역설한 바 있었다. 그런데도 불구하고 이런 개헌안이 나왔으니 우리는 이것을 부결시키고 진실로 한국을 민주주의 토대에 올려놓을 수 있는 내각책임제 개헌안을 단시일 내에 제출하겠다.

▲ 곽상훈(무소속)=도대체 처음부터 흥미가 없어서 말하고 싶지 않지만 기록에 남기기 위하여 말하면, 금반 개헌은 골자도 없고 국민의 의사도 반영되지 않을 것이다.

# 016 국회의원 소환 운동

『동아일보』 1952. 2. 27.

### 대통령 국회 질문 12조항[1]에 마침내 회답

국회의원 소환에 관한 대통령의 답변서는 26일 하오 12시 40분 국회에 도달되었거니와, 국회 '특별위원회'에서는 이 답변 내용을 검토하기 위하여 이날 하오 1시부터 긴급회의를 열고 진지한 토의를 계속한바, 그 토의 내용은 오늘 27일 국회 본회의에서 보고될 것으로 보인다. 한편 지대한 관심을 끌고 있던 '국회의원 소환'에 관한 국회의 12조항 질문에 대하여 이 대통령은 다음과 같은 답변서를 국회에 보내어 왔다. 이 역사적인 서한은 26일 하오 12시 42분 국회 박종만 사무총장에게 접수되었는데, 국회의 질문과 답변 내용 전문은 다음과 같다.

### 소환의 법적 근거는?
### 답=민중의 지지면 할 수 있다

1 1952년 2월 19일 국회에서는, 1월 18일 정부의 대통령 직선제 및 양원제 국회를 위한 개헌안이 국회에서 부결된 데 불만을 품고 벌어지고 있는 의원 소환 운동에 대해 대통령에게 질문서를 작성하여 직접 전달한다는 결정을 내렸고, 이 기사는 이에 관한 내용이다.

# 大統領國會質問十二條項에遂回答

## 召還의法的根거는?
答=民衆의支持면할수있다

## 民意를어떠케測定?
答=自由로署名케하면된다

## 答=大勢가變해서主張
制憲當時에는反對하지않았는가

## 混亂있을理없다=答
問=收拾難의負責은

## 問=佛伊도非民主?
形便따라制定=答

## 問=召還談話取消意思는?
되푸리할必要없다=答

## 本報筆禍事件第一回公判
人定審問만으로休廷
公報處長告發로檢察側立件

起訴內容

## 美參事官問疑는事實
夫인허氏證言內容

## 申性模氏遂民裁廻附
證據인滅公務執行妨害嫌疑

## 龜浦서列車追突
學生二名即死

## 그이는살아있다
被拉人家族座談會

「어린것들은그이와 못지않게훌늉하게」

市勢

라디오

解說

『동아일보』 1952. 2. 27.

**문** 제1항 우리 헌법 제33조에는 "국회의원의 임기는 4년으로 한다."고 규정되어 있는데, 이 조문은 합법적으로 당선된 국회의원은 4년간에 있어서 소환할 수 없다는 것으로 보지 아니하십니까?

**답** 제1항에 대해서는 민주국가의 헌법은 민의로 개정할 수도 있고 증보(增補)할 수도 있는 고로, 헌법에 규정이 있는 것은 그것을 따라서 시행할 것이고, 없는 것은 사기(事機)에 따라서 증보하는 것이 통례이므로, 민의가 정당히 발표된 뒤에는 이것을 막을 사람이 없을 것입니다. 국회의원들의 임기가 4년으로 되어 있으므로 그 기한 안에는 무엇이든지 다할 수 있다는 것은 잘못 생각이니, 민중이 지지하는 것만은 다할 수 있으되 민의를 돌아보지 않고는 어려울 것입니다.

**문** 제2항 더구나 우리 헌법 제50조에 "국회의원은 국회 내에서 발표한 의견과 표결에 관하여 외부에 대하여 책임을 지지 아니한다."고 규정되어서 국회의원의 원내 행동에 대하여 외부에서는 여하한 방법으로도 문책할 수 없다는 것이며, 조문은 국회의원의 원내 행동에 대한 절대자유를 보장하여야만 민주정치가 수호된다는 의미에서 세계 어느 민주주의 국가의 헌법에도 규정되어 있는 중대한 사실이거늘, 지난번 정부에서 제출한 개헌안을 반대하였다는 이유로서 국회의원을 소환하는 방법으로 문책한다는 것은 명백한 헌법 부인이라고 보는데, 이에 대한 이유를 말씀하여 주십시오.

**답** 제2항에 대해서는 국회의원이 국회 안에서 실수가 있더라도 행정부에서 침범치 말라는 조건이고, 이번 헌법 개정안 부결은 국회의 공개회의에서 토의해서 부결하여 공표된 것이니, 이것을 민중이 알고 안건이 부결된 것이 헌법의 정신에 위반되는 것을 민중이 교정하라는 것이니 이것은 헌법 제50조와 관계없는 것입니다.

**문** 제3항 이와 같이 헌법의 명문을 무시하신다면, 국민은 주권자라고 하여서 대통령의 지위도 그 임기 내에 법에 의하지 아니한 결의 투표 등의 방법으로 박탈함을 긍정하여야 할 것 아닙니까? 만일 그렇다면 어떠한 결과를 가져올 것이라고 보십니까?

**답** 제3항에 대해서는 대통령을 국회에서 선정할 권리를 가졌으므로 대통령이 민의를 위반할 때에는 국회에서 탄핵해서 대통령을 면직시킬 수도 있고 징벌할 수도 있으나, 국회의 권리가 민중을 대표할 권리이므로, 민중의 뜻을 위반해서 헌법의 문구만을 주장하고 정신을 위반할 수는 없을 것입니다.

**민의를 어떻게 측정?**

**답=자유로 서명케 하면 된다**

**문** 제4항 소비에트 연방이나 중국의 헌법에서와 같이 "국회의원을 소환할 수 있다."는 조건이 규정되어 있는 나라에서도 소환 절차에 관한 법률이 제정되어 있지 아니하는 한 소환을 실행할 수 없는 것인데, 우리나라에서는 이에 대한 아무런 법규도 없으니 어떠한 방식으로 소환투표를 하신다는 것입니까?

**답** 제4항에 대해서는 민주국가에서는 그 나라도 민중이 만든 것이고 헌법도 민중이 만든 것이니 민중이 원하기만 하면 헌법이나 정부나 국회나 무엇이든지 고칠 수 있는 것인데, 우리 국회에서는 자기들이 최고 권리를 가진 줄로만 알아서 자기들 생각하는 것이 민중의 생각이라고 하고 민의가 어떠한지는 고려치 않았으므로, 대통령을 국회에서 선거한다는 것만 알고 백성이 그 권리를 백성들 자신이 가져야 하겠다는 것은 몰랐으며, 따라서 국회에서 대통령을 선정하는 것이 앞으로 얼마나 위험할 것인지를 모르고 국회의원들이 자기권리만 주장하는 까닭으로 이런 오해가 생긴 것이니, 국회에서 이 기본적 원칙만 깨달으면 아무 문제없이 헌법 정신대로 순조롭게 진행될 것입니다.

**문** 제5항 소위 애국단체의 간부라고 칭하는 인사들의 동향을 보면, 집회된 군중을 수삼인의 선동으로 국회의원 소환을 가결하거나, 그 하부 조직을 통하여 국회의원 소환 결의서에 서명을 시킴으로써 '공식 투표'라고 칭할 것 같은데, 이러한 방식으로 민의가 자유롭게 반영될 것으로 보입니까?

**답** 제5항에 대해서는 소환투표 절차가 불공평하다는 것인데, 이 문제에 직접 관계되는 것이 아니요, 오직 소환 건의 실시에 대해서 무슨 협사가 있으면 일일이 조사해서 처벌도 할 것이요, 혹 명단이 불분명하거나 민중이 자유로 서명한 것이 아니거나 한 폐단이 있으면 가가호호에 다니면서 채탐(採探)[2]할 수도 있을 것이니, 이것은 사소한 절차에 관한 것입니다.

**문** 제6항 이런 방식으로 국회의원 소환을 결정한다면 법적 효과가 발생할 것으로 보십니까? 또는 국회의원들이 자진하여 퇴임할 것으로 보십니까? 만일 국회의원이 자퇴하지 아니하면 어떻게 하실 예정입니까?

**답** 제6항에는 변론상의 문제뿐이고, 대통령이 소환해야 되겠다고 말한 것은 이 문제가 민의에 위반한 것 같으니까 이것을 밝히자는 것이지, 결과가 어떻게 될 것을 내가 미리 대답할 수 없을 것입니다.

## 혼란 있을 리 없다=답
## 문=수습의 어려움의 책임은 누가?

**문** 제7항 대통령께서 이러한 담화를 발표하신 결과로 인하여 수습하기 어려운 혼란이 일어날 것이 예상되시지 아니합니까? 더구나 이 때문에 일어나는 혼란은 좌익분자들의 암약 조량[3]을 조정하는 본의 아닌 결과를 가져오게 되지 아니하겠습니까? 또 혼란이 일어난다면 그 책임은 누가 져야 하겠습니까?

**답** 제7항은 민주국가에서 민의를 따라서 어려운 문제를 해결하려고 하는데 무슨 혼란이 있을 까닭이 없을 것이고, 혼란케 하는 자가 있다면 정부에서 조처할 것이니 이런 허구적 문제를 원칙적 문제와 혼잡하지 말고 국회의원 여러분은 각각 자기 직책을 수행할 것만을 생각할 것이요, 모든 사람이 국가의 이해만 생각한다면 아무 이례(異例) 없이 다 순리로 해결될 것입니다.

---

2 일일이 다니면서 확인함.

3 형편이나 사정을 살펴서 밝히 앎.

**문** 제8항 더욱이 국제적으로 파급되는 영향을 어떻게 보십니까? 국가와 민족의 장래에 대하여 지극히 우려될 결과가 파생된다면 어떻게 하실 작정이십니까?

**답** 제8항에 대해서는 지금 불평분자들이 각처 외국인들에게 돌아다니며 정부에 비행이 있다고 모든 허무한 선전을 하며 이번 이 문제 결과로 큰 폭동이 일어나고 위험한 사태가 생긴다는 위협적인 발로 외국의 응원을 얻어다가 정부를 위협하려는 행동이 있으나, 이것은 우리의 국법에 비추어 불충분자들의 불충행동으로 드러날 때가 있을 것이요, 국가의 중요한 문제는 민주정체의 원칙대로 해결되고 말 것입니다.

**답=대세가 변해서 주장**

**제헌 당시에는 반대하지 않았는가?**

**문** 제9항 대통령께서는 제헌 당시에 이상적으로는 양원제와 대통령 직선제가 좋지마는 남북통일도 되지 아니한 국가비상시인 만큼 위선(爲先) 현 헌법대로 제정하여야 한다는 취지의 말씀을 하셨는데, 지금은 제헌 당시에 비하여 우리 사정이 어떻게 되었다고 보십니까?

**답** 제9항에 대해서는, 제헌 당시에 우리가 국회 양원제와 대통령 직선제를 다음으로 미루고 첫해에는 그대로 진행하자고 양해가 되었던 것이며, 그때에 남북통일의 관계를 포함하여 말한 적이 있었으나, 지금은 대세가 변해서 우리 정부의 권위가 확립되었으므로 이 두 가지 조건은 원칙대로 해야만 민국 제도로 세운 정부가 영구한 토대 위에서 장차 위태할 염려가 없을 터인데, 지금 국회의 형편을 보아서는 국회에서 민국의 장래를 염려해서 자기들 자신을 희생하고 이 원칙을 세우자는 생각이 자발적으로 날 것같이 보이지 아니합니다.

지나간 4년 동안에 이 문제를 여러 번 설명해서 다 양해하더니, 이번 투표 결정할 때에는 부결한 것을 보니 10년 후에라도 민중이 아무 말 없이 있으면 언제 교정해 볼는지 알 수 없으므로 내가 대통령 자리에 있을 적에 이것을 실현해야 되겠다는 책임감으로 이것을 추진하기를 바라는 것이니, 민국 정부의 장래를 생각하는 분들은 국회 내에서나 국회 외에서나 이것을 실시해야 될 것으로 각오하고 분투노력하실 것으로 믿는 바이다.

**문** 제10항 이미 국회에서 143표 대 19표의 절대다수로 부결 작정된 개헌 문제를 가지고 미증유의 국가적·민족적인 수난기에 있어서 또다시 평지파란을 일으킨다는 것이 과연 민주주의 원칙에 합치되고 진실로 국가와 민족을 위하는 유일한 방도라고 생각하십니까?

**답** 제10항에 대해서는, 나는 국회 안에도 애국심과 공정한 책임감을 가지고 이같이 중대하고 긴급한 문제를 바로 작정하려는 분이 여럿인 줄 믿는 바이며, 이 문제를 민의에 붙여서 물으면 민의가 어떻다는 것이 자연 표면에 드러날 것이니, 그렇게 되는 날에는 국회에서 여러분들이 사심사욕으로 망동하는 사람 외에는 다 원칙대로 교정하기를 실행할 줄로 믿는 바이므로, 평지풍파니 혼란분규라는 등 무의미한 말로 토론을 일으키지 말고 원칙대로 정면적으로 속히 결정할 줄로 믿는 바입니다.

**문=프랑스, 이태리도 비민주?**
**형편 따라 제정=답**

**문** 제11항 제2차 대전 이후에 제정된 프랑스나 이태리의 헌법에도 대통령은 국회에서 선거하는 것으로 제정되어 있는데, 이러한 국가는 민주주의 국가가 아니라고 보십니까?

**답** 제11항은 분석해서 대답하지 아니하여도 여러분의 양해가 있을 것입니다. 다른 나라에서는 다 각각 자기 나라 형편을 따라서 해 가는 것이니까 어떤 것만이 민주정체요, 어떤 것만이 민주정체가 아니라고 할 수 없을 것이나, 우리가 할 말은 우리 국민 삼천여만 중의 유권자가 직접 투표해서 대통령을 내면 민국의 기초가 더 공고해지고 더 좋은 사람이 피선될 희망이 있을 것이고, 국회 내의 2백여 명 의원의 투표로 대통령을 내게 하는 법이 장구히 서게 되면 세력과 재물 가진 사람들이 그 국회를 조정해서 민국 정부는 소수인의 장악에 들게 될 것이니, 그때는 민국 정부는 이름뿐이고 민국 시민은 아무 권리나 자유도 맛볼 수 없게 될 것입니다. 오늘날 국회의원들이 우리가 지금 세워 나가는 민국 정부를 영구히 민족의 행복이 되게 하려면, 목하의 사소한 국회의원들의 이익이나 권리를 초월해서 속히 교정하는 것이 민족을 대표한 국회의원들의 책임일 것입니다.

### 문=소환 담화 취소 의사는?
### 되풀이할 필요 없다=답

**문** 제12항 결국 국회의원 소환 투표의 실행을 주장하시고 권고하신다는 것은 명백한 헌법 부인의 행위이며 대내외적으로 파급되는 영향이 지대한 것이니, 하루바삐 이러한 담화는 취소하셔서 민심을 안도시킬 의사는 없습니까?

**답** 제12항에 대해서는 이상의 말을 다시 되풀이하는 것이니까 축조(逐條)[4]해서 대답할 필요가 없고, 본 대통령의 고충은 민주국가의 토대를 공고하게 하자면 몇 백, 몇 천 혹은 몇 만 명만의 장악에 국권이 빠지지 말고, 이것이 전 민족의 수중에 들어 있게 하고, 소수인이 민족 대표라는 명의를 가지고 자기들의 사사로운 의견으로 민의에 배치되게 국권을 조종하는 것을 막기 위해서 민국 제도의 토대가 어디 있는 것과, 민중이 나랏일 잘못된 것을 교정치 못하면 민중 자신이 부지할 수 없다는 것과, 또는 삼권분립에 각각 한계가 있는 것이므로 정부나 국회에서 헌법의 원칙 또는 정신을 버리고 자의로 횡주(橫走)[5]해 나갈 때는 이 주의를 민중이 알고 지켜 주기를 바라는 것이지, 지금 현 국회의원에 대해서 무슨 악감(惡感)을 가지고 대립하려는 것은 아닙니다. 나의 유일한 고충은 삼권분립의 정신을 지켜야지, 범위에 넘치는 권력 행사를 하면 민국의 토대가 위태해진다는 것을 실지로 알려 주려는 것이니, 국회의원 여러분은 이 고충만 알아 주시면 의원 한 분도 소환당하는 일 없이 화의(和意)로 다 조처되어서 민국 정부가 태산 반석 위에 있게 될 것입니다.

---

**4** 해석이나 검토 따위에서, 한 조목 한 조목씩 차례로 좇음.

**5** 가로질러 뛰어감.

『동아일보』 1952. 2. 28.

『동아일보』 1952. 2. 28.

### 국회 특위 대통령 답변에 결의문 제출
### 독재화 위험성 지적
### 29일 본회의서 정식 결의

국회의원 소환설에 관한 12조항의 국회 질문에 대하여 이 대통령의 답한(答翰)은 26일 국회에 도착되어 27일 본회의에서 보고되었다. 의사국장으로부터 장문의 동 답한 보고가 끝나자 국회에서는 만장의 홍소(哄笑)[6]가 일어났다. 한편 특별위원회에서는 동 답한을 검토하기 위하여 26일 하오 1시부터 회의를 계속하여 진지한 토의를 한 결과 "민의 아닌 것을 민의라는 가면을 쓰고는 국헌과 국법을 문란케 하여 국가의 기초를 파괴하고 민주주의 발전을 저해할 위험성이 있는 국회의원 소환 운동에 대하여 국회는 확고한 태도를 가지고 대통령과 그 보좌관에 대하여 엄중한 경고를 선언하는 동시에 헌법 옹호를 위하여 결사 투쟁할 것을 주권자 제현에게 맹서한다."라는 다음과 같은 결의문을 본회의에 제출하였다. 동 결의안은 29일 본회의에서 정식으로 결정될 것인데, 특위 결의문 내용은 다음과 같다.

『동아일보』 1952. 2. 28.

### 특위 결의문 내용

지난번 정부에서 제출한 헌법개정안을 국회에서 부결했다는 이유로써 감행되고 있는 국회의원 소환 운동에 대하여 국회는, 민의 아닌 것을 민의라는 가면을 쓰고

6 입을 크게 벌리고 웃거나 떠들썩하게 웃음.

國會特委 大統領答辯에 決議文提出

獨裁化危險性指적

二十九日本會議서正式決議

特委決議文內容

院外自由黨만은反對

決議案을圍요코討議深刻

公報處監查嚴密進行

各種情報에依據課別로實施

前外務長官 林炳稷氏

『동아일보』 1952. 2. 28.

국헌과 국법을 문란케 하여 국가의 기초를 파괴하고 민주주의 운동을 저해할 위험성이 있음을 염려치 않을 수 없으므로 이의 보장을 위하여 확고한 태세를 가지고 있다. 대법원장도 헌법과 절차 법률이 제정되지 않는 한 국회의원을 소환할 수 없을 것이라고 국회에서 증언하였을 뿐 아니라, 원래 민주주의 입헌국가에서는 법적 절차에 의하여 선정된 국회의원의 의사는 민의로 간주함을 그 본질적인 요소라고 할 수밖에 없는 것으로 생각하므로, 본 문제에 관한 대통령의 언명은 일관하여 어떤 종류의 운동을 옹호 조장하는 느낌을 가지게 하는 것으로서 결국 그 내용을 보면, 첫째 가가호호에 다니면서 민의를 들어 보지 않고는 국회의 주권 발동을 못한다는 대의정치의 기본에 관한 착오를 고집하는 것이고, 아무 확증의 제시도 없이 사리사욕에 의하여 조처한다는 허위의 사실로서 국회를 모욕했으며, 민주주의 국가의 유일한 국민 대표기관인 국회의 결정이 민의에 배반된다고 속단하여 그 직능을 부정하는 것으로서 독재정치의 방향으로 기울어질 위험이 많고, 민주정치에 있어서의 현행 법률과 절차를 무시하고 국가의 권력에 의하여 조발[7]된 민의를 진정한 민의로 가장함으로써 민주주의 법치국가의 현행 법률과 현행 헌법을 부인하는 것이라고 간주할 수 있는 것이다. 그래서 국회는 금후에 있어서 여사(如斯)한[8] 사태는 앞으로 국회의 직능을 무시함으로써 헌법을 유린하는 전율할 결과를 초래할 위험성이 있음을 지적하여, 대통령과 그 보좌관에 대하여 엄중한 경고를 선언하는 동시에, 헌법 수호만이 국민의 자유와 복지를 보장하는 유일한 길인 것을 자각하고 호헌을 위하여 결사 투쟁할 것을 주권자 제현 앞에 엄숙히 맹서한다.

---

7 강제로 나옴.

8 이러한.

# 017 국회의원 수난 사건

『동아일보』 1952. 5. 30.

## 국회의원 수난 사건 전말 진상 명백화[1]

1 역사적으로 이른바 '부산정치파동'이라고 불리는 사건과 관련된 기사이다. 부산정치파동은 한국전쟁이 한창이던 1952년 5월에 일어난 일로 그 전과 이후 대한민국 정치사에 커다란 영향을 끼친 사건이다. 이에 『한국민족문화대백과사전』에 나오는 '부산정치파동' 대목을 가감 없이 수록한다. 이를 통해 독자 여러분은 그 시대 전후 상황을 일목요연하게 이해할 수 있을 것이다.

**부산정치파동**: 1952년 5월 25일의 계엄령 선포로부터 같은 해 7월 7일의 제1차 개정헌법 공포에 이르기까지 전시 임시수도였던 부산에서 일어난 일련의 정치적 소요사건.

**역사적 배경**: 1950년 5월 30일 실시된 제2대 국회의원 총선거의 결과, 무소속이 의원정수의 60%에 해당하는 절대다수를 차지하게 되었고, 대한국민당·민주국민당 등 기존의 정당들은 원내 소수세력으로 자리 잡게 되었다. 이러한 원내 세력분포의 재구성은 대통령직의 연임을 노리던 이승만에게 매우 불리한 조건이 형성되었음을 뜻하는 것이었다.

따라서 이승만은 자신의 세력 기반을 형성하기 위하여 새로운 정당의 조직을 추진하였고, 이와 동시에 1951년 11월 28일 대통령 직선제와 상·하 양원제를 골격으로 하는 개헌안을 국회에 제출하였다. 이중 신당, 즉 자유당의 조직운동은 정부 측의 개헌안을 둘러싸고 단원제와 대통령 간선제를 지지하는 원내 의원들과 정부 측 개헌안을 지지하는 원외 인사들 사이에 의견이 대립하였다.

그러다가 마침내 같은 해 12월 23일 각기 자유당이라는 같은 이름으로 두 개의 정당을 만들어 내는 것으로 낙착되었다. 한편 정부 측 개헌안은 1952년 1월 18일 국회에서 표결에 붙여져 찬성 19표, 반대 143표, 기권 1표라는 압도적 표차로 부결되었다.

**내용**

이러한 사태는 직선제 개헌안을 통하여 대통령 재선을 바라던 이승만은 국회에 대한 통제력의 한계를 절감하고 이에 대처하기 위한 비상수단을 강구토록 하였다. 결국 그는 원외 자유당을 내세워 개헌안 부결 반대 민중대회를 개최하게 하고, 헌법규정에도 없는 국회의원 소환 운동을 벌였다.

또한 직선제 개헌 지지자들은 지방의회의 구성을 통하여 국회를 견제하고자 하였다. 이러한 상황에

「동아일보」 1952. 5. 30.

서 1952년 4월 17일 민주국민당을 중심으로 한 반(反) 이승만 세력은 곽상훈 의원 외 122명의 연서로 국회에서 내각책임제 개헌안을 제출하였다.

그러자 원외 자유당을 비롯한 18개 사회단체가 국회 측의 개헌안에 대하여 개헌안반대전국정당투쟁위원회를 조직하였고, 의원내각제를 추구하는 국회와 대통령 직선제를 관철시키려는 정부와의 대립이 전면적 대결의 양상을 띠게 되었다.

한편 이러한 소용돌이 속에서 같은 해 4월과 5월에 지방의회 선거가 실시되어 여당인 자유당이 압승을 거두었고, 이에 따라 이승만은 지방의회와 원외 자유당이라는 두 가지의 대국회 압력 수단을 확보하게 되었다. 또한 정부는 4월 20일 장택상을 국무총리로 임명하였다.

그는 취임과 더불어 '개헌안 4개 원칙'을 발표하여 내각책임제 개헌안 서명 의원들을 포섭·분열시켰다. 이러한 가운데 내각책임제 개헌 추진파의 맹장이었던 서민호 의원이 서창선이라는 현역 대위를 사살한 사건이 벌어져 정치적 쟁점으로 발전하였다.

국회는 서민호의 살인이 정당방위이고, 구속은 정치적 책략이라고 판단하였다. 그래서 5월 14일 서민호 의원 석방 결의안을 가결하였다. 다른 한편 정부는 같은 날, 부결되었던 대통령 직선제 개헌안을 다소 수정하여 국회에 다시 제출하였다.

5월 19일 서민호가 석방되자, 부산시내는 민족자결단·백골단·땃벌떼 등 각종 정체불명의 단체들의 관제 데모로 극도의 혼란을 맞게 되었다. 이들은 "살인 국회의원 석방한 국회는 해산하라." 등의 구호를 외치며 정부와 국회 및 대법원 청사를 포위·습격하였다.

이와 더불어 7개 도의회는 국회 해산 요구를 결의하고, 지방의회 대표는 반 민의국회(反民意國會) 해산 궐기대회를 개최하였다.

임시 수도 부산의 분위기가 이처럼 살벌해진 가운데, 이승만은 1952년 5월 25일 0시를 기하여 부산을 포함한 경상남도와 전라남북도 일부 지역에 공비 소탕이라는 구실로 비상계엄을 선포하고 영남지구계엄사령관에 소장 원용덕을 임명하였다.

이에 따라 언론 검열이 실시되는 한편, 25일 밤부터 내각책임제 개헌 추진 주동 의원의 체포가 진행되어 서민호 등이 구속되었다. 이어 26일에는 국회에 등정하던 국회의원 40여 명이 탄 통근버스를 크레인으로 끌어 헌병대에 연행하였다. 정치자금 유입으로 국제공산당에 관련되었다는 이유에서였다.

계엄과 국회의원 탄압에 직면한 국회는 계엄해제요구결의안 가결과, 구속 의원 즉시석방결의안 가결로 맞섰다. 민주국민당의 사실상 영도자인 부통령 김성수는 5월 29일 대통령 이승만을 비난하면서 국회에 사표를 던졌으나, 이승만은 내무장관 이범석에게 '정부혁신위원회 사건'을 발표케 하여 한층 더 공포 분위기를 조성하였다.

이러한 사태에 대하여 일부 대학생들이 "반공 반파쇼 민주수호"의 구호와 함께 술렁거리기 시작하였다. 1952년 6월 20일에는 이시영·김성수·장면·조병옥·김창숙·신흥우·백남훈·서상일 등 재야 인사 60여 명이 부산시 남포동에 있는 국제구락부에서 반독재호헌구국투쟁위원회를 결성하고 선언 대회를 개최하려는 순간 괴한들의 습격을 받아 대회가 무참하게 저지당하게 되었다.

한편 국제연합한국위원단은 우리나라 정부에게 사태 진전을 우려하는 성명을 내고, 트루먼 미국 대통령은 각서를 보내왔지만 이는 내정 간섭 여부의 불씨를 더하였을 뿐이었다. 그러한 와중에서도 국무총리 장택상은 국회 해산을 협박 수단으로 하면서 발췌개헌을 추진하였다.

1952년 6월 21일 국회에 상정된 발췌개헌안은, 정부가 제출한 대통령 직선제와 상·하 양원제에다 국회가 제안한 개헌안 중 국무총리의 요청에 의한 국무위원의 면직과 임명, 국무위원에 대한 국회의 불신임결의권 등을 덧붙인 절충안이었다. 그러나 이것은 기세가 꺾인 야당에게 어느 정도의 명분을 주자는 것에 불과하였다.

## "통수권에 속하는 문제다"
## 장 총리 어제 하오 국회에 출석 답변

### 국회 본회의

29일 국회 상오 회의에서는 전일의 결의에 의하여 국방장관과 계엄사령관, 공보처장 및 국무총리의 출석을 기다리고 있었으나 아무도 출석지 않아 수난 사건을 토의치 못하고 있다가, 12시 50분 장 국무총리가 출석하게 되어 비로소 토의를 시작하였다.

그러나 장 총리는 수난 사건에 관하여 이는 통수권에 속하는 문제이고, 또 계엄 하에 있어 총리 기능은 국부적으로 정지되어 있는 만큼, 동 사건에 관하여는 직접 책임자들에게 물어 달라고 말하여 역시 성과를 얻지 못하고 또한 하오 회의를 열고 관계 책임자를 기다리기로 하였다.

즉 이날 회의에서 이종현(무소속) 의원은 장 총리에 대한 질문으로서 "25일 비상계엄이 선포된 후 국회의원 수난 사건이 일어나 국내·국외적으로 일대 파문을 던지게 되어 국회는 행정부 관계 책임자를 불러 이를 규명하는 동시에, 잘한 일

---

더욱이 6·25기념식상에서 야당 측이 김시현과 유시태 등에게 사주하여 이승만을 저격하려다 총탄 불발로 실패한 암살미수사건이 터지자, 야당인 민주국민당 등은 발췌개헌안에 대한 저항을 완전히 포기하기에 이르렀다.

마침내 발췌개헌안의 추진을 위해서는 개헌 결의에 필요한 의원 정족수만이 문제로 남게 되자, 정부는 피신 중인 국회의원에게 신분 보장을 책임지겠다는 등의 조건으로 등원을 호소하고 구속 중이던 의원 10명을 석방시키는 등 발췌개헌안의 통과를 서둘렀다.

강제로 연행·동원되어 연 이틀간이나 국회에 감금되어 있던 야당의원들은 경찰과 군이 국회를 포위하고, 남송학 의원 등 자유당합동파와 신라회 소장의원들이 출입을 통제하는 가운데 1952년 7월 4일 밤 기립표결에 들어갈 수밖에 없었고, 그 결과 출석 166명, 가 163명, 기권 3명으로 발췌개헌안은 국회를 통과하게 되었다. 정부는 7월 7일 제1차 개정헌법을 공포하였고, 이로써 부산정치파동은 일단락을 짓게 되었다.

이 개헌에 따라서 정·부통령 선거법이 새로이 제정되고 이에 의한 선거가 1952년 8월 5일에 실시되어 이승만이 대통령으로 재선되었다. 부산정치파동은 그 뒤 여야 사이의 정치 운영 방식을 폭력 대결을 통한 졸렬한 극한 대립의 양상으로 바꾸어 놓았으며, 헌정사에서도 평화적 정권교체의 사례를 찾아보기 힘들게 만드는 분기점이 되고 말았다.

또한 더 나아가 장기 집권을 위한 비합법적인 수단과 방법이 되풀이하여 나타나게 되는 계기를 형성한 것이 바로 부산정치파동이라 할 수 있겠다.

이면 표창을 하고 못한 일이면 이를 발본색원하여 차후에 그런 일이 없도록 하려고 결의까지 하였던 것이나, 책임자는 연 2일 동안 기다려도 출석지 않으니 도대체 언제까지 출석케 될 것이며, 또 이번 일련의 수난 사건이 만약에 위법이라면 총리는 어떻게 처치할 것인가, 그리고 이번 수난에 관한 수난 의원들의 보고를 총리가 들었더라면 깜짝 놀랐을 만하였는데, 계엄사령관 보고는 그와는 격등(隔等)[2] 한 차이가 있으니 어떻게 된 영문인지 장 총리는 기대에 어그러짐이 없는 답변을 하여주기 바란다."고 질문하자, 장 총리는 다음과 같이 답변하였다.

즉 국방장관 이하 공보처장 등 국회에 출석토록 노력하였으나 어떤 사고가 생겼는지 출석을 안 하고 있으며, 공보처장은 출석하라고 과격한 말을 하였더니 오늘 어디 가고 보이지 않으니 오늘 중으로 행방을 찾아 나오게 하겠다.

그리고 수난 사건은 본직으로서는 통수권에 관한 일인 만큼 하등 답변할 힘이 없으니 직접 관계자에게 물어 주기 바라며, 국회 '버스' 사건은 여러분과 같이 통절히 느끼고 있으므로 말하지 않아도 여러분이 잘 알 것이고 과오자를 처단 운운은 역시 통수권에 관한 만큼 본직은 권리가 없다. 그리고 이 의원이 깜짝 놀랄 만한 보고라고 하였으나 깜짝 놀랄 일이 하도 많아 이제는 만성이 되어 놀라지도 않는다.

이와 같은 답변에 이어 김정식(삼우장파) 의원은 "수난 사건에 대한 일본방송은 한국 정부와 유엔과의 의견 차이 운운하고 있고, 국내 정국이 불안 상태에 놓여 있으니 장 총리는 관공리 단속 등 지엽 문제보다도 좀 더 근본적 문제인 정부 대 국회의 완화를 실현시킬 수 없는가."라는 질문에 대하여 장 총리는, 계엄 하에 있어 총리의 직능은 국부적으로 정지되어 요즘은 한산하다고 말하면서 일본방송에 대하여는, 일본은 언론 자유가 있는 나라이고 또 계엄이 선포되어 있지 않다는 것을 기억하여 달라고 말하였다.

이에 첨가하여 중앙방송국 부인(否認) 방송 건[3] 은 유엔 관계 모 중위가 한 것

---

2 큰 차이.

3 1952년 5월 26일 헌병대에서는 국회의원이 탄 버스를 통째로 연행했는데, 이에 대해 공보처에서는

이 아니고 어떤 '써전' 한 사병이 한 것으로 금후 그런 일 없도록 단속하기로 타협이 되었으나, 중앙방송국은 작전 수행 관계로 8군의 감독 하에 있다는 것을 알아 달라고 말하였다.

## 해산을 대통령에 재삼 요청
## 종내 '빼스'는 끌려 갔다
## 신 의장 보고

지난 25, 26일에 걸쳐 발생한 국회의원 수난 사건에 관하여 모든 정보를 종합하고 있던 신익회 의장은 28일 국회 하오 회의에서 그동안의 경과를 국회의 결의에 의하여 다음과 같이 보고하였다.

25일 서민호 의원이 돌연 헌병대에 체포되었다는 소식을 듣고 신태영 국방장관에게 그 사유를 물은즉 신 장관은, 그것은 서 의원을 체포한 것이 아니고 서 의원의 신변이 위험하므로 그 신변을 보호하기 위하여 잠시 동안 모셔 간 것이라고 말하였다. 그러므로 나는 신 장관에게, 서 의원을 석방한 것은 판결이 어떻게 될지는 모르나 판결되는 그 시간까지 국회에 자유로이 출석하여 민의를 대표하라는 의미에서 헌법에 의하여 석방된 것인즉, 국회가 열리어 이 문제가 논의될 그때까지 조금도 신변에 이상이 있어서는 안 될 것이니, 그때까지 장관이 책임을 지라고 말하였다.

---

여러 명의 국회의원이 공산당과 연관되었다는 혐의가 있어 연행했다고 발표하였다. 그러자 이튿날인 5월 27일 오후 중앙방송국 뉴스 시간에 공보처의 발표 내용이 틀렸다는 보도가 나갔다. 이에 대해 공보처에서는 다음과 같은 내용을 다시 발표하였다.
"이 중대한 사건은 그 후 조사한 결과 중앙방송국 파견대 UN군 책임자인 디어필드 중위의 명령에 의하여 미군 하사관이 정부와 일언반구의 협의도 없이 한국인 아나운서를 시켜 방송을 하도록 하였다는 것이 판명되었다."
그런데 동 방송 문제에 대하여 미 공보원 차장 링크 씨는 왕방한 기자에게 다음과 같이 말하였다. "나도 그런 방송을 들었다. 나는 동일 오전 중 중앙방송국에 가서 사실을 사실대로 방송하지 사실을 왜곡한 방송을 하여서는 아니 된다는 말을 한 일은 있었으나 그 방송이 어떠한 경위로서 되었는가는 모른다."

그런데 이튿날인 26일 상오 5시 또다시 네 의원(양병일, 장홍염, 이석기, 정헌주)이 체포되었다는 소식을 듣고 나는 여러 의원들과 토의한 끝에 여하간 의사당에 모여서 토의하기로 하고 될 수 있는 대로 의사당에 집합하도록 총장에게 부탁한 것이 국회 정문 안에서 '버스'가 봉변을 당하게 된 것이다.

나는 그때 헌병들의 힐난을 보고 곧 대통령과 타협하려고 하오 1시경 양 부의장과 함께 대통령을 방문하고 '버스' 사건을 세세히 말하고 즉시 해제하여 국회를 개회하도록 명령할 것을 요구하였다.

그런데 대통령은 국회서 종래 해 온 일이 민의에 맞지 않는 잘못한 일이 많을 뿐 아니라, 민중들로부터는 지금 국회의 해산을 요구하는 결의문이 쇄도하고 있으니 나로서는 해산을 안 할 것이나, 국회라는 것이 하늘을 쓰고 도리질을 하는 아무런 일도 다하는 줄 아는 것도 같으나 그렇지 못하는 일도 있다는 것을 알아야 한다고 말하였다.

그리고 대통령은 이어, 국회의원이 사람을 죽여서도 내놓으라고 석방 결의를 하는 일이 어디 있소 하고 말하기에 나는, 대통령만 민의를 존중하는 것이 아니라 국회에서도 그보다 더 민의를 존중하고 있는데, 법치국가에 있어서는 법률 앞에는 누구를 막론하고 동등한 처지에 있는 것인즉 서 의원 석방은 무죄 석방이 아니라 판결 전에 그동안 국회 출석을 위하여 법률에 의해서 석방한 것이며, 만약에 행정부에서 힘으로써 국회를 간섭·억압하는 것이 있다면 국내적으로나 국외적으로 어떤 영향이 있을 것 아느냐고 반문한즉 대통령은, 의장이 선포하시오, 의장이 선포하시오라고 말하였다.

재삼 해결 명령을 요구한즉 대통령은 나도 할 말이 있어야 할 것인즉, 또 들어가서 손들을 들고 무슨 결의를 하지 않도록 의장이 잘하시오 하기에, 나는, 의장은 행정부의 대통령과 같이 마음대로 할 수 있는 것이 아니고 회의만 질서 있게 진행시키면 다수 의원으로서 결정하는 것이라고 한즉, 대통령은 그래도 의장이 잘하면 된다고 말하였다.

그래서 재차 해결을 명령하도록 요청한즉 대통령은, 그러면 국회에서 종래 해 온 일이 민의를 들어 보니 그렇지 않다고 하는 의사 표시를 하면 일이 잘될 것

아니오, 하기에 나는 그것도 사람이 모여 회의를 해 보아야 할 것 아니오, 하고 말하였더니 그때는 "내 명령을 내리리다." 하고 허락하기에 그대로 귀환한 것이다. 그러나 그 후 아무런 조치가 없었고 하오 2시경 드디어 국회 차를 통째로 번쩍 들어가는 연극이 벌어진 것이다.

그 후 다시 대통령에게 연락하려 하였으나 대통령은 없고 비서도 없다 하여 연락은 못하고, 그날 밤 몇몇 의원은 이를 대기하다가 의장, 부의장실에서 철야까지 하였다.

27일 아침 9시경 공보처장에게 물어본즉 공보처장은 어젯밤 대통령이 석방을 명령하였는데 아직 안 나왔느냐고 깜짝 놀랐다고 하기에, 다시 총장을 시켜 헌병대에 알아보았더니, 그런 명령을 받은 일 없고 아직 조사가 안 끝났다고 말하였다 한다.

이에 앞서 25일 신 국방장관이 서의원을 신변 보장 상 잠시 모셔 갔다고 할 때에 옆에 있던 어느 의원이, 그러면 앞으로 국회의원 중에서 또 모셔 갈 사람은 없소, 하고 물은즉 그런 일은 절대 없을 것이라고 거듭 언명하였던 것이다.

018

# 난국 극복 성명

『동아일보』 1952. 6. 3.

## 난국 극복 위해 단결하자
## 이 대통령 전 국민에 성명

우리 반대분자들은 언제나 허위 선전으로 정부를 곤란케 만드는 것이 유일한 수단인데, 근래에는 더욱 맹렬히 활동해서 모든 낭설을 주작[1]하여 민심을 위협하는 중, 가장 심한 것은 아무아무가 정권을 잡으면 미국에서 원조가 많이 오고 그렇지 않으면 원조가 아니 온다는 등 또는 무치오 대사[2]의 말에, 한국에 정치 파동을 식히지 못하면 원조를 아니 준다는 등등의 말이다.

이런 것이 전혀 주작한 언론일 것이므로 더 생각할 가치가 없으나, 사리를 모르는 사람들이 혹 곧이듣고 파동이 되어 지금 정계의 중요한 문제를 해결하는 데 대하여 영향이 있을 염려가 있기로 한마디 설파하고자 한다.

원래 미국 정부나 민중은 어떤 개인의 친(親), 불친(不親)이나 또 자기 나라의 이해관계를 막론하고, 오직 어느 나라 사람이든지 환란에 빠진 사람들은 힘껏 원

1 없는 사실을 꾸며 만듦.
2 그 무렵 주한 미국대사.

難局극服爲해團結하자
李大統領全國民에 성明

『동아일보』 1952. 6. 3.

조해 주려는 것이 그 정책이요, 그 나라 사람들의 성질이니, 이러한 선전을 하고 돌아다니는 자는 우방의 후의를 왜곡해서 저의 정치 운동에 이용하려는 것이니 주의해서 들을 것이다.

이러한 문제를 일반 국민에게 알려 주고자 하는 바는, 설령 우리나라를 전적으로 도와주는 나라가 있어서 우리더러 자기들이 수백억 불로 도와줄 것이니 자기들 하라는 대로 복종하라 하며, 또 자기들 뜻대로 아니하면 지금 주는 것도 다 주지 않겠다 한다면, 우리 일반 동포들이 어떻게 대답할 것인지 내가 일반 동포의 마음을 치러 나온 경험으로 보아서 밝게 알고 있노니, 우리 한인으로는 공산당이나 그와 같은 자 이외에 일반 남녀 동포나 정부 관리를 막론하고 다 없으면 굶어 죽을지언정 우리의 독립주권은 양보하지 않겠다고 작정할 줄 믿기 때문이다.

이것은 무엇으로 내가 아는고 하니, 이북 이남에서 공산당의 살육과 파괴가 전고 역사에 없는 지경에 이르렀으되 한 사람도 우리가 공산당에 양보해서 노예가 되어서라도 구차히 사는 것이 좋겠다는 사람은 하나도 못 보았으며, 우리 청년들이 군인이나 군인 아닌 사람이나 다 나라의 독립권과 국민의 자유권을 위하여 죽기로써 싸운다는 결심을 보고 왔으며 또 이것을 알고 있으므로, 나로는 우리 장래를 조금도 우려하지 않고 있는 바이니, 정부 반대분자나 정부 옹호자들이나 다 막론하고 남을 의뢰하는 마음을 다 버리고 우리는 원칙대로 끝까지 주장해 나가기로 작정하면 모든 우방이 개인이나 어떤 단체를 보아 주는 것이 아니요, 대의를 위해서 도울 것이며, 고담(古談)[3]에 말한 바와 같이 의가 아니면 천하를 주어도 받지 않는다는 것이 우리의 결심일 것이다.

3 예전부터 전해져 내려오는 이야기.

019

# 국회 해산령 보류

『동아일보』 1952. 6. 5.

**국회 해산령 잠시 보류**
**이 대통령 어제 성명 발표**

우리나라가 더욱 민주정체로 발전해 가는 과정 시기에 있어서 다소간 정치 파동이 있는 것은 민국 탄생 후 처음 되는 경험인데, 이것은 민주정체의 발전되는 경험으로 간주할 것이요, 중대한 우려되는 것도 없는 것이다. 이번 이 정치상 파동은 이미 다 알게 된 바와 같이, 민중은 대통령을 직선하고 국회를 양원제로 헌법을 개정하기로 주장한 것이요, 국회에서는 자기들이 대통령을 선정하겠다는 이 문제로, 민중은 민의를 따라서 헌법을 개정하고 민주국가 원칙대로 전 민족에 발표된 사명을 받아서 행해야 된다는 중에서 시비가 생긴 것이다.

지나간 3개월 동안에 각도, 각군, 각면에서 민중대회를 열고 결의한 공문이 국회의장에게와 대통령 비서실에 와서 쌓인 것을 정부에서 하나도 회답하지 않고 있어 온 것은 민의를 고의로 무시한 것이 아니라, 국회의원들이 민중의 공의가 어떠한 것을 알면 자연 생각이 있으리라는 것을 믿고 천연하여 온 것이다.

이중에서 민중이 자연 공분을 이기지 못하여 국회 소재지에 와서 직접 토의하자는 계획으로, 많은 사람들이 부산에 들어와서 이번에 국회의사당에 들어가려

# 國會解散令暫時保留

## 李大統領昨日聲明發表

『동아일보』 1952. 6. 5.

는 것을 경찰이 막아서 들어가지 못하게 하려던 중에 약간 충돌이 생기게 된 것이니, 이 전시(戰時)에 앉아서 이런 분규 상태를 이루게 된 것은 행정부 수령의 자리에 앉은 나로는 불안한 마음을 느끼고 있는 중이다.

민주국가의 주인 되는 민중은 나라를 다스릴 적에 대통령을 선거해서 행정권을 맡기고, 국회를 선정해서 국회를 통하여 민의를 전달하는데, 만일 국회가 민의를 반항할 경우에는 의례히 4년을 기다려서 새 국회가 들어가서 민의를 전달하는 것이 통행되는 법이니, 우리도 이와 같이 해서 장차 새 의원이 나서 고치는 것이 순서일 것이다. 우리로는 기왕에 여러 번 제의한 것이다. 고의로 통과가 못되고 지금 와서 보면 조금도 이 법을 개정할 색채는 보이지 않는 중, 이 조건을 이용해서 국회의원 중에 일부 비밀분자들의 밀약(密約)으로 정부를 자기들이 조직해서 이북 공산당과 협의하여 평화적으로 남북을 통일하려는 계획을 완수하기 위해서 공산분자들과 재정까지 수수하며 음모를 결속하였다는 흔적이 발로되었다는 사실이 있으므로, 이것은 불원간에 공개 재판으로 판명될 것이니, 오래 기다리지 않고 다 드러날 것이나, 정부로서는 이것을 냉정히 볼 수 없는 것이, 전선에서는 우리 국군과 우방군이 많은 생명을 내놓고 싸우고 있는데, 후방에서 이런 지하공작이 있다면 이것은 방임할 수 없는 것은 누구나 다 각오할 것이다. 동시에 지방에서 지나간 3개월 동안에 각 선거구역에서 연명 날인하여 온 쌓인 공문은 막론하고라도 38선 이남 9도에 경기도와 강원도는 전선 관계로 의회가 아직 성립 못 되고 7도에서 들어온 공문이 일치하게 국회를 해산시키라는 결의안으로 도의회 대표들이 와서 대통령에게 진정하며 결의를 표시하게 된 것이니, 본 대통령은 이 민의를 수행하기 위해서 즉시 국회 해산하기로 하였던 것이다.[1]

---

1 1952년 5월 22일 자 『동아일보』에는 다음과 같은 기사가 실렸다.
"반민족 국회의원을 축출하라.", "살인 국회의원 서민호를 총살하라.", "서민호를 죽이라." 등등 불온한 말로써 공공연히 살인을 선동하는 약 300명으로 추산되는 데모대가 어제 21일 오전 11시부터 정오까지 한 시간에 걸쳐서 대법원과 중앙청과 국회의사당이 늘어서 있는 앞거리를 9대의 트럭에 나누어 타고 십여 차례를 왕래하였다.
9대의 각종 트럭은 주로 청년급의 남자만을 30명 내외를 싣고 이동철 경남 경찰국장이 지휘하는 경찰대가 삼엄한 경비를 하고 있는 앞을 외치며 왕래한 것이다.

그러나 나의 입장으로는 민국의 초대 대통령으로 국회를 해산시켰다는 전례를 만들기를 원치 않는 동시에 국회의원 50여 명이 공개로 연명 선언하고 민의 거부하는 국회의원을 공개 성토하였으며, 다른 국회의원들도 민의를 준행하여야 한다는 분들이 여럿이 있다 하므로 아직 해산령을 정지하고 국회에서 순리로 조정되기를 바라는 뜻으로 며칠 지연하는 것이다. 이러한 경우에서 일반 민중은 좀 더 인내해서 협의적으로 해결할 것을 기다리기 바라며, 각 지방에서 많은 대표자들이 부산으로 모이게 된다는 보도가 있으나 많은 사람이 모여들면 자연 충돌이 날 염려도 없지 아니하고, 정부 반대분자가 이런 기회를 타서 망동망설로 풍파를 일으키고 선전 자료를 만들려는 악습을 금하기 어려울 것이므로, 지금 순서적으로 운행되는 이때에 많은 대표자들이 부산에 오는 것을 잠시 정지하기를 권하며, 기왕 온 사람은 극히 조심해서 분규 혼란한 상태를 없게 할 것이며, 법과 질서에 방해되는 일은 조금도 행치 말고 오직 집회 언론 등 자유를 정당한 범위 내에서 행사할 것이요, 절대 비밀집합이나 남을 위협하는 등 행동은 일절 없어야 될 것이다. 내가 다시 민중에게 설명코자 하는 바는, 우리가 더욱 인내하는 마음으로 수일만 참아서 순조로이 문제를 해결할 수 있기를 바라는 것이요, 이대로 못되면 부득이 민의대로 공포할 것뿐이다.

국회를 해산하지 않고라도 그 결과는 민중이 요구하는 대지(大旨)를 실시함으로 결정될 것이니, 다른 의뢰를 말고 며칠만 기다려 주기 바라는 바이다.

---

…

또 그로부터 한 달여가 지난 6월 30일에는 이러한 기사가 실렸다.

28일 하오 1시 15분부터 국회의사당을 포위하고 의원들의 퇴원을 금지하면서 정부 개헌한 통과와 국회 자진 해산을 절규하던 '민중자결단' 대표들은 삼우장파의 배은희 의원으로부터 "모든 것이 잘되어 갈 가능성이 있으니 며칠만 더 참아 달라."고 간곡한 부탁이 있었으나 듣지 않고 그들의 요구가 관철될 때까지는 절대로 물러가지 않겠다고 확고한 결의로써 의사당을 지키고 있어 76명 의원들은 꼼짝 못하고 연금을 당하여 의사당 안에서 소변을 볼 지경에까지 이르렀던바 하오 6시 40분경 경찰이 동원되어 의사당 옆문에서부터 도청으로 들어가는 층층대까지 사이에 20여 명 경관을 나열시켜 길을 열어 준 관계로 76의원은 염금 5시간 30분 만에 완전 퇴청하게 되었다.

그 외에도 그 무렵 신문에는 국회 해산을 요구하는 데모대의 기사가 자주 실렸다.

020

# 개헌안 통과 담화

『동아일보』 1952. 7. 6.

**"입후보 마음 놓고 하라"**
**이 대통령, 개헌안 통과에 담화**

이 대통령은 5일 개헌안 발췌 조항 통과[1]는 각 지방 대표들의 분투노력한 데 기인한 것이라고 치하하는 다음과 같은 요지의 담화를 발표하였다.

민국 헌법의 대통령 직선과 양원제 문제로 그동안 정계에 다소 분규가 있었으나 지금은 국회에서 거의 전수로 통과되었으니 지나간 쟁론으로 분규 상태를 이룬 것은 지난 일에 부쳐서 잊어 버리고 지금부터는 순서적으로 선후책을 강구해야 될 터인데, 우선 개헌안을 통과시킨 데 대해서는 각 지방 국민들의 애국 성심으로 분투노력한 일반 동포들의 공심(公心)과 여러 대표들이 부산에 와서 많은 시일을 경과하여 거의 풍찬노숙하고 견디기 어려운 곤란을 겪으며 불법한 일이나 망행(妄行)하는 일이 없이 조리 있게 노력한 성충과 국회 내에서 민의를 존중히 여겨 이 문제 해결책에 전후 협력한 의원 여러분들의 공로를 치하하는 바이다.

우리 일반 남녀동포들에게 한 가지 다시 충고하는 말은, 이 나라의 안위와 화

1 발췌개헌안은 1952년 7월 4일 밤 9시 30분에 통과되었다.(103쪽 각주 참조)

通過된 拔萃改憲案全文

「立候補마음노코하라」

李大統領、改憲案通過에 談話

副統領選擧豫定

破壞活動防止法案

四日、日本國會遂通過

東南亞共黨

組織網强化

『동아일보』 1952. 7. 6.

복이 국민들이 각각 책임을 다하기에 있는 것이므로, 정부나 국회를 방임하지 말고 민의를 따라 순조로 진행하는 일은 극력 지지하고 보호해 주어야 정부의 권위가 건전케 될 것이며, 만일 사심사욕으로 두국병민(蠹國病民)[2]하는 폐단이 있을 적에는 언제나 궐기해서 법리로 해결하도록 각성해야 될 것이니, 이것은 내가 우리 전 국민에게 유언처럼 주고자 하는 말이다.

지금은 대통령 선거를 속히 준비되는 대로 진행할 것이니, 내가 수차 공식으로 발표한 바와 같이 혹 자의로 입후보하든지 또 혹은 민간에서 지정해서 출마시키든지 공개적으로 하고 각각 정책이 어떻다는 것을 공포해서 민중에게 알리고 그 정책에 따라서 투표로 작정하게 할 것이니, 비밀리에서 음모나 모략 등 수단으로 파당적 투쟁을 만들어 정권을 도득(圖得)[3]하는 비민주적 행동은 절대로 일절 금할 것이고, 위협이나 음해 등 선전은 결코 없어야 될 것이며, 누구나 자유로 정견을 발표해서 민중의 공의를 얻어 피선되기를 도모할 것이니, 정부에서는 누가 후보자가 되든지 선거운동에 대해서 절대 자유 분위기를 보장할 것이며, 또 후보자 되는 이들을 정당 관계나 의사 이동(異同)을 막론하고 일일이 보호하는 직책을 이행해야 될 것이다. 나로는 기왕에 여러 번 공포한 바와 같이 후보자 되기를 원치 아니하므로 모든 동포는 양해하여 주기를 바라는 바이다.

## 통과된 발췌개헌안 전문

제31조 입법권은 국회가 행한다. 국회는 민의원과 참의원으로써 구성한다.

제32조 양원은 국민의 보통, 평등, 직접, 비밀 투표에 의하여 선거된 의원으로서 조직한다. 누구든지 양원의 의원을 겸할 수 없다. 국회의원의 정수와 선거에 관한 사항은 법률로써 정한다.

제33조 민의원 의원의 임기는 4년으로 한다. 참의원 의원의 임기는 6년으로 하고, 2년마다 의원의 3분지 1을 개선한다.

---

**2** 나라를 좀먹고 백성을 괴롭힘.

**3** 꾀하여 얻음.

제53조 대통령과 부통령은 국민의 보통, 평등, 직접, 비밀 투표에 의하여 각각 선거한다. 국회 폐회 중에 대통령과 부통령을 선거할 때는 그 선거 보고를 받기 위하여 양원의 의장은 국회의 집회를 공고하여야 한다.

제69조 국무총리는 대통령이 임명하고 국회의 승인을 얻어야 한다. '민의원 의원 총선거 후' 신 국회가 개회되었을 때에는 국무총리 임명에 대한 승인을 다시 얻어야 한다.

국무총리가 궐위된 때에는 10일 이내에 전항의 승인을 요구하여야 한다. 국무위원은 국무총리의 제청에 의하여 대통령이 임면한다.

국무위원 총수는 8인 이상 15인 이내로 한다.

군인은 현역을 면한 후가 아니면 국무총리 또는 국무위원에 임명될 수 없다.

제70조 민의원에서 국무원 불신임 결의를 하였거나 국회의원 총선거 후 최초에 집합된 국회에서 신임 결의를 얻지 못할 때에는 국무원은 총사직을 하여야 한다.

국무총리와 국무위원은 국회에 대하여 국무원의 권한에 속하는 일반 국무에 관하여는 연대책임을 지고 각자의 행위에 관하여는 개별책임을 진다.

국무원의 신임 또는 불신임 결의는 그 발의로부터 24시간 이상이 경과된 후에 재적의원 과반수의 찬성으로 행한다.

국회는 국무원의 조직 완료 또는 총선거 직후의 신임 결의로부터 1년 이내에는 국무원 불신임 결의를 할 수 없다.

단 재적의원 3분의 2 이상의 찬성에 의한 국무원 불신임 결의는 언제든지 할 수 있다.

총사직한 국무원은 신 국무원의 조직이 완료될 때까지 그 직무를 행한다.

제73조 행정 각부의 장은 국무위원이어야 하며, 국무총리의 제청에 의하여 대통령이 임면한다.

국무총리는 대통령의 명을 승하여 행정 각부 장관을 통리감독하며, 행정 각부에 분담되지 아니한 행정 사무를 담임한다.

021

# 재선 담화

**『동아일보』 1952. 8. 10.**

## 정의의 투쟁 계속
## 이 대통령 담화 발표

이 대통령은 재선[1]에 제(際)하여 9일 다음과 같은 담화를 발표하였다.

---

1 이승만은 1952년 8월 5일 실시된 제2대 대통령 선거에 출마하여 당선되었다. 이 선거에서 이승만은 조봉암, 이시영, 신흥우 후보 등을 따돌리고 압도적으로 당선되었다. 부통령에는 함태영이 당선되었다.(1952년 8월 8일 자 『동아일보』 사진 참조)

正副統領當選遂決定

李承晩博士 / 咸台永氏

| 李承晩 | 曺奉岩 | 李始榮 | 申興雨 |
|---|---|---|---|
| 4,969,299 | 762,772 | 748,459 | 241,489 |

李承晩博士壓倒的再選

副統領에는咸台永氏

波瀾끝에 改正된憲法에依하여 實施한歷史的인 大統領副統領 直接選擧結果는 七日드디어 大統領에는李承晩博士가 爾餘立候補者들보다 四百餘萬票를 리ー드하는近六百萬票인 壓倒的多數票로 再選되었고 副統領으로는過去 審計院長이었던 咸台永翁이民意의 總本營인自由黨의李範奭氏를 물리치고 그보다도 七十餘萬票가 더많은二百餘萬票로 當選되어앞으로 四年間 이나라의國政을맡을正副元首는 이제決定을보게된것이다

來十五日就任式

| | |
|---|---|
| 咸台永 | 2,158,529 |
| 李範奭 | 1,454,024 |
| 趙炳玉 | 505,255 |
| 李甲成 | 427,[illegible] |
| 李允榮 | 879,715 |
| 白性郁 | 168,280 |
| 錢鎭漢 | 262,112 |
| 任永信 | 173,727 |
| 鄭基元 | 135,268 |

張澤相 李範奭 兩氏對立注目
—選擧後의政界動向—

『동아일보』 1952. 8. 8.

# 正義의鬪爭繼續
## 李大統領談話發表

『동아일보』 1952. 8. 10.

국민 여러분이 아시는 바와 같이 본인은 차기 대통령으로 재선되기를 원하지 않았습니다. 얼마 전 본인은 대통령 입후보로 나서지 않겠다고 결의하였으며, 그 후에도 개인적으로 이 태도에는 변함이 없었습니다. 지금도 본인은 그 결의는 현명한 것이었다고 믿는 바입니다.

첫째 본인은 대통령으로 재선되기에 너무나 고령이며 더 젊고 정력 있는 인사가 국사를 맡는 것이 더 좋으리라는 것입니다. 또 재선되는 것은 본인이 일개 자유 시민으로 국가에 봉사하려는 욕망과도 상반되는 것입니다. 자유 국가에서는 행정 수반의 자격으로보다 개인 자격으로 더 많은 봉사를 국가에 할 수 있다고 생각하는 바입니다. 청년 시대부터 본인은 혁명 지도자로서 구(舊) 한국정부를 개혁하려고 구 한국정부와 투쟁하였던 것입니다. 또한 본인은 한국을 무력으로 지배하는 외국정부와 대항하게 되었으며, 40년간이나 그들과 계속 투쟁하였던 것입니다. 이 40년간 일정(日政)은 한국을 완전히 암흑화시켰으며, 그들은 선전을 통하여 교묘한 수단으로 한국민은 미개 열등한 민족이라고 선전하였던 것입니다. 우방 제국은 일본 선전에 넘어가서 한국민을 그릇 판단하고 우리 민족의 능력을 과소평가하여, 한국의 국가적인 존재는 그 나머지 국가에 대하여 하등의 중요성이 없다고 생각하게 만들었던 것입니다.

1895년 이래 본인은 일본이 제일로 러시아, 제이로 미국에 대하여 전쟁을 준비하고 있다는 것을 알고 있으며, 이 사실을 미국민에게 폭로하는 것이 나의 의무라고 생각하여 기회 있는 대로 이 사실을 폭로하였던 것입니다. 물론 그럴 때마다 나는 미국민으로부터 미국과 그들의 우방 일본을 이간시키려 하는 분자라는 비난을 받았던 것입니다.

1945년 한국으로 귀국한 본인은 공산주의자들과 싸워야 할 것을 깨달았으며, 그 결과 본인에게 대한 소련의 적의를 초래한 것입니다. 동시에 본인은 각지에 강력한 조직망을 가진 정적을 가졌던 것입니다. 그들의 과거 반세기 동안의 유일한 목적은 본인을 중상하고 나아가 정권을 장악하려는 데 있었던 것입니다.

그러나 그들은 한국민이 그들의 정체를 너무도 잘 알고 있으며, 그들에게 집권을 허용치 않으리라는 것은 모르는 것입니다. 여하간 그들은 장차로 허위선전을 퍼뜨리기를 끊이지 않을 것입니다. 최근 본인이 군력(軍力)으로 국회를 해산시키려고 하고 독재정권을 수립하려 한다는 등의 맹랑한 낭설을 세계에 퍼뜨린 것은 그들의 소행인 것이며, 국민 다수는 이에 분격하고 있는 것입니다. 물론 본인은 이러한 일에 좌우되는 바 아니나 약간의 권태를 느끼기 시작한 것입니다. 그렇다고 해서 정의의 투쟁을 하는 것을 두려워하는 바는 아니며, 본인은 진리와 정의는 반드시 최후에 승리한다는 것을 확신하는 한 사람입니다. 투쟁을 계속하여 달라고 그들의 소망을 시위하였으며, 국민들이 본인의 투쟁을 지지한다는 것을 아는 본인은 국민의 의지에 복종하지 않을 수 없습니다.

본인이 지금 적과 친구를 막론하고 모든 사람에게 알리고 싶은 것은 나와 타협할 수 없는 사람들에게라도 나는 개인적으로 적의나 증오를 가지고 있지 않다는 것입니다. 누누이 언명한 바와 같이 공산주의라 할지라도 만일 그들이 사상을 전환하여 인류의 자유를 위하여 노력한다면 나의 좋은 친구가 될 수 있는 것입니다.

022

# 국회의 농촌 참상 보고

『동아일보』 1953. 5. 30.

## "나는 금시초문이다"
## 국회 대표 농촌 참상 보고에 대통령 대경(大驚)

식량 문제 해결을 위하여 서울로 이 대통령을 방문하였던 국회 대표단은 29일 국회에서 그 경과를 다음과 같이 보고하였다. 즉 김인태, 곽상훈 등 의원의 보고에 의하면, 국회 대표들은 이 대통령을 만나 국회에서 조사한 농촌 실정을 그대로 보고한바, 이를 듣고 있던 이 대통령은 앉았던 자리에서 벌떡 일어서면서 그럴 수 있나, 금시초문이라고 대경실색하여 즉시로 농촌 현실을 가 보겠다고 말하였다 한다.

그래서 결국 국회의 건의대로 25만 석의 쌀을 농민들에게 외상으로 대부하되 이달 안으로 전부 수송이 되도록 하고, 그렇지 못한 때는 어떤 쌀이라도 있는 대로 이를 일체 배급하여 주도록 특명을 내리게 된 것이라 한다. 곽상훈 의원은 첨가하여 "이런 기막힌 사정을 대통령은 알지도 못하고 있으니 도대체 농림장관은 무엇을 하고 있으며, 무엇 때문에 그런 보고를 꺼리는지 알 수 없는 일이라."고 공박하였다.

이상과 같은 일련의 보고는 8할 농민이 초근목피로 목숨을 이어가다 못해 부황병으로 쓰러지고 흙까지 먹게 됨에도 불구하고, 농림당국은 문제의 해결에 노

"나는今時初聞이다"

國會代表 農村慘狀報告에 大統領大驚

大橋洞海岸에 怪屍

『동아일보』 1953. 5. 30.

력은커녕 대통령에게 보고조차 하지 않았다는 것을 입증하고 있는 것으로서, 금후 농림부에 대한 국회의 태도는 심각을 피치 못할 것으로 예상되며, 한편 이번 대통령과의 회견석상에서는 만약에 나중에 못 받을 것을 걱정하여 주저하는 지방장관이 있다면 총살이라도 하라는 말까지 나왔다는 것으로 보아, 농촌 식량에 대한 대책은 금후 철저한 실천이 보여질 것으로 보인다.

023

# 종신 집정 개헌안

『동아일보』 1954. 3. 20.

**또 하나의 개헌안**
**초대 대통령 종신 집정 등**
**돌연 극비리 급속 추진**

민중이 요망하는 개헌 요지

일. 초대 대통령의 종신 집정을 주장한다.

이. 국민에게 국정에 대한 발의권을 부여할 것을 주장한다.

삼. 선거민에게 양원 의원에 대한 소환권을 부여할 것을 주장한다.

사. 헌법 개정 및 국체 변혁에 관한 중대 문제는 국민투표로써 결정할 것을 주장한다.

오. 정부에게 민의원에 대한 해산권을 부여할 것을 주장한다.

위 개헌 요지를 지지함.

단기 4287[1]년 월 일

국회의원

---

1 1954년.

또하나의 改憲案

# 初代大統領終身執政等 突然極秘裡急速推進

民衆이 要望하는 改憲要旨

一、初代大統領의 終身執政을 主張한다

二、國民에게 國政에對한 發議權을 附與할것을 主張한다

三、選擧民에게 兩院議員에對한 召喚權을 附與할것을 主張한다

四、憲法改正및國體變革에關한 重大問題는 國民投票로서 決定할것을 主張한다

五、政府에게 民議院에對한 解散權을 附與할것을 主張한다

右改憲要旨를支持함

檀紀四二八七年 月 日

國會議員

『동아일보』 1954. 3. 20.

헌법을 개정하는 개헌안은 민국 수립 이후 3, 4차나 국회에 제출되어 그때마다 우리 정계에 적지 않은 정치적 파문을 던져 온 바 있거니와, 지난번 정부에서 경제 조항에 관한 헌법 개정안을 제안하게 될 때부터 일부 인사 간에 태동되어 있던 또 하나의 새로운 헌법 개정안은 최근 새로운 진전을 보여 작금 2, 3일간에는 모모 국회의원이 직접 나서서 각 의원들의 사택을 호별 방문하면서 5개 항목에 걸친 동 개헌 취지서에 날인 공작을 추진하고 있다 한다.

5개 항목에 걸친 동 개헌 요지를 보면 첫째로 초대 대통령은 종신 집정을 할 것, 둘째로 국민에게 국정에 대한 발의권을 부여할 것, 셋째로 선거민에게 양원 의원에 대한 소환권을 부여할 것, 넷째로 헌법 개정 및 국체 변혁에 관한 중대 문제는 국민투표로써 결정할 것, 다섯째로 정부에게 민의원에 대한 해산권을 부여할 것 등을 규정한, 민주주의 국가에서는 좀체 볼 수 없는 안으로서, 이 운동을 추진하고 있는 그 주동체와 그 이면의 목적 등은 여기에서 단정할 수는 없으나, 이를 한낱 몽유병 환자들의 백일몽으로 돌려 버리기에는 너무나 경홀(輕忽)[2]할 만한 심각한 사실이 그 속에 내포되어 있다는 것은, 직접 권유를 받은 의원들의 이구동성하는 말로써 그 일면을 추측할 수 있는 것이다.

즉 날인 권유를 받은 의원들이 권유 의원의 말이라 하여 옮기는 말에 의하면, "이번 개헌 동기와 목적은 현명한 이 대통령의 종신 집정과 국회의 권력 남용을 제한하려는 전 국민의 요망에 부응하는 것으로서, 벌써 전국 방방곡곡에는 면, 동, 리의 말단에까지 동 안(案) 추진을 위한 조직이 완료되어 있을 뿐 아니라, 원내 의원들의 찬성 날인도 불일 내로 끝나 정부 모부 당국과 공동 회합을 한 뒤에는 곧 성안하여 정식 국회에 제출할 단계에 있는 것은 물론, 전 민중이 봉기하여 추진할 것인 만큼 국회의 폐회는 물론 안 되고 5·20 선거[3]도 이것이 통과되지 않는 한 불가능하게 될 것이라."는 주동 측의 계획 요강을 피력하면서, "만약에 이 안에 날인을 안 한다면 앞으로 좋지 못한 결과가 올 것은 각오해야 할 것이고, 이에 날인만

---

2 말이나 행동이 가볍고 소홀함.

3 1954년 5월 20일 실시할 예정인 제3대 민의원(국회의원) 선거.

한다면 다음 선거에는 무투표 당선이 될 것이라."는 위협까지 하고 신중 고려를 빙자하고, 거절하는 의원들에게는 주석(酒席)까지 베풀어 참석을 강요하면서 이번은 5·26 정치 파동[4] 이상의 어마어마한 무엇이 있을 것이라고 시사하고 있다는 사실이다.

한편 유력한 소식통이 전하는 바에 의하면, 정부에서 경제 개헌안을 제안하려 할 때 동측(同側)에서는 이상 개헌안 조항을 한꺼번에 포함, 제출하자고 종용한 일이 있었으나, 정부에서는 "정부 자신으로서는 그러한 안을 제출할 수 없다."고 거절하여 버린 일이 있다 하며, 또한 이 대통령은 지난 15일 자의 담화 발표에서 "임기 완료를 앞두고 지금 와서 이런 운동을 한다는 것은 선거에 이용하려는 불순한 동기라."고 경고한 바도 있는 것으로 보아, 동 개헌 추진 주동 측이 과연 어느 계통에 속하느냐의 문제는 차츰 관심을 끌게 하고 있다.

그리고 날인 권유에 있어서도 주석까지 제공하고 있는 것으로 보아 이 운동을 둘러싸고 상당한 재정도 동원되고 있다는 것도 짐작할 수 있는 것으로서 더욱 주목을 끌고 있는데, 이러한 운동에 관련하여 우리가 생각할 수 있는 것은, 작년 9월 자유당의 족청파[5]가 몰락을 당하기 직전인 동년 8월 족청파에서는 8·15 기념식과 병행되는 이 대통령 취임 기념식을 이용하여 국회 해산권 부여, 동 소환권 부여, 대통령 3선제 등을 내포한 개헌 국민운동을 전개할 것을 계획하고, 전국 각지 방방곡곡에서 천편일률 똑같은 식(式)으로써 식이 끝남에 뒤이어 그 사람을 그대로 놓고 국민대회를 열 것을 시도하였으나, 서울을 비롯하여 대구, 광주 등지에서 국민들의 불응으로 인하여 감쪽같이 실패하였다는 사실이다. 그 후 얼마 안 된 9월 12일 이 대통령의 유시(諭示)로써 족청파가 몰락을 당한 후로는 잠잠해 오던 동 개헌 공작이 선거를 앞둔 오늘 또다시 대두되고 있다는 것은 8월 당시와 결부하여 생각할 때 더욱 흥미를 끌고 있다.

---

**4** 앞서 살펴본 부산정치파동을 가리킨다.

**5** 초대 국무총리를 지낸 이범석이 이끌던 정치 조직.

024

# 민의원 선거 입후보자 난립

『동아일보』 1954. 3. 21.

**입후보자 난립 불가**
**이 대통령 5·20 선거에 거듭 경고**

이 대통령은 차기 민의원 선거에 많은 입후보자가 난립하는 것은 국가적 체면을 손상케 할 뿐 아니라 입후보자들이 제각기 선거비를 많이 씀으로 인하여 국내 경제 상태를 혼란케 할 것이라고 지적·경고하는 동시에, 민중이 자원해서 돈 안 쓰고라도 피선될 수 있는 지조와 인격을 구비하고 있는 고상한 사람만이 국회에 들어가야 할 것이라고 강조하였다. 그리고 "국회의원이 되면 국무위원이 될 것으로 생각하고 입후보하는 분도 있는 모양인데, 냉정히 생각해서 그와 같은 허영심을 버려야 할 것이며, 우리도 몇 번 시험해 본 결과 국회의원으로 국무위원을 겸임하는 것은 양편이 다 좋지 못하므로 앞으로는 아니 할 작정이다."라고 말하였다.

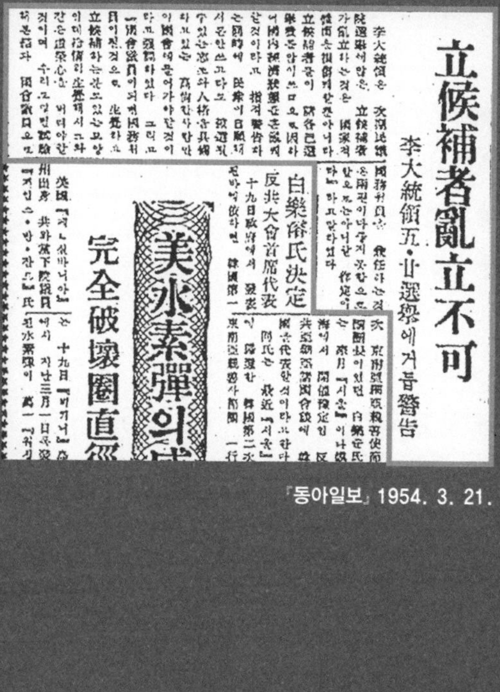

立候補者亂立不可

李大統領五·二○選擧에 거듭警告

白樂濬氏決定

反共大會首席代表

完全破壞圈直徑

「동아일보」 1954. 3. 21.

025

# 개헌 보류 특별 담화

『동아일보』 1954. 3. 27.

**5개항 개헌 보류토록**
**이 대통령 특별 담화 발표**
**기민자(欺民者)[1]에 투표 말라**
**당은 각 구에 후보 1명씩 천거**

이 대통령은 어제 26일 담화를 발표하고, 박도(迫到)해 오는 5·20 선거에서 입후보자의 난립이 없도록 경고하면서, 선거구에 한 정당에서 한 명씩 출마할 것을 권고하는 한편, 요즘 비밀리에 추진되고 있는 5개 항목 개헌안은 유안(留案)[2]해 두는 것이 좋을 것이라고 선언하였다.

이 대통령의 담화 요지는 다음과 같다.

정당을 조직하는 목적은 각각 자기 정당에서 제일 좋은 사람을 내세워 자기 당 사람이 하나라도 더 피선되어 국회에 들어가서 나라를 도울 기회를 오래 가질

1 백성을 속이는 사람.
2 안을 보류함.

『동아일보』 1954. 3. 27.

수 있도록 하자는 것이니, 한 구역에 자기 정당 사람 하나가 입후보자가 되어야 자기 정당 사람이 피선될 희망이 많을 것이고, 만일 한 정당 사람이 다수가 한 구역에 입후보해서 서로 다투게 되면 그 정당 안 여럿이 매명 몇 표씩 얻어 가지게 되므로 필경 실패되고, 다른 정당에서 후보 한 사람만 낸 것은 그것이 피선되기 쉬운 까닭으로, 정당마다 각각 후보자 1인씩을 내서 경쟁시키는 게 원칙이다.

옳은 사람이 옳은 주의를 가지고도 저희끼리 싸우는 중에서 투표수를 얻지 못하고 떨어지는 것이요, 필경은 민중이 존중히 여기지 않는 사람들이 피선되어 나오니, 그러므로 내가 이번에 모든 정당 사람들에게 말하고자 하는 것은 각각 무슨 방식이든지 정해서 각각 자기 당에서 한 구역에 후보자 하나씩만 나와서 하도록 해야 우리나라서도 정당제도가 완전히 서서 남의 나라의 정치운동과 같이 할 수 있다는 것이다.

또 한 가지 중요한 것은 입후보하는 사람들이 혹은 자유당 사람으로 나가서 자유당에서 피선될 만한 희망이 없게 될 때에는 가만히 나가서 다른 정당의 이름으로 후보자 되기를 요청하고, 또 혹은 여기도 저기도 가 붙지 못하게 될 때에는 무소속이란 이름으로 후보자가 되어 나오니 자기 정당에 충성이 없는 사람이나 어느 정당이나 정당의 지지를 받을 수 없는 사람이나 중간에서 왕래하며 사람 속이는 사람은 민중이 투표해 주지 말아야, 이후 이 혼잡을 면하고 차차 남이 통행하는 제도에 따라 자리가 잡혀 기강이 설 것이니, 이런 것을 하려면 위선 유권자들이 그 후보자의 이력과 성격을 자세히 알아 가지고 명철하게 투표해야 민주국가의 토대가 완전히 잡혀서 동양에 공화 정체 제도가 우리나라에서 제일 먼저 뿌리가 박혀서 성공하기를 우리는 도모할 것이다.

또 한 가지는 자유당 간부에서 근일에 무슨 선언한 말이 있다는데, 헌법 개정 안건에 대해서 말한 것은 우리가 모르겠다 했다는데, 지금 개헌을 많이 추진시키는 분이 여럿 있다니까 우리가 개헌을 조만간 할 것이 몇 가지 있으나, 국회에서는 옳다 글타 어찌할 수 없어서 방임했었는데, 지금 와서 개헌안을 제출해도 원칙대로 다 될지 모르고, 의원 제씨로 말하더라도 지금까지 막아 두었다가 끄트머리에 와서 별안간 개헌한다는 것이 좀 면키 어려울 것이니, 차라리 이것을 드러내지 말고 얼마 후에 지금 국회의원이 다 다시 모이든지 새 국회의원이 나오든지 한 다음에 다시 내놓을까 하니 그냥 아직 보류해 두는 게 좋겠고, 또 그 개헌안에는 초대 대통령을 종신 집정케 한다는 것이 있다 하며 개헌안에 혹은 과도한 점이 보인다는 말도 있으니, 이에 대해서는 국회의원이나 일반민이나 조심할 것은, 첫째는 대통령이 몇 해 살든지 종신까지 한다는 것은 나로서는 이것을 원치 않는 것이고, 민족이 나를 지지해서 헌법을 따라서 다시 선거시킨다면 다른 특별한 관계가 있기 전에는 나로는 목숨 자라는 데까지 봉사하겠으나, 국회의 권리를 감삭하자는 것은 지금 형편대로 보아서는 국회에서는 무엇이든지 다해도 막을 도리가 없고 본다면 나라에 크게 위태한 것이므로, 이 위태한 점을 방지해서 국가의 안전을 보호하게 하자는 것이 목적인데, 만일 국회 권리가 많이 삭감이 되어서 삼권분립의 균형이 틀리게 되면 또 국가가 위태해지므로 나는 이것을 또 보호하려는 것이니, 일반 투표권자도 상당한 한도 내에서 민국의 안전과 인민의 자유를 보호하도록 해야 할 것이다.

026

# 대공 전면전

『동아일보』 1954. 4. 6.

**원폭 제한 무가치**
**대공(對共) 전면전이 문명에 도움**
**이 대통령 강조**

【서울 5일발 UP=동양】 이 대통령은 4일 원자무기를 제한하려는 여하한 협정도 아무 가치도 없을 것이라고 말하고, 공산주의자들은 전면전쟁에 있어서는 그 소유하고 있는 여하한 무기라도 사용할 것이라고 경고하였다. 이 대통령은 또한 UP 통신과의 단독 회견석상에서 여하한 원자무기 협정을 체결하는 것보다도 공산주의에 반대하는 전면전쟁이 문명에 대해서 더욱 도움이 될 것이라고 다음과 같이 말하였다.

"전쟁의 방법을 구속한다는 것은 다만 우리들의 손을 자승자박할 따름이다. 공산주의자들은 언제나 준비만 되면 자유세계가 알고 있는 바와 같이 문명을 파괴하기 위하여 인류에 대한 영향 여하를 불고하고 그들이 보유하는 어떠한 무기라도 사용할 것이다. 그들과의 일체의 협정은 설사 그들이 서명한다 하더라도 그들이 이때까지 준수하지 않아 온 모든 협약과 마찬가지로 아무 가치도 없을 것이

東亞日報

# 原爆制限無價値

## 對共全面戰이 文明에도움

### 李大統領强調

# 韓國問題讓步不可

## 「띤」氏壽府會談에言及

『동아일보』 1954. 4. 6.

다. 이러한 협정에 의해서 우리는 적의 손은 의연 자유로운 채로 남겨 두고 적이 우리들을 조소하는 가운데 다만 우리 자신의 손을 묶어 버릴 따름이다. 현재 원자무기보다도 공산주의가 문명에 대한 주요한 위협이 되어 있는 것이다.

만약 미국이 공산주의 침략은 이미 방임할 수 없는 정도에 이르렀다, 철의 장막 뒤의 죽음의 계획은 정지되어야 한다, 아직 자유를 향유하고 있는 불안한 인민들의 계속 생존이 보장되어야 한다, 장기적인 공산 침략에 반대하는 일체의 행동은 방위적이다, 라고 결정한다면 그것이야말로 환영할 소식이 될 것이다.

그것은 전쟁에 있어서의 무기의 사용을 제한하는 일체의 서면 협정과는 달리 문명의 존속을 의미할 것이다. 미국은 원자무기와 수소무기를 침략을 위해서가 아니라 오직 방위 목적을 위하여 발전시키고 있는 것이다. 미국은 주의, 신념, 인종이 다른 인민들에게 인도주의와 박애주의와 우호적 태도로 대하고 있다고 알려져 있다. 미국이 침략 기도를 가지고 있지 않으며 오직 방위 목적을 위하여 우수한 무기를 발전시키는 연구를 성공적으로 수행하여 왔다는 것은 세계가 주지하는 사실이다.

최근 미국 정부가 그 수소폭탄 시험에 관하여 공표한 사실은, 미국이 심리적 목적 이외에는 동 폭탄을 사용할 의도가 없다는 것을 적에게 알린 것이다. 이것이 바로 그 공개의 이유인 것이다. 그러나 원자탄에 의한 진주만의 재판(再版)은 그 재해가 너무나 크기 때문에 반격이 불가능하게 될지도 모른다. 적은 그의 계획을 추진시키고 있으며 모든 준비가 다 되면 최초의 타격을 감행할 수 있을 것이라고 자신하고 있다. 이들 현대 무기의 위력으로 말미암아 제2의 타격 즉 '진주만'으로부터 회복할 기회가 아마 없게 될 것이다.

027

# 친일파 문제와 총선거

『동아일보』 1954. 4. 8.

**친일 규정은 엄정하게**
**입후보는 조건부**
**이 대통령, 양 중대 담화 발표**

이 대통령은 6일 하오 차기 5·20 민의원 의원 총선거에 관하여 제5차의 특별 담화를 발표하고, 금번 선거 입후보자는 먼저 국민 앞에 국민투표제, 국회의원 소환권제 등 수 개 항목을 포함하는 모종 개헌을 확약하여야 할 것이며, 민중도 이것을 조건부로 투표해야 할 것이라고 강조하는 한편, 친일분자들의 준동을 엄계해야 한다고 경고하였다.

더욱 이 대통령은 이튿날인 7일에 다시 한 번 특별 담화를 발표하고 '친일분자 문제'를 부연하여 "명철한 관찰로 흑백을 가리라."고 거듭 강조하였다. 두 가지 담화의 요지는 다음과 같다.

### 친일파 문제

근래에 와서 친일파 문제로 해서 누가 친일파며 누가 아닌가 하는 것이 민간에서 혼돈된 관계가 있으므로 내가 다시 설명하고자 하는데, 내가 말하고자 하는 것은

東亞日報

親日規定은嚴正하게

立候補는條件附

李大統領, 兩重大談話發表

親日派問題

總選擧問題

쌀輸出을一時中

國際市場價

大京種麴

『동아일보』 1954. 4. 8.

왜정시대에 무엇을 하던 것을 가지고 친일이다 아니다, 하는 것을 결정하는 것이 아니고, 그때 뭘 했든지 간에 그때 친일로 지정된 사람이 지금부터 무엇을 할 것인가를 그 사람의 의사와 행동으로 표시되고 안 되고에 친일이다 아니다, 하는 것을 판단하는 것이다.

가령 이전에 고등관을 지내고 또 일본을 위해서 열정적으로 일한 사실이 있을지라도, 그 사람이 지금 와서는 그 일을 탕척(蕩滌)[1]받을 만한 일과 사실이 있어 가지고 모든 사람이 양해를 받을 만한 일을 해서 진정으로 친일 아니다 하는 것을 증명받을 만하면, 전에 일은 다 불문하고 애국하는 국민으로 인정하고 대우해 줄 것이다. 그러나 그 전에 고관이나 악독한 짓은 하지 않았어도 동시에 일인을 반항해서 싸우거나 한 그런 일은 없었을지라도 일인들과는 친근히 지내서 반일이나 배일분자는 아닌데, 지금 와서는 말로나 행동으로 친일 아닌 것이라는 행동을 보여서 모든 사람의 마음 가운데 의혹 가질 만한 것은 친일로 규정 아니 할 수 없을 것이다.

얼마 되는 사람들은 일병(日兵)이 내일이라도 한국에 몰아 들어온다면 속으로는 기뻐서 날뛸 소위 한인이라는 남녀가 많지는 않으나 있을 것을 아는 것이다. 이 수효가 지금은 얼마 안 되지만 이 분자들을 한인 전체가 분간하지 못하고 혼돈을 만들어 지낸다면 크게 위태로운 것이니, 단순한 독립정신이라는 것을 세워 가지고 우리 민족을 보호하지 않고서는 유지해 나갈 수가 없을 것이므로, 이런 분자들에게 대해서는 전 민족의 명철한 관찰과 결심을 가지고 마치 공산당과 싸우듯이 구별해 놓은 뒤에야 살 수 있을 것이다.

다행히 이 분자가 극소수이므로 이 분자들을 귀화시켜서 진정한 독립국 백성으로 만들거나, 그렇지 않으면 일본에 보내서 일본 국민이 되게 하기 전에는 한인으로는 되기가 힘들 것이다. 다행히 우리 민중 전체와 우리 국군 전체가 다시는 어떤 나라나 외국에 대한 절제(節制)를 받지 않고 살겠다는 것이므로, 오늘 어떤 나라도 우리 민족처럼 공고한 결심이 있다면 다른 염려는 없으나, 이런 결심이 있

1 죄나 전과를 깨끗이 씻어 줌.

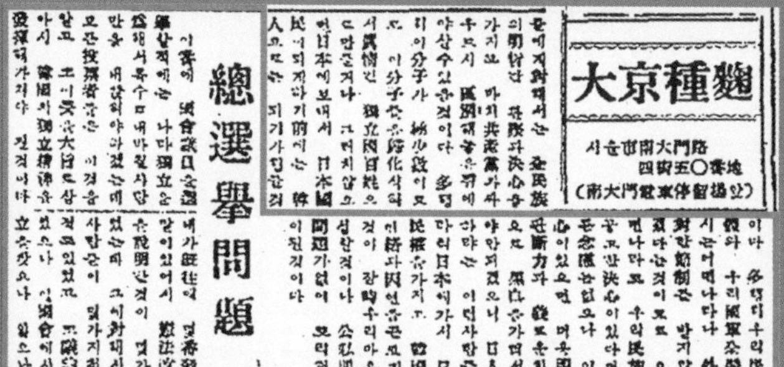


「동아일보」 1954. 4. 8.

으면 더욱 명철할 판단력과 의로운 희생심으로 흑백을 가려서 행해야만 되겠으니, 일인을 위하려는 이런 사람들은 차라리 일본에 가서 일본 시민권을 가지고 한국과는 연락과 인연을 끊고 지내는 것이 잠시 우리 마음은 섭섭할 것이나 공사 간에 큰 문제가 없이 도리어 도움이 될 것이다.

## 총선거 문제

이번에 국회의원을 선거할 적에는 나라 독립을 위해서 목숨 내바칠 사람만을 내앉혀야 하겠는데, 모든 투표자들은 이것을 알고 또 이 뜻을 대지(大旨)로 삼아서 한국의 독립정신을 발휘해 가져야 될 것이다.

내가 기왕에 몇 번 발표한 말이 있어서 헌법 개정안을 설명한 것이 몇 가지 있었는데, 그에 대해서 다른 사람들이 몇 가지 첨부한 적도 있었고 또 이론도 있었으나 이 국회에서는 독립을 찾으나 잃으나 이에 무관하고 있어서, 내가 선언한바 민국 안위에 관계되는 중대 문제가 생길 적에는 전 민국의 투표자들의 3분지 2 이상의 투표로 공결된 뒤에야 작정한다는 것으로 한인이나 한인 아닌 이나 오늘 우리 형편 아는 이는 누구나 여기 반대 부칠 사람은 없을 것이나, 민의 위반한 국회의원 소환권 등이 국회에서는 절대 반대하고 이제까지 국회에 제출도 되지 못하고 있으니 이 이외에 내가 발표한 것도 무효가 되니 더 말 붙일 때가 도무지 없으니, 이런 문제에 대해서 이러한 태도를 가지면 다른 것은 더 말할 것도 없는 것이다.

그러니 각 투표 구역에서 지금부터는 입후보자에게 이 몇 가지 개헌 문제를 통과한다는 조건을 정해서 그 다짐을 받고 입후보케 하고, 나중에 투표된 뒤에라도 민의를 위반하고 딴 일을 하는 것은 소환한다는 그 조건을 붙여 놓고 투표해 주어야 할 것이다.

028

# 국무총리 관련 특별 담화

『동아일보』 1954. 6. 19.

**이 대통령 18일 특별 담화 발표**
**총리제 삭제 개헌 필요**
**백 총리 사표 수리, 서리 금명 임명**

이 대통령은 18일 국무총리 문제에 관한 특별 담화를 발표하여, 민주국가에 있어서의 국무총리 제도의 불필요한 이유와 신(新) 국회에 국무총리제를 삭제하는 개헌안의 필요성 등을 설명한 다음, 백두진 국무총리의 사표를 수리하고 백두진 씨는 대통령 특별명령으로 한국경제위원회의 책임을 전담케 하는 것이다.

국회에서 태도를 결정할 때까지의 임시 대임자(代任者) 서리를 공포할 것이라는 것을 명백히 하였는데, 동 담화 내용은 다음과 같다.

우리 민주정체는 대부분이 미국 정치를 채용해 왔으니, 이것은 다름이 아니라 미국 독립의 시조되는 분들이 자고로 구라파의 부패한 군주정체의 압박을 피해서 미주로 건너와서, 인민 자유를 보장하자는 목적으로 정부를 세울 적에 군주제도의 구식을 말짱 타파하고 모든 제도를 구식과 상반하게 만들어서, 첫째는 임금을 내지 않고 대통령을 만들었으며, 대통령이 임금이 가진 권리를 남용할 우려

# 李大統領十八日特別談話發表

## 總理制削除改憲必要

### 白總理辭表受理, 署理今明任命

# 來廿二日에 表決

## 國務院信任與否決議問題

民議院

## 亞細亞民族反共聯盟 (上)

『동아일보』 1954. 6. 19.

를 막기 위해서 삼권분립을 만들어서 행정부 수반은 대통령이 행사하게 만들고, 정부 관리는 다 내각원으로 대통령 행정기관의 모든 책임을 분담케 한 것이다. 이와 같이 함으로 인민의 자유 권리를 보호하며 모든 사람이 법률 하에 동등 권리를 가지게 한 것이다.

그 후에 차차 미국 민주주의가 구라파 각국에 전파되어서 필경은 여러 나라들의 인민 자유권을 보호하는 미국 정책을 채용해서 정체가 차차 변경되며 군주국가 인민들이 공화제도를 채용하게 된바, 임금을 없게 하고 대통령을 내기 전에는 민심이 허락지 않는 고로, 군주나 황제라는 것은 존중해서 불러 앉히고 총리를 임금이 임명해서 총리로 하여금 당해 정부 책임을 맡기게 한 것이니, 민주정치는 행할 수 없고 공화제도만을 채용하기로 구차히 된 것이다.

우리는 황제 또는 군주라고 하는 고대 유물은 다 파제(破除)하고 단순히 민주국가가 된 것이므로 미국 제도를 채용해서 삼권분립을 만들고 대통령이 내각을 조직해서 행정케 한 것이니, 국무총리 제도가 불필요하다는 것을 내가 늘 주장해 온 것이다.

이상은 정체의 제도를 말한 것인데 단순히 이해를 비교해 말하자면, 오늘 우리 형세에서 정부가 공고히 서 있어서 국내에서나 국외에서 무슨 세력으로든지 정권을 요동할 수 없을 만치 만들어 놓아야 국권을 확립해 놓을 것인데, 국무총리제를 만들어 놓고서는 남의 나라의 해 가는 습관을 따라 변동하기를 시작하면 정부가 오일경조(五日京兆)[1]로 늘 공고히 서 있을 수 없고, 또 그 관련으로 인해서 모든 정객들이 정부 번복으로 세력 다투기로 일삼는다면 혼돈 분류 상태를 막기 어려우며, 이 외에도 무익한 분쟁을 많이 일으키게 되는 것이므로 나는 오래 전부터 총리제라는 것을 찬성치 아니했으나 국회에서 제정한 것이므로 참고해 오던 바인데, 이번에 우리 국회가 새로 된 뒤에는 몇 조건 헌법 개정을 말해서, 내가 국회에서 국무총리제를 삭제하는 안건이 들어가기를 몇 사람에게 설명하였고, 또 국무

1 '닷새 동안의 경조윤(京兆尹)'이라는 뜻으로, 관직의 재임 기간이 매우 짧거나 오래 계속되지 못하는 일을 가리킴.

총리나 모든 각원이 이 문제에 협의적으로 이의 없이 지냈던 것이다.

그 후 국무총리는 자기가 그저 그 지위를 지키고 앉았으면 국회에서나 행정부의 혹 불편한 점이 있을까 생각해서 사면서를 제출하였으므로 그것을 그저 침묵하여 두고 국회에 이론이 어떻게 도는가를 보고하자고 한 것인데, 의외에도 국무총리 사면설이 신문에 크게 드러나게 되므로 이 사실을 인정치 않을 수 없는 것이므로, 국회에서 모든 안건을 토의할 적에 이 문제가 제출이 되면 어떻게 결론이 될지 모르는 것이므로 그동안 기다릴 동안에는 그저 내가 누구로 잠시 대임(代任)할 것을 앞으로 국무위원들과 협의해서 공포할 것이니 그와 같이 작정된 것을 이제 선언하며, 따라서 백두진 국무총리는 그동안 한미합동경제위원회에서 정부를 대표하여 많은 노력을 하던 외에 앞으로 조정할 사건이 복잡하고 중대함으로 백두진 총리는 이제 총리직을 사임하고 합동경제위원회의 책임을 전담해서 대통령의 특명으로 사무에 전력하기를 부탁하는 바이다.

029

# 개헌 문제 담화

『동아일보』 1954. 11. 13.

**이 대통령 개헌 문제에 담화**
**국가 안위는 민족의 관심사**
**이론(異論) 없이 통과될 것을 확신**

이 대통령은 12일 다시 개헌안에 언급하여 국가 안위에 관한 전국 유권자 3분지 2 이상의 유효투표와 찬성으로 결정한다는 데 대하여 반대하는 사람이 있다면 이는 우리 민국을 보호할 충심이 없는 사람으로밖에 인정할 수 없으니, 우리 국회의원들은 '정당의 구별 없이' 다 초월해서 민중의 원을 따라 동 개헌안을 통과시켜야 할 것이라고 강조하는 다음과 같은 담화를 발표하여 주목을 끌고 있다.

전에 말한 바와 같이 지금 이웃 강국들이 침략주의와 병탄주의를 가지고 백 가지로 모략하고 있고 우리 민국의 위기가 날로 임박하여 오는 이때에, 우리 애국하는 모든 민중과 정부 관리들은 더욱 관심을 아니 가질 수 없는 것이다.

이때에 우리 개헌 순서에 대해서 얼마 안에 이것이 투표 공결(公決)되게 된다 하니, 내가 믿는 바에는 우리 전 민족이 이 문제에 대해서 원만히 통과되기를 고대하느니만치 우리 국회의원들이 아무리 정당에 구별이 있을지라도 국가 안위에 대

李大統領改憲問題에談話

國家安危는民族의關心事

異論없이通過될것을確信

「동아일보」 1954. 11. 13.

해서는 초월해서 민중의 원을 따라서 행하기에 주저치 않을 줄로 믿는 바이니, 개헌 중 가장 중요한 관계를 가진 바 국가 안위에 관한 문제에 대해서는 전국 유권자 3분지 2 이상의 투표와 유효투표 3분지 2 이상의 찬성으로 찬성한다는 그 조건을 반대한다는 사람은 누구나 우리 민족이 다 알려고 할 것이요, 만일 이것을 반대하는 사람이 있다면 그 사람은 우리 민국과 우리 민족을 보호할 충심이 없는 사람으로 인정하게 될 것이니 아무 이론 없이 통과될 줄로 아는 바이다.

030

# 개헌안 부결

『동아일보』 1954. 11. 29.

**개헌안[1] 부결**
**일괄 표결 결과**
**아슬아슬한 1표차**
**가 135표 대 부 60표, 기권 7표**

지난 9월 8일 여당인 자유당 선량들에 의하여 제안·공고되어 10월 7일로써 30일

1 훗날 이른바 '사사오입 개헌'이라 불리는 제2차 헌법 개정안의 주요 내용은 대표 안건인 국민투표제, 국무원의 연대 책임제 폐지, 개별 국무원에 대한 불신임 인정, 부통령에 대한 대통령 승계권 부여 등이지만 핵심은 대통령 중임 제한 철폐라고 할 수 있다. 1954년 9월 6일 자 신문에 게재된 자유당의 '헌법 개정 제의 이유' 기타 개정 사항 제7에는 다음과 같은 내용이 담겨 있다.
현 대통령에 한하여 중임 제한을 폐지한 것.
현행 헌법 제55조 제1항은 대통령의 중임(重任)을 1차에 한하여서만 인정하고 있다. 그러나 내외 다난하여 중대한 존망의 기로에 섰다고 하여도 과언이 아닌 우리 민국의 기반을 확고케 하고, 민족의 숙원인 민국 주권 하의 남북통일을 실현하는 중대 사명을 수행하는 데 있어서 중심적 역할을 하여야 할 대통령의 최적임자로서, 건국 공적이 찬연한 초대 대통령이며 건국 후의 혼란기를 통하여 또는 공산 침략에 항거하여 시종일관 애국지성으로 우리 민족을 영도하여 온 현 이승만 대통령의 계속 재임을 국민이 원한다고 하면, 이것을 거부할 하등의 이유가 없는 것이다.
그러므로 본 개정안은 부칙 제3항에서 특히 이 헌법 개정 당시 재임하는 대통령에게 한하여서 중임 제한에 관한 규정을 적용하지 않도록 하였다.

부결된 일순, 아연한 표정으로
그대로 앉아 있는 자유당석과
형용할 수 없는 흥분에 싸여 일제히
퇴장하여 텅텅 빈 야당석.

투표하는 여야 양 거두.
오른쪽은 신익희 씨.
왼쪽은 이기붕 씨.

의사당 내의 시선을
집중케 한 가운데 개표는
진행되어 가고 있다.

東亞日報

改憲案否決！

一括表決結果

아슬아슬한 一票差

可一三五票對否六〇票, 棄權七票

暗號投票로混亂

表決直前野黨系서暴露

昨日下午臨時國務會議

油類問題 韓美間에合意

「코스트」는 解決 韓人民間企業體新設

平均販賣換率三百十對一？

「改憲案通過是定足數 一三五票다」

自由黨院內總務談話

解明

頭痛藥 明朗

『동아일보』 1954. 11. 29.

투표에 들어가기 직전 의사진행이라고 하여 등단한 송방용
의원은 “투표에 있어서는 절대로 자유가 보장되어야
한다.”고 발언하면서 자유당에서 배부한 봉투용지에 든
암호식 투표모형을 번쩍 들어 보이고 있는 광경.

간의 공고 기간이 끝난 후 1개월여를 두고 시기를 기다리던 헌법 개정안은, 지난 18일 국회에 상정되어 일주일여를 두고 여야 간에 진지한 논전을 전개한 끝에 27일 하오 4시 20분 투표에 들어가 4시 50분에 개표를 완료한 결과, 역사적인 이번 개헌안은 재적 203명 중(출석 202) 가 135, 부 60, 기권 7인 재적 3분지 2에 1표 부족으로 드디어 부결되고 말았다.

## 암호 투표로 혼란
## 표결 직전 야당계서 폭로

연 9일 동안을 두고 의사당 내외에 운집한 청중들의 가슴을 졸이는 가운데서 야여 양측 간에 공방전을 전개하여 오던 개헌안의 토의는 최종일인 27일에 와서는 그야말로 백열전을 전개하여 여야 양측 간의 공기는 자못 심상치 않았던 것이다. 하오 4시 5분 김수선 의원의 최종 토론으로써 대체 토론이 끝나자 여당 측의 동의로 즉시 표결로 들어가게 되었을 때, 돌연 무소속의 송방용 의원은 발언권을 얻어 등단하여 가지고 "국가 장래와 민족 만대에 남길 국가 기본법을 결정하는 마당에 있어 투표의 자유를 주어야 할 터인데, 들리는 바에 의하면 자유당에서는 이번 투표에 암호를 사용하여 자유를 구속한다는 소문이 들리니, 이런 일은 용인할 수 없다."고 일탄을 던지자, 자유당 측에서는 와- 하고 고함을 지르며 이를 부인하였으나, 어떻게 입수하였던지 송 의원은 여당 각 선량에게 이미 배당된 암호 투표용지를 꺼내들고 보이면서 "이래도 거짓말이냐?"고 호령하게 되자, 여당 측은 물을 끼얹은 듯 아연실색 숨소리 하나 없이 침묵이 흐르고, 야당 측에서는 일제히 일어나서 명패를 치며 고함을 질러 순간 장내는 험악한 분위기에 싸였던 것이다. 뒤이어 장택상 의원은 "나는 발췌개헌안 때 과오를 범한 탓으로, 지금까지 왈가왈부를 말안 하고 있었으나, 나라와 민족을 위하여 표를 던지는 이 마당에 있어 암호 투표를 써서 양심을 억제한다는 것이 말이 되느냐?"고 규탄하면서 "그 암호 투표용지는 내가 얻은 것이라."고 폭로하여 장내를 긴장케 하였다.

이어 송 의원으로부터 "가부 한쪽을 지우는 데 있어 ×로 통일하도록 하자."는 동의를 내게 되자, 여당 측에서는 반대를 주장하게 되어 사회자 최 부의장과의 타협에서 결국에 가서는 투표 후에는 투표용지를 각파별의 감표위원들이 도장을 찍어 봉인함으로써 일절 개봉하지 못하도록 귀결을 짓고 4시 20분부터 투표에 들어갔던 것이다. 4시 50분에 투표가 끝나자 즉시 개표로 들어가 무려 20여 분 동안 표수를 계산하였으나 재적 3분지 2에서 부족한 1표는 어찌할 도리가 없었던 양 사회하던 최순주 부의장은 기력 없이 담배만 피우면서 한참 동안이나 기다리다가, 드디어 135 대 60으로 개헌안이 부결되었다는 것을 분명히 선포하였다.

한편 모 감표위원의 말에 의하면 암호대로 안 해도 염려 없도록 투표 후는 동용지를 봉인 보관케 하였음에도 불구하고 투표에는 여전히 암호를 사용하더라고 말하고 있다.

해명

11월 25일부 본보 2면 소재 개헌안 통과 여부 제하의 「통과 운운」 기사는 진안 보궐선거가 되기 전 개헌안 제출 당시의 202를 재적수로 계산하여 관용하여 오던 관습에 의한 착오인 것으로서, 보선 전후의 3분지 2 선은 다음과 같음을 해명함.

재적 202인 때의 3분지 2선은 134.666...

재적 203인 때의 3분지 2선은 135.333...

031

# 부결 선포 취소

『동아일보』 1954. 11. 30.

**태풍 일과(一過) 후에 온 구풍(颶風)[1]**

**개헌안 통과 정족수 싸고**
**수라장화한 의사당**
**'개헌 통과'로 회의록 수정**
**강 의원 제외, 야당계 일제 퇴장**

지난 27일 국회에서 투표 결과 찬표가 재적 3분지 2 미달로 부결을 선포하였던 헌법 개정안은 자유당 측으로부터 재적 203에서 찬 135표는 3분지 2에 달한다는 이론을 일으켜 29일 국회에서는 여야 간에 일대 혼란이 일어나 나중에는 난투극까지 벌어졌다.

즉 국회가 개막되자 전일 부결을 선포한 최순주 부의장은 "당시는 정족수 계산에 착오를 일으켜 부결을 선포한 것이고, 135는 203의 3분지 2가 된다는 것을

1 태풍이 한 차례 지나간 후에 온 강력한 바람.

颱風一過後에 온 颶風

改憲案通過定足數圍繞

修羅場化한 議事堂

「改憲通過」로 會議錄修正

姜議員除外, 野黨系 一齊退場

改憲案通過를 보고

李議長 談話

「改憲案은 通過된 것」

『동아일보』 1954. 11. 30.

알게 되었으므로, 전일 부결 선포를 취소한다."고 발언하게 되어, 야당 측에서는 명패를 치며 일제히 일어나 "일단 국회서 결정하여 선포까지 하고 아무 말 없이 있다가 이제 와서 되지도 않는 이유를 붙여 취소운운이 의장으로서 할 수 있는 말이냐?"고 하단하라고 호령하였으나 최 부의장의 불응으로 나중에는 야당 측에서 단위에 올라가 최 부의장을 끌어 내리는가 하면, 여당 측에서도 밀려 올라가 일시 의사당은 수라장이 되고 엎치고 덮쳐 난투극이 벌어졌던 것이다.

이어 사회를 교체한 이기붕 의장은 회의록 정정을 종용하게 되자, 소수인 야당 측에서는 "이 자리에 앉아 이런 꼴을 볼 수 없다."고 던져 놓고 총퇴장(강세형 의원만이 남았음)하여 버리고, 이날 회의는 자유당 의원만으로서 진행되어 결국 "재적 203의 3분지 2는 135이므로, 이번 개헌안은 통과된 것이라"고 회의록을 수정토록 결의하게 되었다.

이날 최부의장은 자기로서는 당시 정족수의 확실한 숫자를 몰랐기 때문에 이런 혼란을 일으켰다는 책임을 지고 이 의장에게 사표를 제출하였다는 것을 단상에서 공언하였으며, 순(純) 무소속계에 적을 두고 있는 강세형 의원은 끝까지 야당석에 혼자 남아 있다가 회의록 정정에 손을 들어, 동 결의는 재석 125인 중 만장일치로 통과시킨바 남은 것은 대통령의 공포뿐인 것으로 보이고 있다.

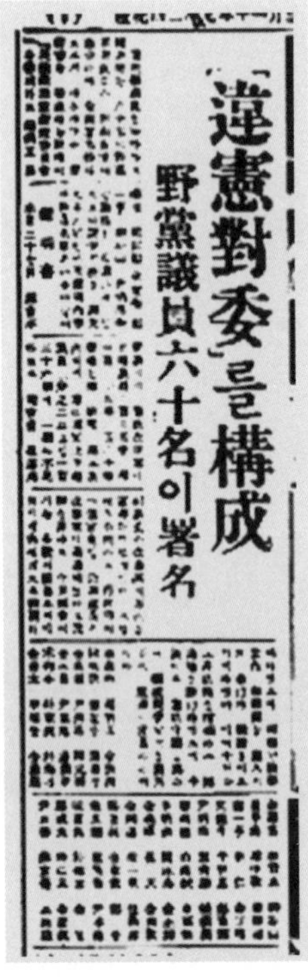
「違憲對委」를 構成
野黨議員六十名이 署名

『동아일보』 1952. 11. 30.

한편 총퇴장한 야당 선량 60명은 곽 부의장실에 보여 위헌대책위원회를 조직하는 동시에 별항과 같은 성명서[2]를 발표하여 이번 여당 처사의 불순성을 규탄

---

2 성명서 내용은 다음과 같다.
본월 27일 국회 본회의에서 헌법 개정안이 재적의원 203명 중 가 135표, 부 60표, 기권 7표, 결석 1표로 표결되어 헌법 규정상 재적의원 3분지 2 이상인 136표에 1표가 부족하므로 사회자 최순주 부의장은 개헌한의 부결을 선포하였던 것이다. 그럼에도 불구하고 행정부의 일개 관리인 공보처장은 개헌안이 통과되었다고 궤

하였다.

---

변을 농하고 금일 국회에서는 다수의 횡포로써 이것이 가결된 것으로 번복하려 하였으며, 신성한 의사당 내 무뢰한을 틈입시켜 폭행과 소요를 일으키게 하였다. 이에 우리는 그 비법성을 지적하고 총퇴장을 단행하였으며, 금후에도 헌법 수호를 위하여 계속 투쟁할 것을 만천하에 엄숙히 선언하는 바이다.

032

# 『동아일보』 발행 정지

『동아일보』 1955. 4. 18.

**근고(謹告)**[1]

본년3월 15일 자 본보 제1면 기사 중 한미석유협정에 관한 보도에 있어서 조판자의 과실로 제목「고위층 재가 대기 중」의 서두에 타 기사 제목에 사용하기 위하여 동시 채자(採字)[2]하였던 '괴뢰' 두 자가 부당하게 첨가되었던 바입니다. 인쇄 도중에 이것을 발견한 본사는 즉시 연판을 수정하여 재인쇄하고 오식(誤植)[3] 인쇄되었던 부수는 휴지화하였으나, 그때에 이미 가두에 60부, 일선 방면에 315부가 배부된 것을 알고 즉시 회수 또는 교환에 노력하여 120부를 회수한 결과, 독자의 수중에 들어갔다고 추정되는 수는 250부에 불과하고 그 외에 시내나 지방을 물론하고 일반 독자에게는 수정 인쇄된 지면이 배달되었던 것입니다.

이 사건이 비록 고의에서 기인한 것이 아니고 순연한 조판(組版)[4]상 부주의에

1 삼가 아룀.
2 과거 인쇄에서는 글자를 한 글자씩 만든 후 뽑아서 인쇄를 한바, 이때 원고의 글자대로 필요한 활자를 뽑는 것을 채자라고 하였다.
3 채자한 글자를 원고대로 배열하여 인쇄를 하였는데, 이때 글자를 배열하는 것을 식자(植字)라고 하고, 잘못 글자를 배열한 것을 오식(誤植)이라고 하였다.
4 식자한 것을 가지고 인쇄할 판을 만드는 것.

# 謹　　告

本年三月十五日字 本報第一面記事中 韓美石油協定에關한 報道에있어서 組版者의過失로
五四日『高位層談 特報中』의 書頭에 他記事題目에 使用하기爲하여 同時採字하였던『傀儡』
二字가 不當하게 添加되었던바입니다。印刷途中에 이것을發見한本社는 卽時 組版을修正
하여 再印刷하고 誤植印刷되었던部數는 作廢化하였으나 그때에 이미街頭에 六十部、一
線方面에 三百十五部가 配付된것을알고 卽時 回收또는 交換에努力하여 百二十部를 回
收한結果 讀者의手中에 들어갔다고 推定되는數는 二百五十五部에不過하고 其外에市內나
地方에到着하고 一般讀者에게는 修正印刷한紙面이 配達되었던것입니다。

이事件이 비록 故意에서 起因한것이아니고 純然한 組版上 不注意에서 發生한것이다
하여도、그 讀者의手中에 들어간部數가 적다하고라도 이誤植으로말미암아 國家元首에關
한記事中 失敬의字句가 添加된 過誤를 犯한데對하여는 眞心恢悔하며 大統領閣下를 爲
始하여 關係當局과 國民諸位께 깊이 謝過하는바입니다。

事件發生後 그眞相과 經緯를調査하여 報告를하여야하던차 發行停止의 處分을 받게되어
그機會를 갖지못하였던바 이번 大統領閣下의 特別하신分付로 續刊을하게됨에臨하여 謝過의
뜻을 表하는바입니다。

本報는 앞으로도 公正無私한 言論機關의使命을 完遂함에 繼續努力할것은勿論이요。特
히 現下難局에際하여 建設的인論評과 報道에 더욱힘써 更一層 國策에協調하여 民族的
念願을 達成하는데 寄與함이 크기를 期하는바입니다。

檀紀四二八八年四月十七日

東 亞 日 報 社

『동아일보』 1955. 4. 18.

서 발생한 것이라 하여도, 또 독자의 수중에 들어간 부수가 적다 하더라도 이 오식으로 말미암아 국가원수에 관한 기사 중 실경(失敬)[5]의 자구가 첨가된 과오를 범한 데 대하여는 충심 송구하여 대통령 각하를 위시하여 관계당국과 국민 제위께 깊이 사과하는 바입니다.

사건 발생 후 그 진상과 경위를 조사하여 사고(謝告)[6]를 하려 하던 차 발행정지[7]의 처분을 받게 되어 기회를 갖지 못하였던바, 이번 대통령 각하의 특별하신 분부로 속간을 함에 제하여 사과의 뜻을 근표(謹表)[8]하는 바입니다.

본보는 앞으로도 공정무사한 언론기관의 사명을 완수함에 계속 노력할 것은 물론이요, 특히 현하 전시(戰時)에 제하여 건설적인 논평과 보도에 더욱 힘써 갱일층(更一層)[9] 국책에 협조하여 민족적 염원을 달성하는 데 기여함이 크기를 기하는 바입니다.

단기 4288[10] 년 4월 17일

동아일보사

---

**5** 말이나 행동이 예의에 어긋남. 실례.

**6** 사죄의 뜻을 전함.

**7** 『동아일보』는 이 일로 인하여 1955년 3월 18일부터 4월 17일까지 발행이 정지되었다.

**8** 삼가 발표함.

**9** 한층 더.

**10** 1955년.

033

# '서울' 명칭 변경

『경향신문』 1955. 9. 18.

**'서울' 이름 고치라**
**이 대통령, 국민의 의견 촉구**

이 대통령은 16일 '서울'이라는 말은 수도 자체의 땅이름이 아니므로 이것을 교정해서 본 이름을 부르게 해야 할 것이니 민간에서 많이 토의해서 발표해 주기를 바라며, 만일 다른 이름을 찾을 수가 없으면 한양으로라도 고쳐서 세계에 공포해야겠으니, 생각 있는 분들의 의견을 널리 구한다고 다음과 같은 담화를 발표하였다.

우리 수도의 명칭을 외국말로도 '서울'이라고 부르는데, '서울'이란 말은 우리나라 말로 수도를 지칭하는 것이고, 수도 자체의 땅 이름은 아닌 것인데, 서양인들이 동양에 오기 시작했을 적에 우리나라에 먼저 들어온 사람이 불란서 천주교 신부로, 이 사람이 비밀히 변장하고 들어와서 이 도성의 이름을 물었을 때 이것이 '서울'이라고 대답한 것을, 불란서 사람으로서 할 수 있는 대로 음을 취해서 쓴 것이 외국인에게 차차 알려져서 이 도성 이름이 '서울'이라고 불리어 왔는데, 이것이 영자로 써놓고 바른 음을 낼 수 있으면 오히려 괜찮겠지만, 이 발음이 어려워서 모든 외국 사람들이 이 글자를 어떻게 발음해야 하는 것이냐고 늘 문제가 되니, 우리

# 「서울」이름고치라

## 李大統領・國民의意見促求

이(李)대통령은十六일「서울」이라는말은 수도저제의 땅이름이아니므로 이것은 교정해서 본이름은 부르게해야 할것이니 민간에서 많이 토의해서 발표해주기를 바라며 만일 다른 이름을 찾을수가없으면 한양(漢陽)으로라도 고쳐서 세계에 공포해야겠오니 생각있는분들의 의견을 널리구한다고 다음과같은담화를발표하였다

우리수도(首都)의명칭은 외국인도「서울」이라고부르는데「서울」이란말은 우리나라 말로 수도를지칭(指稱)하는것이고 수도자체의땅이름은아닌것인데 서양인(西洋人)들이 동양에 오지시작했을적에 우리나라에 먼저들어온 사람이 불란서천주교 신부(佛蘭西天主教神父)로 이사람이 비밀히변장(變裝)하고 들어와서 이도성(都城)의이름을 물었을때 이것이「서울」이라고 대답한것을 불란서사람으로서 할수있는대로음(音)을취(取)해서쓴것이외국인에게차차알려져서이도성이름이「서울」이라고불리어왔는데 이것이영자(英字)로써놓고 비는음(音)을낼수있으면 오히려괜찮겠시만 이발음이어려워서 모든외국사람들이 이글자들이땅게발음해야하는것이냐고 늘묻게가되니 우리도성이 차차이름이 세계에날만치 이것을 교정해서 이지방본이름으로부르게하되 부르기좋은만치 만들어서 모든사람이 편리하게해야할것이다

본대의우리말을 찾아서 쓰는것이 좋을것이니 우리 이도시이름도 옛말을찾아서 행(이응)음이 붙지않는 이름으로 부르도록 민간에서 많이토의(討議)해서발표해주기를바라며 만일 다른이름을 찾을수가없으면 한양(漢陽)으로라도 고쳐서 세계에 공포해야겠으니 생각있는분들의 의견을 널리구하는바이다

『경향신문』 1955. 9. 18.

도성이 차차 이름이 세계에 날 만치 이것을 교정해서 이 지방 본이름으로 부르게 하되, 부르기 좋을 만치 만들어서 모든 사람이 편리하게 해야 할 것이다.

본래의 우리말을 찾아서 쓰는 것이 좋을 것이니, 우리 이 도시 이름도 옛말을 찾아서 행(이응)음이 붙지 않는 이름으로 부르도록 민간에서 많이 토의해서 발표해 주기를 바라며, 만일 다른 이름을 찾을 수가 없으면 한양(漢陽)으로라도 고쳐서 세계에 공포해야겠으니, 생각 있는 분들의 의견을 널리 구하는 바이다.

034

# 정기국회 개막 메시지

『동아일보』 1956. 2. 21.

## 제22회 정기국회 개막

제22회 정기국회는 20일 상오 10시 의사당에서 거행된 개회식과 더불어 개막되었다. 이날 이 대통령은 국회에 보내온 메시지(내무부 장관 대독)를 통해서 첫째, 참의원 선거를 무슨 방식이든지 속히 진행할 것. 둘째, 행정부 장관의 위신을 위해서 국회가 무시로 장관 출석을 요청하던 것을 정지할 것. 셋째, 물건의 매매 가격 결정은 행정부에 속하는 권리이므로 타부에서 이를 침범치 말 것. 넷째, 사법부의 형편이 말이 아니므로 재판장의 권한을 한정할 것 등 네 가지 점을 지적하고 이의 조속한 교정을 주장하였다. 따라서 이상과 같은 이 대통령의 대 국회 메시지는, 1. 재정법을 개정하여 관허 관영 요금에 대한 국회의 동의권을 폐지하고, 2. 헌법 제5장 법원에 대한 개헌 필요성을 암시한 것이 아닌가 관측되어, 동 메시지는 중대한 관심을 집중시키고 있다. 그런데 이날 내외 귀빈 다수 참석리 거행된 제22회 정기국회 개회식에서 이 대통령이 전달해 온 메시지 전문과 이 의장의 개회사 요지는 다음과 같다.

## 재판장 권한 한정토록

정기국회 개회식을 마치고
만세삼창하는 의원들.

# 東亞日報

# 第22回定期國會開幕

## 裁判長權限限定토록

李大統領의 멧세지注目

## 長官出席도要求말라

### 國力增强에寄與

李民議院議長開會辭

### 農業組合法案完成

來週에國務會議上程

### 鹽專賣等 國會決定追從

政府, 新年度에民營化推進?

### 三月25日에開催

民主黨, 正副統領候補指名大會

### 二月分의政府弗公賣中止

### 下壇上壇

그때는生動하는봄철이라

### 三月一日부터實施

肥料操作外資廳直營

### 分委長公應者

自由黨23日決定

### 大韓重工業施設 대마社에落札

### 日本駐在商務官 二名派遣決定

『동아일보』 1956. 2. 21.

### 이 대통령의 메시지 주목
### 장관 출석도 요구 말라

제22회 정기국회를 열게 되는 데는 더욱 진전하기를 바라는 것입니다. 근래에 국회와 정부 사이에 많은 충돌이나 어떤 문제가 없이 순리로 지나가게 되는 것은 입법부와 행정부가 다 각각 공심과 협의로 되는 것이니 감사하는 바입니다.

이번에 국회에서 가장 주의해 줄 것은 첫째, 참의원 선거를 그냥 포기해 두고 있으니 이것은 국회의 결안(決案)을 무시하는 것이 되고 또 헌법상에도 대단히 지체가 되는 것이니, 무슨 방식이든지 속히 진행해야 될 것입니다. 또 한 가지는 국회에서 국무위원들을 무시로 또는 차관, 청장까지도 무시로 오라고 불러다가 조인(稠人) 광좌(廣座)[1] 중에 세워 놓고 모든 것을 물으며, 어떤 때는 농담과 조롱을 해서 사람의 위신을 무시하는 까닭으로 해서 장관이 한 번 불려 가면 참혹한 지경을 당하고 올 때가 있으니, 이렇게 만들어 놓아서는 행정부의 위신도 없고 또 일을 해 갈 수가 없는 것입니다. 그러므로 여러분들에게 청구하는 것은 무슨 일이 있거든 행정부에 글로 써서 주면 문자로 대답할 수 있고, 또 알고자 하는 일이 있으면 국회의원이 개인으로 조용히 청해다가 협의적으로 행정부의 장관의 위신을 세워 가며 물어서 알 수 있는 것이니, 이렇게 해서 국회에서 막 불러 간다는 것은 정지해 주어야지 행정부가 해 갈 수 있는 것이며, 그렇지 않고는 해 갈 수 없는 것입니다.

또 한 가지는 정부에서 물건을 사고파는 값을 행정부가 해 가는 것이니, 이 일을 아는 사람들이 작정해서 해 가는데, 국회에서 물건 값을 암만을 받아라, 사라 하고 만들어 놓고 보면, 혹은 국회의원들이 행정부의 일을 소상히 잘 알고 있겠지만, 행정부의 하는 것이 독단적이나 일을 못되게 하는 것이 아닙니다.

그러니 형편에 맞지 않는 일을 만들어 가면 국제상의 문제가 될 수 있고, 알려 줄 것을 못 알려 줄 것이 있게 되는 것입니다. 또 이것은 행정부에 속한 권리이니 삼권분립으로 그 범위 내에서 할 것만은 하고 못할 것은 못하는 것이니, 내가 말하고자 하는 것은 다른 부(府)의 일을 내가 하고자 하는 것만 극단적으로 나가

---

**1** 조인 광좌. 뭇 사람이 모인 넓은 자리.

면 정부는 서너 갈래로 갈려 나가니, 그냥 두고는 행정부가 행정부 노릇을 할 수 없는 것이며, 다른 부도 또 그렇게 될 것입니다.

이것은 여러 번 설명한 바이니 교정해서 그 분간해 놓은 한도를 소상히 생각해서 그려 놓고, 그 범위를 침범하지 않고 합동해서 나가야만 되며, 위난한 때는 다른 나라에서는 싸우다가도 어려운 문제가 있는 때에는 다 정당과 파당을 정지해 놓고 합해 나가는 법이니, 우리는 이런 정신과 덕의 상을 모두 함께 합해 가지고 나가야지 따로 나가면 결단코 될 수 없는 것이므로, 이것을 교정해야 될 것입니다.

또 삼권분립한 중에서 사법부의 형편이 말이 아니니, 여러 해를 두고 본 결과를 치면 사법부에 재판관 되는 사람들은 세계에 없는 권리를 가지고 행세하고 있으니, 첫째는 경찰이나 검찰에서 소상히 조사해서 상당한 것을 가지고 재판소에 넘기면, 재판소에서는 이것을 막론하고 그냥 백방(白放)해서 내놓고 또 밖에 나가 있게 하며, 판결은 범행과 상관이 없는 것을 만들어 놓는 것이 여러 번이니, 이래 가지고는 해 갈 수가 없는 것입니다. 이것은 왜 이렇게 돼 가는고 하니, 헌법에 재판관은 맘대로 할 권한이 있고, 또 재판관이 잘못된 것이 있더라도 벌을 줄 사람이 없다는 것인데, 다행히 대법원장이 그 폐단을 심히 양해해서 무슨 중대한 문제가 생길 적에는 행정부와 협의해서 정부의 위신과 법을 공평히 참고해서 판결을 하는 까닭으로 큰 위험은 없는 것이나, 법이 시행되도록 어떤 방면으로든지 재판장에 권한의 한정이 있어야 되겠습니다.

이상 몇 가지는 오래 전부터 토의하고 협력해 오던 것을 내가 이에 적어서 여러분에게 제출하는 것이니, 헌법상의 결점도 있겠고 혹은 각 관청에서 남권(濫權)해서 한 일도 있겠지만, 그 흠절(欠節)이 어디 있든지를 막론하고 오직 국가를 건설하며 헌법을 지지하는 성심으로 여러분이 다 협력해서, 정부의 동의하는 분이나 혹은 반대하는 태도를 가지는 분이나 다 이 기본적 문제에는 우리가 아는 데까지 원만히 교정해 놓아야 국가의 일이 될 것입니다.

행정부, 입법부, 사법부의 각부의 기초가 확실히 서서 우리 민국 제도의 만년 복리를 진전할 수 있도록 많이 노력해서 속히 교정되기를 바라는 바이며, 또 이번 회기에 많은 성공이 있기를 바라는 바입니다.

035

# 대통령 3선 불출마 작정

『동아일보』 1956. 3. 7.

---

**출마 않기로 작정했다**

**이 대통령, 5일 하오 자유당 대회에 유시(諭示)**

5일 상오 자유당 전국대회에서 대통령 후보로 지명된 이승만 대통령은 이날 하오 메시지를 동 대회에 전하고, "이번 선거에 출마하지 않기로 작정했다."는 대통령의 의사를 표시하였다.

이 대통령은 차기 선거에 출마를 안 하기로 한 이유로서, 첫째, 민주정치에 있어서는 대통령이 두 번까지 나라에 봉사함이 좋을 것이고, 둘째, 나이가 팔십이 넘으니 기력이 쇠패(衰敗)해서 사무 보기가 어렵다는 것이 아니나, 국사 다단한 이 때에 연부역강한 사람이 필요하며, 셋째, 남북통일을 근 6개년이나 시간이 경과토록 성공치 못한 것은 원수로서 무심할 수 없고 책임을 져야 한다는 등을 지적하였다. 한편 이날 하오 이 대통령을 방문한 자유당 대표 120여 명에 대해서도 이 대통령은 전기 메시지와 동일한 내용을 반복하였다 한다. 그런데 이 대통령의 메시지 전문은 다음과 같다.

# 出馬않기로作定했다

李大統領、五日下午 自由黨大會에諭示

## 三選은「民主」背馳

年富力強한사람골라라

李大統領 三選과

東亞日報

『동아일보』 1956. 3. 7.

## 3선은 '민주' 배치
## 연부역강한 사람 골라라

금년에는 우리나라 대통령의 임기가 만기되느니만치 내가 그동안 깊이 생각한 결과로 내심에 작정한 것이 있었으나, 적당한 시기가 오기 전에는 좌우간 이 문제를 일으키지 않을 생각으로 지금까지 지내온 것인데, 지금은 자유당의 각 지방 대표들이 한자리에 모여서 자유당 제7차 임시전당대회를 열고 다음 대통령과 부통령 입후보자를 결정한다는 자리에서 나를 대통령 입후보자로 지목해 왔기에, 국민 전체로서는 헌법을 따라서 이 문제를 결정지어야 될 필요가 있으므로 자연히 대통령과 부통령 입후보자를 미리 정하는 문제가 나서, 이미 수 일 전에는 자유당 대표 몇 사람이 내게 와서 이 문제에 관하여 내 대답을 요청하는 고로 내가 대답하기를, 이제 자유당의 지방 대표들이 다 모여서 회합을 열고 내게 공식으로 이 문제를 물으면 내가 문자로 써서 주겠다고 한 것인데, 지금은 그때가 와서 작정한 대로 내가 이에 대답하는 것이니, 금년 선거에는 나는 출마 안 하기로 작정한 것입니다.

그 이유를 간략히 말하자면 첫째로는, 내가 우리나라의 초대 대통령으로 선출되어 벌써 두 임기를 거의 다 마치게 되었으니, 민주정치에 있어서는 대통령이 두 번까지 나라에 봉사한 뒤에는 물러앉고 다른 더 좋은 사람이 있으면 민중이 원하는 대로 그러한 사람이 피선되는 것이 좋을 줄로 내가 아는 것이며, 둘째로는, 내 나이 이미 팔십이 넘으니 비록 내 기력이 쇠패해서 사무 보기가 어렵다는 것은 아니나 다만 이제는 물러앉아서 나보다 연부역강한 사람이 나서서 국사 다단한 이때에 용맹스럽게 명철하게 일을 진행해 나가는 것이 더 좋을 줄로 생각하는 것이며, 또 한 가지는, 우리나라가 남북으로 분열이 되어 있으니 이것은 우리가 만든 것은 아니나, 우리 민족의 애국 성심과 우방의 도움으로 많은 희생을 당하여 가면서 통일을 하루바삐 이루려고 지금까지 투쟁해 오는 중이지만, 벌써 6개년이나 시간이 경과한데도 불구하고 아직까지도 성공하지 못하고 있으니, 우리가 다 분투해 나온 것은 모든 사람이 다 잘 아는 바이지만, 우리나라의 원수(元首)의 책임을 지고 있는 나로서는 무심히 있을 수가 없는 형편이므로, 나는 책임을 지고 물러가는 것이 분수에 옳을 줄로 생각하는 것입니다.

그동안 우리 민족이 다 일심으로 내 뒤를 받들어 주어서 국가 우난지중(憂難之中)[1] 에서도 이만큼 되어 나간 것은 우리 민족 전체에게 감사히 여기는 바이며, 나의 동지가 되며 나를 애려(愛慮)[2] 하는 많은 동포들이 물론 내가 다시 피선되기를 원하고 있을지라도, 나로서는 정부 안에 있으나 밖에 있으나 나라만을 위하여 노력·분투할 것은 조금도 다름이 없으니, 내가 자유당을 조직한 것은 대통령 선거에 피선되자는 욕심으로 한 것이 아니므로 지금 선거 문제에 대해서 모든 자유당 당원들이 나를 지지할 것은 물론 내가 잘 아는 바이나, 나로서는 민족 전체의 의도가 어떻다는 것을 알아서 일편단심으로 내 충성을 나라에 다하기로 지금까지 노력해 온 것이니만치, 자유당 동지 여러분들도 정당적 사상은 완전히 초월하여 국민 전체의 의도를 먼저 받들어 일을 진행해 나가는 것이 더욱 공정하고 원만할 줄로 생각하는 것이니, 나를 참으로 사랑하는 모든 동지 여러분들은 나의 참뜻을 알아서 이대로 시행해 주기를 바라는 바입니다.

---

**1** 근심과 어려움 가운데.

**2** 사랑하고 염려함.

036

# 대통령 3선 출마 성명

『동아일보』 1956. 3. 25.

**이 대통령 재출마 정식 성명**
**선거비를 백만 환으로 제한**
**참의원의 조속한 구성도 종용**

이 대통령은 23일 "민의에 못 이겨 차기 대통령 선거에 출마하기로 작정하였다." 고 공표하였다. 이날 하오 공보실을 통하여 발표된 담화에서 이 대통령은 "우리나라 사람의 대부분을 대표한 단체들의 진정서와 결의문을 보내온 것은 내가 생각지 않던 뜻밖의 일이라."고 말하고, "이러한 사정 아래서는 내가 원하는 것을 끝까지 고집하는 것은 어렵다는 관념으로 내가 지금까지 뜻하던 바를 고쳐서 민의를 따라서 다시 출마하겠다."고 말하여, 금반 재출마키로 번의한 입장을 설명하였다.

그런데 이 대통령은 동 담화에서 세 가지 요망 사항을 피력하여 주목을 끌었는데, 동 내용은, 1. 이 대통령 자신을 위하여는 누구도 비용을 들여 절대 선거운동을 하지 말아 줄 것, 2. 국회에서는 정·부통령 선거에는 각 정당에서 대통령 후보자 한 사람의 선거비용으로는 일백만 환 이상 쓰지 못하도록 법을 제정하여 이번 선거에 적용토록 할 것, 3. 국회서는 참의원 의원 선거법을 빨리 통과시키도록 하여야 할 것 등인데, 동 담화에서는 특히 부통령 후보에 관하여는 전혀 언급된 바 없다.

東亞日報

# 大統領에 申翼熙氏 副統領에는 張勉氏

民主黨最高委員會서合意

指名大會에 推薦하기로

## 李大統領再出馬正式聲明

選擧費를百萬圜으로制限

參議院의早速한構成도慫慂

## 工業化促進切實

덜레스氏 全國放送 亞洲는自主爲한援助希求

## 獨裁傾向을憂慮

申翼熙氏談

下壇上壇

民意와自由黨對決할판?

參議員選擧의遲延責任回避

『동아일보』 1956. 3. 25.

발표된 담화 내용은 다음과 같다.

제3차 대통령 선거에 출마하지 않겠다는 결심을 내가 세상에 공포한 뒤 근 17일 동안에 국민들이 전체적으로 들고 일어나서 이것을 우려하며 내게다가 다시 출마해 달라는 진정을 하기 위하여 서울 부근을 위시하여 각도에서 대표를 보내오며, 또 전보와 혈서와 진정서 등으로 여러 사람들이 연명을 해서 보내온 것을 받아 쌓아 놓은 것이 진정서와 결의문만 하더라도 2만 2천여 통에 달하고, 거기 서명한 사람의 수효가 2백만 명에 가까우며, 지금까지 받은 전보가 또한 8천여 통이나 되는데, 이것은 서명한 단체별로 보아서 우리나라 사람의 대부분을 대표하고 있으니, 이러한 것은 내가 생각지 않던 뜻밖의 일인 것이다.

내게 직접 오는 사람들은 내가 친히 만나 보고서 다시 돌아가게 권유했으나, 내가 다시 출마한다는 허락을 하기 전에는 돌아가지 않겠다는 사람들도 많이 있었으므로 이 사람들을 권면하기 위하여 수차 글을 발표하고, 지방에서 오는 사람들은 먼 데서 고생을 하여 가며 올 필요가 없으니 각각 앉은자리에서 생각하는 바를 글로 써 보내고 오지 말라 하였으되 듣지 않고, 특히 강원도 춘천과 그 부근에서는 9백여 명 남녀가 걸어서 올라왔으며, 서울과 각지에서 온 사람들과 합해서 경무대 문 앞에 서서 밤을 지나는데, 이 사람들이 이렇게 주야를 불구하고 서 있는 중, 특히 눈과 비오는 밤에 밖에 서서 지나는 것을 보게 된 나로서는 밤에 잠을 이룰 수도 없으며, 또 마음을 진정할 수도 없어서 백 가지로 생각하던 중, 그저께는 경무대 앞에 서 있는 사람들을 대하고 내가 어떻게 할 수가 없어서 일러 주기를, 내가 다시 잘 생각해 볼 터이니 돌아가라 하고 또한 이 뜻을 글로 써 주었더니 그 사람들이 흩어져 가는 것을 보고서는 차마 방임할 수가 없는 형편인 중에 또 보고를 들으면, 각 지방 사람들이 내가 만일 출마하는 것을 허락하지 않으면 다시 또 올라와서 호소하겠다는 말이 있으니, 이러한 사정 아래서는 내가 원하는 것을 끝까지 고집하는 것은 어렵다는 관념으로, 내가 지금까지 뜻하던 바를 고쳐서 민의를 따라서 다시 출마하겠다는 말을 이에 공포하는 바이니, 민중들은 이에 대해서 나의 주장하는 말을 진정으로 지켜 주어야 될 것이다.

첫째로는 나를 선거하기 위하여 어떤 개인이나 단체에서 선거 경비 명의로 비용을 많이 쓰고 선거운동을 하면 이것을 내가 욕스럽게 알 것이므로 이러한 일은 절대로 없게 해 주어야 할 것이며, 둘째로는 국회를 통하여 이번 선거에는 각 정당에서 대통령 후보자 한 사람의 선거비용으로 일백만 환 이상 쓰지 못하게 법을 정해서, 이 법이 지금부터 시작되어 나가게 하여 장구히 우리나라에서 실시되기를 또한 주장하는 바이니, 이것은 경향의 시민과 투표권을 가진 사람들이 다 결심하고 이대로 만들어 주기를 요청하는 바이다.

셋째로는 4년 전 정부가 부산에 있을 때 국회에서 헌법을 개정하고 국회에 참의원을 두기로 했으며, 정부에서도 참의원 선거를 빨리하기 위하여 참의원 선거법을 벌써 1년 전에 국회에 제출하였는데도 불구하고 아직도 국회에서는 이것을 심의하지 않을 뿐 아니라 어떻게 하겠다는 말도 없으니, 이것은 국회가 민중의 뜻을 반응하지 못하게 되며 또한 국회의 위신도 서지 못할 것이니, 이런 일이 있을 때에는 민중이 들고일어나서 정당한 조리를 정해서 국회에서 아니할 수 없을 만치 만들어 놓아야 할 것이다.

이상 몇 가지로 먼저 모범을 삼아서 민주국가의 참다운 헌법을 세워 놓아야 그 정부의 토대가 견고히 서게 될 것이니, 이 토대는 정객(政客)이나 높은 지위에 있는 사람들은 못 만드는 것이며, 투표권을 가진 민중이 전적으로 일어나서 교정해야 될 것이므로 이 몇 가지 조건을 전 민족이 기어이 시행해야 되겠다는 결심을 가지고 진행해 나가야 할 것이다.

나를 참으로 아끼는 사람들은 돈을 받거나 혹은 금전을 다른 사람에게 주거나 해서 나를 피선되게 하려는 운동은 절대로 하지 말고, 각각 자발적으로 나서서 서로 권고로 하며 선전으로 하는 것이 정당한 것이니, 뇌물로써 투표권을 사거나 돈을 받고 운동을 한다는 것은 절대로 없어야 할 것이니 이번 선거도 내가 말하는 대로 진행해 주기를 바라는 것이다.

# 81회 탄신 경축

『동아일보』 1956. 3. 27.

## 어제 이 대통령 81회 탄신일

어제 26일 노 대통령 이승만 박사는 제81회 탄신일을 맞이하였다.

이날 이 대통령의 탄신일을 경축하여 전 국가가 호호마다 태극기를 게양하고, 고령의 노 대통령이 평생을 바쳐 국가에 이바지하여 온 심로(心勞)에 대하여 다시 한 번 경의를 표하였다.

이날 거행 예정이던 옥외행사(경축식)는 정부 방침으로 이를 연기하였으나, 중앙에서는 '국군 분열식'과 각종 기념행사는 그대로 이날을 경축하여 간소하나마 다채롭게 벌어졌다.

◇ 경무대 표정

이날 경무대에는 이른 아침부터 수많은 하객들의 예방이 있었다.

이 대통령은 정각 8시에 경무대에서 일하는 사람들의 경축 인사를 받고 기념촬영을 하였으며, 8시 20분경에 찾아온 친척 및 전직 비서들의 인사를 받았다.

이 대통령은 자못 감개무량한 표정으로 그의 부인과 함께 방문객들의 축하 인사에 감사의 답례를 보냈다.

축하 케이크를 자르는 이 대통령 부처.

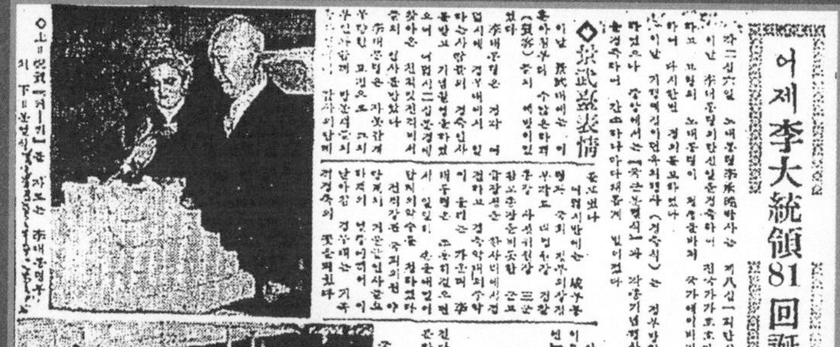

# 어제 李大統領81回誕辰日

## 爲國心勞에敬意

### 簡素·多彩한慶祝行事

◇分列式

◇꽃놀이

◇마라톤大會

분열식.

『동아일보』 1956. 3. 27.

8시 반에는 함 부통령[1] 과 국회 정·부의장, 정부 각료, 대법원장, 검찰총장, 사정위원장, 3군 참모총장을 비롯한 군 고급 장성을 한자리에서 접견하고, 경축악대의 주악이 울리는 가운데 이 대통령은 조용히 걸으면서 일일이 손을 내밀어 답례의 악수를 청하였다.

전직 장관, 국회의원, 야당계의 거물급 인사들도 하객의 열중에 끼어 이날 아침 경무대는 거족적 경축의 꽃을 피웠다. 9시 20분에는 '화이트' 대장을 비롯한 '유엔'군 장성, 주한 외교사절단 일행도 경무대를 방문하였다.

## 위국심로(爲國心勞)[2] 에 경의 간소·다채한 경축행사

◇ 분열식

국군 분열식은 하오 2시 15분부터 세종로 중부소방서 옆에 마련된 '사열대'를 중심으로, 태평로를 남으로부터 북으로 향하는 행진 코스에서 성대하게 거행되었다. 이날 우렁찬 예포로 시작된 분열식은, 먼저 군기와 의장대, 육군부대를 선두로 하는 해군, 해병대, 공군부대의 행진에 이어 고사포를 포함하는 기갑부대의 장엄한 행진이 이날을 경축하면서 스스로의 위용을 과시하였고, 이 동안 공중에서는 제트기를 포함하는 각종 항공기들의 시위 편대비행이 다채롭게 벌어졌다. 내외 귀빈들과 3부 요인 다수를 대동하고 사열대에 선 노 대통령은 백발을 춘풍에 나부끼면서 시종 미소 띤 얼굴로 지나가는 각 군부대의 경례에 일일이 답하였으며, 일대에 운집한 수많은 관중들은 환호와 박수로써 노 대통령의 만수무강을 비는 한편, 자라는 국군의 위용을 찬양하였다.

◇ 불꽃놀이

경축하여 우리나라 제품 '불꽃놀이'가 시내 상공에 꽃을 피워 낮부터 성화를 이루었다.

---

1 함태영 부통령.
2 나라를 위해 마음으로 힘씀.

낮에 올려진 '불꽃놀이'는 상오 11시 30분 '경무대' 앞에서 20발이 계속 발사되었는데, 오색의 연기를 뿜고 이중, 삼중으로 터지며 찬란한 색종이와 물고기, 낙하산 등이 하늘을 날았다. 이날 하오 8시에는 야간용의 본격적인 '불꽃놀이'가 남산, 중앙청에서 각각 올려진다.

◇ 꽃전차

경전에서는 26, 27 양일에 걸쳐 시내 간선에 화려한 '꽃전차'를 운행하고, 이 대통령의 탄신일을 경축하였다.

동 꽃전차에는 커다란 이 대통령의 원색 초상화가 게시되었으며, 태극기를 흔들며 대통령의 '만수무강'을 심축(心祝)하는 인형도 아담하였다.

◇ 마라톤 대회

경기도 주최 '마라톤' 대회는 예정대로 상오 10시 경기도청 앞 광장에서 이 민의원장(民議院長)[3], 김 내무부장관, 그리고 이 경기도지사가 참석한 가운데 막을 열어 동 도내 각군에서 선발된 70여 명의 선수는 상오 10시 20분 경기도청 앞을 출발, 예정 '코스'인 남한산성을 왕복 역주하였다.

**『동아일보』 1956. 3. 30.**

## 수많은 시민 참가
## 이 대통령 탄신 축하식 성대

이 대통령 제81회 탄신 경축식은 일기 관계로 3일간 연기되어 어제 29일 서울운동장에서 행정부, 입법부 요원 및 사회 각계 인사, 주한 외교사절단 등 내외 귀빈

3 이기붕 민의원장.

사진은 축하식장. 선내는
꽃다발을 받은 이 대통령.

수많은 市民參加

李大統領誕辰祝賀式盛大…

『동아일보』 1956. 3. 30.

과 수많은 남녀 중고등학생, 그리고 시민이 참석한 가운데 성대히 거행되었다.

이날 식은 상오 10시 15분 '해군교향악단' 주악으로 시작, 국민의례에 이어 행정·입법·사법 등 3부와 애국단체연합회에서 보내는 꽃다발 증정, 서울고교·경기여고의 「대통령 찬가」 합창, 인창고교와 수도여고의 '마스게임'이 있은 후 만세 삼창으로 상오 11시경 식을 마쳤다.

○ 이날 상오 세종로 시청 앞, 을지로를 통하여 서울운동장에 이르는 도로 연변에는 수많은 학생, 시민들이 도열하여 이 대통령 부처가 통과할 때 손을 저으며 경축의 뜻을 표하였다.

○ 이 대통령은 검정 '오버'를 입고 부인은 역시 검정색지에 무늬 있는 두루마기를 입고 있었으며, 운동장에 정렬한 학생들이 태극기를 흔드는 가운데 식장에 입장, 잠시 군중에 인사를 건네고 자리에 앉을 때는 만면에 미소를 띠고 즐거운 표정이었다.

○ 특히 인창고교 학생들의 기계체조와 율동체조, 수도여고생들의 고전무용이 시작되고 모였다 펴졌다 하며 수만의 인원이 '만수무강'의 글자로 정렬하였을 때는 노 대통령 부부는 손뼉을 치면서 기뻐하였다.

038

# 안두희 석방

『동아일보』 1956. 6. 28.

**안두희 씨 특사(特赦) 믿을 수 없는 일**
**이 대통령, 기자회견에서 언급**

이 대통령은 27일 경무대에서 개최된 기자회견에서 고 백범 김구 씨의 살해범 안두희 씨에 관하여 "그가 무죄로 되었는지, 특사가 되었는지, 또는 감형이 되었는지 전연 모른다."고 말하는 한편 "그가 군대에서 승진되었다든지 현역 군인으로 있다는 것조차 믿을 수 없다."고 말하였다.

이날 이 대통령은 "고 백범 김구 선생의 살해범인 안두희 씨가 도진희 의원 문제를 둘러싼 국회 논쟁 중 잔형 면제로 석방되었다는 사실이 국민의 기억을 새롭게 하고 있는데, 이것은 사람을 죽인 자도 중벌을 받지 않았다는 관대한 정부의 조치로 인하여 소위 애국청년이라고 자칭하는 자들로 하여금 요인 살해의 폭거를 일으킬 심리적 자극을 주리라고 보지 않습니까? 한편 안두희 씨의 석방과 이례적인 승진 경위에 대하여 아는 바 있으면 말하여 달라."는 내용의 서면 질문에, "이것은 사법부에 속하는 문제다. 안두희가 무죄로 되었는지, 특사가 되었는지, 집행유예가 되었는지, 또는 감형이 되었는지 난 그것을 알지 못한다. 그가 군대에서 승진되었다든가 또는 현역군으로 있다는 것조차 나는 믿을 수 없는 일이다. 이 소식의

安斗熙氏特赦

# 믿을수 없는 일

李大統領、記者會見에서言及

柳秉國大領에 英功勞表彰狀

『동아일보』 1956. 6. 28.

출처가 어디인가."라고 도리어 반문하는 주목할 답변을 하였다.

039

# 82회 탄신일과 양자 입양

『동아일보』 1957. 3. 27.

**이 대통령 82회 탄신일 경축 행사 성대**
**3군 분열식을 사열**

어제 26일은 이 대통령의 제82회 탄신일이다. 이날을 맞은 수도 서울을 비롯한 전국 방방곡곡에서는 가가호호 국기를 게양하고 모두 함께 경축의 뜻을 표하였는데, 특히 서울 장안 주요 거리에는 아침 일찍부터 수십만 군중이 도열, 호화로운 이날을 장식하였다. 이 대통령의 탄신일을 경축하는 3군 분열식은 이날 하오 2시부터 시내 세종로 중부소방서 옆에 미리 마련된 사열대를 중심으로 성대히 거행되었다. 이날 사열대에는 백발의 노 대통령과 동 부인 그리고 3부 요원들 및 외국사신과 '밴프리트' 장군, 한미 장성 다수가 참석하였으며, 제6군단장 백인엽 중장 지휘 하의 사열부대들은 보무도 당당, 남대문 쪽으로부터 중앙청 쪽을 향하여 행진, 자라난 국군의 위용을 보여 주었다.

그런데 이날 분열식은 먼저 통제관 백중장 이하 각 참모들을 선두로 하여 육군, 해군, 해병대, 공군의 순으로 행진이 전개되었는데, 특히 봄바람에 나부끼는 각군의 깃발과 각군 사관학생 및 여군부대 등이 이채를 띠었다. 이어 기갑부대의 행진으로 들어가 장사진을 친 각종 포의 행진은 자라나는 국군의 힘을 여지없이

3군 합동의 분열식 사열 광경.

양자 강석 군으로부터 헌주를 받는 이 대통령.

이강석 군.

三군 합동의 분렬식 사열광경

李大統領 82回誕辰日慶祝行事大盛

三軍分列式을 査閱

李大統領養子로

어제 李議長의 令息入養

入養케된 經緯

47名에 一階級昇進發令

『景武臺署』勤務警察官

『동아일보』 1957. 3. 27.

과시하였으며, 사열대의 노 대통령은 그를 위한 사열부대에게 미소로써 일일이 답례하였다. 한편 이날 하늘에는 신예 '제트'기 편대가 사열대 상공을 날며 공중분열을 행하여 또한 더욱 이 식을 빛나게 하였다.

## 이 대통령 양자로
## 어제 이 의장의 영식[1] 입양

이 대통령은 26일 그의 제82회 탄신일을 맞아 이기붕 씨의 영식 강석 군(21)을 양자로 맞아들였다. 6대 독자로 태어난 이 대통령은 이날 상오 10시 30분 경무대 관저 별실에서 강석 군이 처음으로 올리는 술잔을 받음으로써 간략한 입양식을 대신하였는데, 이날 헌상(獻上) 좌석에는 이 민의원 의장부터, 김 대법원장[2], 전 국무의원, 그리고 체한(滯韓) 중인 '밴프리트' 장군도 참석하였다. 동 좌석에서 문 국무원 사무국장은 강석 군의 입양 경위를 간략히 말하고, 법적 수속을 마쳤음을 밝혔다.

이 대통령은 강석 군의 술잔을 받고는 강석 군을 가까이 하여 머리를 쓰다듬으면서 감명어린 어조로 여러 사람을 향하여 다음과 같이 감상의 일단을 피력하였다.

"나는 6대 독자로 태어나 어언 80여 평생을 살아와 내 나이 벌써 83세가 되었다. 나의 어렸을 때 나의 어머니의 극진한 사랑을 받았던 것이 생각난다. 인자하셨던 어머니의 그 모습은 지금도 내 눈앞에 선하다. 나의 선산이 황해도 평산에 있다. 나도 아들이 있어야 하겠으며 대를 물려줄 작정을 하였는데, 이제 강석 군을 맞이하게 된 것이다."

이렇게 천천히 이야기를 마친 후 이 대통령은 낮은 음성으로 아래와 같은 한시를 읊었다.

---

1 윗사람의 아들을 높여 이르는 말. 이승만은 첫 부인과의 사이에 낳은 아들을 열한 살에 잃었다. 그 후 이기붕의 아들 이강석을 양자로 들였으나, 그는 4·19 혁명 뒤에 비극적으로 최후를 맞았으며, 다시 이인수를 양자로 들였다.

2 제2대 대법원장 김병로.

구사일생 살아남은 이 몸/이씨 가문 6대 독자의 몸으로
고국 청산을 꿈속에 걸었네/선영의 하얀 뼈 돌볼 이 없네

이때 새로운 아버지로 이 대통령, 새로운 어머니로 프란체스카 부인을 모시게 된 강석 군은 다소 긴장된 얼굴로 말없이 공손한 태도를 변치 않고 있었다.

이어 이 민의원 의장과 수석 국무의원, 김 대법원장의 순서로 권배가 있은 다음, 이 대통령 부처는 '버스데이 케이크'를 잘랐으며, 좌석의 일동은 이 대통령 탄신 축하의 말을 주고받으며 간소한 소연을 마쳤다.

**입양케 된 경위**

그런데 동 입양은 지난 25일 하오 3시 반 이 대통령과 이 민의원 의장 양측 비서들에 의하여 종로구청 호적과에서 그 수속이 완료되었는데, 동 수속 서류는 도합 6통(입양신고서 2통, 이기붕 씨 호적등본 2통, 구 왕궁재산사무총국에서 확인한 양가 계보 2통)인바 동 입양의 보증인은 이재학 민의원 부의장과 김일환 상공부장관이며, 참고 서류로서 제출된 양가 계보에 의하면 이 대통령은 이조 태종대왕의 장남인 양녕대군의 17대손이며, 강석군은 양녕대군의 계씨인 효령대군의 19대손으로 기재되어 있다.

한편 알려진 바에 의하면 강석군의 입양 문제는 작년 여름부터 이 대통령에 의하여 추진되어 온 것으로, 이 대통령으로부터 이와 같은 요청을 받은 이 의장 부처는 강석 군이 자신의 대를 이을 장남인 점을 고려하여 한때 몹시 고민하였으나, 누차에 걸친 이 대통령의 간청에 못 이겨 "고적하신 어른의 위안이 된다면 자신의 고민도 잊어 버리자."고 응낙하였다 한다.

그런데 강석 군은 작년 봄 서울고등학교를 졸업하고 그해 5월 육군사관학교에 입교하였으나, 오른쪽 다리 신경통으로 동 12월 수도육군병원에 입원, 40일간 가료하고 동교를 중퇴, 오늘에 이르렀다는바 아직도 층층대를 오르내릴 때는 불편을 느끼고 있다 하며, 승마 등 운동을 즐기고 성격은 명랑하다고 한다.

040

# 진보당 사건

『동아일보』 1958. 1. 14.

**진보당 간부 7명 구속**

**박정호 등 7건의 간첩 사건과 접선 협의**

**조봉암 씨는 어제 아침 피체(被逮)[1]**

**김달호 · 박기출 · 윤길중 · 조규택 · 조규희 · 이동화 제씨**

작보(昨報)='진보당 사건'을 수사 중인 경찰 당국에서는 13일 상오 9시 반경 서울 시내 모처에서, '진보당' 위원장 조봉암 씨(60)[2]를 체포함으로써 동당 간부 7명을

---

1 남에게 잡힘.

2 조봉암은 1956년 5월 15일 실시한 제3대 대통령 선거에서 이승만에 이어 2위로 득표하였다. 득표수는 이승만 4,958,250표, 조봉암 2,118,799표였다. 그러나 이는 드러난 득표였을 뿐 내막을 살펴보면 이해하기 어려운 경우가 많았다.

예를 들면 강원도 금화의 경우 조봉암이 41,182표 이승만이 14,628표인 데 반해 같은 강원도 명주의 경우에는 조봉암 2,682표, 이승만 44,703표였다.

한편 『한국민족문화대백과사전』 조봉암 항목 후반에서는 다음과 같이 기술하고 있다.

"……1956년 11월 책임 있는 혁신정치, 수탈 없는 계획경제, 민주적 평화통일의 3대 정강을 내걸고 사회민주주의 정당인 진보당(進步黨) 창당준비위원회를 발족, 제3대 정·부통령 선거에 박기출(朴己出)을 부통령 후보로 삼아 대통령에 출마하였으나 다시 낙선하였다.

1957년 진보당을 창당하고 위원장에 선임되었으며, 1958년 5월 국회의원 선거에 지역구 후보를 내세워 원내에 진출하였다. 1958년 1월 간첩죄 및 국가보안법 위반 혐의로 진보당원 16명과 함께 검거

조봉암 진보당위원장.
김달호 동 부위원장.
박기출 동 부위원장.
윤길중 동 간사장.
조규희 동 선전부장.
이동화 당헌 기초자.

# 進步黨幹部七名拘束

## 曺奉岩氏는 昨朝被逮

### 金達鎬·朴己出·尹吉重·曺圭澤·曺圭熙·李東華 諸氏

### 朴正鎬等 七件의 間諜事件과 接線嫌疑

작보=「진보당사건」을 수사중인 경찰당국에서는 一三일상오九시반경 서울시내모처에서 「진보당」위원장曺奉岩씨(六〇)를 체포함으로써 동당 간부七명을 경식구속하였다 피검자는 전기曺씨를비롯하여 동당부위원장金達鎬씨(四七=민의원의원)동 朴己出씨(五〇=釜山서경거압송)동당 간사장尹吉重씨(四三) 동당재정부장曺圭澤씨(三五)동선전부장曺圭熙씨(四四) 동당창당(創黨)당시의「당헌」초안자(黨憲草案者) 李東華씨(五三=成均館大學敎授…民革黨간부)등 七명이다

### 數名더 檢擧?

### 拳銃·實彈도 押收

曺氏집서 四·五口徑 一挺과 30發

### 第二段階로 擴大

警察幹部陣들 秘密會合

### 進步黨事務室 曺氏집도 搜索

### 傀儡의 指令文보고 燒却

工作資金條의 人蔘든 箱子 받은때

### 秘密保持에 놀라운 成績

### 進步黨 不法結社로 規定

### 物的證據드러나 着手

曺奉岩進步黨委員長

金達鎬同副委員長

朴己出同副委員長

尹吉重同幹事長

曺圭熙同宣傳部長

李東華黨憲起草者

『동아일보』 1958. 1. 14.

정식 구속하였다. 피검자는 전기 조 씨를 비롯하여 동당 부위원장 김달호 씨(47, 민의원 의원), 동 박기출 씨(50=부산서 검거 압송), 동당 간사장 윤길중 씨(43), 동당 재정부장 조규택 씨(35), 동 선전부장 조규희 씨(44), 동당 창당 당시의 '당헌' 초안자 이동화 씨(53, 성균관대학교수, 민혁당 간부) 등 7명이다.

## 수명 더 검거?

피검된 전기 7명은 국가보안법 위반 혐의를 받고 있는 것인데, 조사에 의하면 이들은 최근에 적발 검거된 '간첩 박정호 사건'과 관련되어 있다고 한다.

전기 간첩 사건에서 괴뢰집단에서 진보당에 침투하여 그 세력을 확대하라는

---

되어 대법원에서 사형이 확정, 1959년 7월 사형이 집행되었다.

조봉암의 복권과 관련해서는 학계 및 정치권에서 여러 차례 시도가 있었다. 1992년 10월 여야 국회의원 86명이 서명한 사면 복권 청원서가 국회에 제출되었다. 2007년 9월 27일 진실·화해를위한과거사정리위원회는 조봉암이 연루된 진보당 사건이 이승만 정권의 반인권적 정치 탄압이라고 결론을 내리고, 국가의 유가족에 대한 사과와 독립유공자 인정, 판결에 대한 재심 등을 권고하였다. 이후 52년이 지난 2011년 1월 20일(이때는 이명박이 대한민국 대통령으로 재직 중이었다)에 대법원 전원합의체에서 국가변란과 간첩 혐의에 대해 전원 일치로 무죄가 선고되어 복권되었다."

동아일보 The Dong-A Ilbo

李大統領當選確定

張勉博士當選確定的

野黨, 副統領에與黨을制壓

大統領選擧結果

相當差로制勝

類例가없는「追

特히都市서從

東亞日報

『동아일보』 1956. 5. 18.

지령을 받고 구속된 전기 제씨와 접촉하였다는 사실이 드러났다는 것인데, 이들 7명이 전기한바 간첩들과 어떻게 접촉하여 어떠한 방법으로 어느 정도 간첩 행동에 호응 또는 협조한 혐의인가에 대해서는 경찰에서 일체 밝히지 않고 있으며, 또한 진보당이 부르짖고 있는 평화통일론과 이번 검거된 혐의 사실과의 관련성에 대하여서는 앞으로 조사하여 보기 전에는 관련이 있다고는 아직 단정할 수 없다고 말하고 있다.

한편 경찰당국자가 13일 시사한 바에 의하면, 앞으로 수명의 진보당 간부가 더 구속될 것으로 보이고 있다.

**권총·실탄도 압수**
**조 씨 집서 4·5구경 1정과 30발**

한편 경찰에서는 13일 아침 조봉암 씨 검거와 동시에 조 씨 자택(신당동) 침실에서 불법 소지하고 있던 4·5구경 권총(미제) 1정과 동 실탄 30발도 압수하였다고 한다.

**진보당 사무실**
**조 씨 집도 수색**

진보당 사건을 수사 중인 경찰에서는 사건 관련자 검거와 동시에 12일 새벽에는 진보당 사무실, 13일에는 조봉암 씨 집을 각각 수색하였다.

041

# 대통령 장수 비결

『동아일보』 1958. 3. 26.

**이 대통령 특별기고**
**이 대통령의 장수 비결**
**정력 쓸수록 체력 더 증진**
**창조주만이 인간 생명 지배함을 믿고 일할 뿐**

◇ 편집자 주=이 대통령은 금 26일 그의 83회 탄신일을 맞이한다. 고령에도 불구하고 이제까지도 중엄한 일과를 처리하고 있는 정력적인 이 대통령은 "장수 비결은 무엇인가?"라는 UP 통신 설문에 다음과 같이 대답하였다.

나는 어릴 때부터 "있는 힘을 너무 쓰느니보다는 덜 씀으로써 체력을 약화시키지 말라."고 가르쳐 주신 가친의 교훈을 따르려고 노력하여 왔다.

○ 신체의 힘이란 한정되어 있어서 한때에 한정된 힘을 과도하게 쓴다는 것은 정력을 곧 탕진해 버린다고 믿는 사람들이 더러 있다.

그러나 '창조주'는 우리들에게 굉장한 정력원을 부여하였기 때문에, 인간은 정력을 쓰면 쓸수록 보다 더 많은 정력이 부여되는 것이다.

예를 들면 긴 산책을 하게 되면 앉아서 쉬고 싶은 마음이 일어나는 것은 당연한 이치이다. 그러나 나의 가친의 이론은 쉬고 싶을 때도 힘을 더 써서 피곤을 극

李大統領 特別寄稿

# 李大統領의長壽秘訣

## 精力쓸수록體力더增進

創造主만이 人間生命支配함을 믿고일할뿐

『동아일보』 1958. 3. 26.

복하라는 것이었는데, 이렇게 되면 그다음에 또 정력이 탕진되었다는 정도에까지 피곤을 느끼게 되면 이때는 전에 피곤을 느꼈을 때보다 더 그 정력이 탕진되는 것이 늦어지는 것이다.

○ 이 방법이 내가 일생 동안 실천하여 온 습성이었다. 의사들은 나에게 "오후에 낮잠을 자라."고 권하고 낮잠을 자게 되면 좀 더 기분이 상쾌해질 것이라고 말하곤 하지만, 나는 그들의 권고를 듣지 않는다. 그 이유는 할 일이 하도 많고 인생은 짧으니, 나는 할 일을 계속 하지 않으면 안 되겠다고 생각하게 되는 것이다.

○ 노경(老境)에 든 지금에 있어서도 나는 피로와 쉬고 싶은 의욕을 극복하고 있으며, 나의 엄친(嚴親)의 이 '양생법(養生法)'이 나의 일생을 두고 나에게 이로웠다고 나는 믿는다.

○ 내가 가친의 체력 유지 방법을 실천에 옮김으로써 나의 생명을 연장시킬 수 있는지는 알 수 없다는 것은 말할 것도 없다. 사람은 그들의 생명을 지배할 수가 없는 것이며, 인간 생명의 지배력은 '인간창조주'의 수중에 들어 있는 것이다. 나는 내가 겪은 여러 가지 위험과 단단한 일생을 통하여 나를 보호하여 주신 데 대하여 '창조주'에 감사를 드리는 바이다.

○ 내 일생을 통하여 내가 죽었다고 보도된 것도 한두 번이 아니었으나, 내가 거듭하여 온 여러 가지 성공 외에도 나는 83세의 장수를 누리고 적어도 이 나라 한반도 절반이 자주독립을 회복한 것을 나의 눈으로 볼 수 있는 기회가 허용되었다.

지금까지 나의 생명을 연장시켜 온 하느님께서 한반도 전체가 통일되고 주를 공경하는 모든 사람들이 마땅히 누려야 할 평화와 자유를 누리는 것을 내가 볼 수 있도록 나의 생명을 좀 더 연장하여 주시옵기를 바라 마지않는다.

# 042 진보당 사건

『동아일보』 1958. 7. 3.

**진보당 사건 어제 언도(言渡)**
**6피고에만 유죄 판결**
**조봉암·양명산에 각각 징역 5년**
**평화통일론 불문·17명엔 무죄**

세간의 이목을 집중시켜 오던 '진보당 사건' 판결 공판은 2일 하오 2시 정각 서울지법 대법정에서 개정, 조봉암 피고 등 6명만 유죄, 나머지 전원에 대하여 무죄가 언도되었다.

지난 6월 13일 개정된 구형공판에서 담당 조인구 검사는 "소위 '평화통일론'이란 북한괴뢰와 상통하는 가장 전술로서 국헌에 위배되며, 특히 조봉암 피고는 괴뢰의 공작금까지 받았다."고 지적하면서 피고 전원에 각각 최하 징역 10월, 최고 사형까지를 구형하였던 것인데, 이날 유병진 재판장은 기소 사실 중의 극히 일부분만 인정 ▲ 조봉암=징역 5년 ▲ 양명산=5년 ▲ 김세룡=10월 ▲ 김정학=1년(3년 집유) ▲ 이동현=1년 ▲ 이정자=6월(1년 집유)을 각각 언도하고, 나머지 피고들에게 전원 무죄를 언도하였다.

그런데 전번의 검사 구형 내용은 다음과 같다.

언도공판정에 선
피고들.

『동아일보』 1958. 7. 3.

법원 뜰을 메운 방청객에 섞인 조봉암 피고의
누이(×표)와 윤길중 피고의 모친(○표).

▲ 조봉암-사형

▲ 양명산-사형

▲ 윤길중-무기

▲ 박기출-20년

▲ 김달호-20년

▲ 이동화-20년

▲ 김기철-20년

▲ 조규희-15년

▲ 김세룡-15년

▲ 이명하-15년

▲ 정태영-15년

▲ 조규택-12년

▲ 신창균-12년

▲ 김병휘(불구속)-12년

▲ 최희규-12년

▲ 박준길-12년

▲ 안경득-12년

▲ 안경득-12년

▲ 권대복-12년

▲ 이상두-10년

▲ 김정학-7년

▲ 이동현-2년

▲ 임신환-2년

▲ 이정자(불구속)-10월

**법원 뜰 메운 방청객 쇄도**



전후 20회에 걸친 공판 끝에 이날 판결 언도가 내림으로써 동 사건의 성격은 제

1차적 심판이 내린 셈인데, 이날의 판결 공판을 구경하려고 모여든 방청객들은 개정 2시간 전인 정오경부터 법정 밖을 꼬박 메워 경비경관들이 땀을 흘리게 하였으며, 특히 조봉암 피고의 누이와 윤길중 피고의 모친이 오전 중부터 법정 앞을 왔다 갔다 하는 모습이 인상적이었다.

043

# 판결 거역하는 반공청년들

『동아일보』 1958. 7. 6.

**판결에 거역하는 시위대**
**진보당 사건 언도에 불만 품은 일단의 반공청년들**

**"친공 판사 없애라" 운운**
**법원에 밀려들어 소동**
**어제 정오경 한때 사법부 마비 상태**

재판 결과에 불만을 품은 일단의 청년들이 법원 청내에까지 밀려들면서 "담당 판사의 타도"를 부르짖는 등 과격한 시위운동을 전개하여 일대 소동을 일으킨 사태가 어제 재판소 앞뜰에서 벌어졌다.

유례없는 이 판결 거역 시위는 반공청년회의 이름으로 진보당 사건 담당 판사에게로 공격의 화살을 집중시켰는데, 이로 말미암아 이날 재판소청 내는 사무 일체가 거의 마비 상태에 빠진 가운데 사법권 독립에의 일대 위협이라는 법원 직원들의 탄식까지 자아내게 하였다.

5일 상오 11시 35분경 돌연 '진보당 사건 판결 규탄 반공청년 총궐기대회'란 이름으로 된 플래카드를 들고 친공 판사 유병진을 타도하자고 부르짖는 1백여 명의

위-"친공판사(親共判事) 유병진을 타도하자."라는 구호를 부르짖는 데모대.
가운데-법원 문전에서 데모대를 막는 함 치안국특정과장.
아래-법원 안으로 밀려 들어가는 데모대.

비오는 법원 마당에 모여든 데모대.

변 서울고법원장 면담하는 2명의 데모대 대표.

判決에拒逆하는示威隊

進步黨事件言渡에不滿품은一團의反共青年들

「親共判事없애라」云云

法院에밀려들어騷動

어제正午頃 한때司法府痲痺狀態

擔當判事逐出하라고抗議

高法院長이代表라는二名面接

세判事避身

檢察體面上안된말

法務內務에徹底糾明要求、緊急法官會議召集끝에

觀象臺서 洪水警報態勢

줄기차게내리는장마비더계속

나날이더해가는水害

두將校射殺

所信대로判決

劇的으로脫出

『동아일보』 1958. 7. 6.

오른쪽-이날의 담당 조인구 검사.
왼쪽-텅 빈 담당 판사석.

청년들 집단이 비를 맞아 가며 머리에 수건을 매고 법원 정문으로 밀려들어 왔다.

"공산 자금을 받은 조봉암 일파에 간첩죄를 적용하라.", "공산 판사 유병진을 타도하자." 등의 글이 쓰인 세 개의 플래카드를 든 그들 일단은 지프차(자 2430호)에 단 스피커에서 선창하는 구호를 부르며 법원 정문을 경유, 정원까지 들어섰는데, 이때 마침 대검찰청 오제도 검사실에 모종 일로 와 있던 치안국 함 특수정보과장이 뛰어나가 이들 데모대의 침입을 제지하려 하였으나, 그들은 함 과장을 보고 "넌 무어냐?", "비켜!" 하며 밀어제치고 계속 "공산 판사 유병진을 타도하라.", "죽여라." 하고들 외치며 극도로 흥분하기 시작, 정문 앞의 수위들과 구치감 정보경찰관의 제지를 뿌리치고 법원 구내까지 침입, 아래층 복도에서 또 법원 및 검찰청 청사가 떠나갈 듯한 고함으로 "없애라.", "죽여라."고 외쳐 이 때 아닌 소란으로 인하여 집무 중이던 법원 및 검찰청 직원들은 "와." 하며 복도로 밀려 나와 일시 대혼잡을 이루었다. 이때 시간 11시 40분경!

### 담당 판사 축출하라고 항의
### 변 고법원장이 대표라는 2명 면접

급보에 접하여 출동된 정·사복 경찰관들의 응원을 얻어 함 과장은 다시 "제발 밖으로 나가 이야기하자."고 거의 간청 비슷한 호령을 하였으나, 그들은 밖으로 나가 청사 앞뜰에서 계속 구호를 소리높이 부르짖었다.

그러는 동안 함 과장을 위시한 경찰 사찰 관계자들은 그들을 설득시키기 위해, "너무 흥분하지들 말라."라고 하자, 그중 몇 명은 또 "뭐야?" 하며 금시라도 구타할 듯한 기세로 나왔고, 하오 12시 5분경에는 대표라는 2명이 법원청사 2층에 있는 대법원장실로 가 면회를 요청, "지금 회의 중이니 면회할 수 없다."는 비서들과 옥신각신하다가 결국 서울고등법원 변 원장이 그들 2명을 자기 방으로 데리고 갔다.

청년들은 변 원장에게 '항의문'이라 하면서 봉투에 넣은 것을 주고, '류근일 사건 무죄', '용산 교감 사건 무죄', '조봉암을 간첩이 아니라'고 한 유병진 판사는 공산 판사가 틀림없으니 곧 축출하라고 항의하면서, "만약 우리들의 항의가 이루어지지 않으면 전국에 있는 전 반공청년들을 서울로 모이게 하여 관철될 때까지 투쟁하겠다."고 말하였다.

동 데모대는 이날 하오 12시 45분경 출동된 경찰 기마대 및 정사복진에 의하여 법원과 검찰청 구내를 퇴각, 대한문 앞에서 일단 해산하였다.

**세 판사 피신**

**조 검사는 말하기 싫어하는 표정**

이와 같은 돌발적인 사태가 일어나자 유병진 부장판사는 배석 이·배, 양 판사와 함께 아래층에 있는 판사실(109호)을 나왔다가 모처로 피신하였으며, 한편 진보당 사건 담당 조인구 검사는 일체 언급을 싫어하는 듯한 표정으로 자리에 앉아 있었다.

**검찰 체면상 안 된 말**

▲ 대검 박천일 차장검사 담=검찰청 체면상 청사 안팎에 와서 떠든다는 것은 안 된 말이다. 서울지검 검사장에게 빨리 해산시키도록 하명하였으며, 그중 주모자도 엄중히 조사하도록 지시하였다.

▲ 서울지검 조인구 부장검사 담=진상은 여하 간에 나로서는 불쾌하기 짝이 없다. 전연 예기치 않았던 사건으로 국민에게 더욱 미안하게 되었다고 생각한다. 1심의 언도만 가지고 속단하는 것은 시기상조다.

▲ 대검 오제도 검사 담=어쨌든 재판소 안에서 시위운동을 하는 것은 안 된 일이다. 즉각 해산시키고 주모자를 조사하도록 지시하였다.

진보당 사건 문제는 앞으로 고등법원서 4개월, 대법원에서 4개월을 기다리면 8개월 후에는 결정될 것이나, 나는 2심, 3심에 희망을 갖고 있다.

**소신대로 판결**

**변 고법원장 담화**

▲ 변 서울고등법원장 담=나는 대법원장을 대리하여 말하겠는데, 법원은 1심만이 전부는 아니고 2심, 3심이 있으며, 일반 행정관청과 같이 명령으로 판결되는 것이 아니라 담당 판사의 소신대로 하는 것이어서 진정서는 받아 두고 참작하겠다.

044

# 장 부통령과 면담 거부

『동아일보』 1959. 1. 15.

**장 부통령과 면담 거부**
**이 대통령, 15일 정식 회한(回翰)[1]**

이 대통령은 15일 장 부통령[2]과는 면담할 필요가 없다고 장 부통령에게 회한을 보냈다.

지난 13일 이 대통령에게 면담을 요청한 장 부통령에게 "정부를 보호하자는 직책을 가지고 백 가지로 정부를 반대하고 인심을 이산시키며 정부를 해롭게 하는 부통령과 자리를 같이할 필요가 없다."는 요구의 공개 회한을 보냈다. 이날 공보실에서 알려진 회한은 다음과 같다.

귀한(貴翰)[3]은 잘 받아 보았습니다. 지금 우리의 민국을 우리의 원수가 사면으로 침입하고 있는 이때에, 우리 국군과 민족이 우방의 도움을 받아 보호하고 있

---

**1** 답장.
**2** 1956년 5월 15일에 실시한 제3대 정·부통령 선거에서 부통령에 당선된 장면.
**3** 귀하가 보낸 편지.

이 대통령.
장 부통령.

張副統領과面談拒否

李大統領、十五日正式回翰

李大統領

張副統領

『동아일보』 1959. 1. 15.

는 이때에, 부통령의 책임을 가지고 앉으신 분이 백 가지로 정부를 반대하고 인심을 이산시키고 있으니, 나로서는 정부를 보호하자는 직책을 가지고 그 정부를 해롭게 하는 사람과는 합동할 수 없으니 그리 알아 주기를 바랍니다. 정부에서 잘못하는 일이 있으면, 부통령도 정부에 앉은 분으로 친히 당국한 사람들에 책망도 할 수 있고 권고도 할 수 있는 터인데, 이것은 아니하고 정부 반대하는 편이 되어서 신문상으로나 혹은 다른 행동으로 시비하고 나왔으니, 지금도 이전대로 따라서 공개로 선언하는 것이 편의할 것이요, 나를 보는 것은 필요치 않은 줄로 아는 바입니다.

과거부터 내가 극히 노력해서 성취하려는 목적은 우리 민국 정부를 보호해서 모든 국민이 동서남북과 정당 관계를 막론하고 이것을 떠나 합심하여 공산당을 제어하고 국토를 통일해서 우리 전 민족이 살 수 있게 만들자는 것이니, 여기 대해서 말로나 글로나 혹은 행동으로 반대하는 사람은 내가 자리를 같이할 필요를 느끼지 않으니, 이 점을 철저히 알아두기를 바라는 바입니다.

045

# 진보당 사건 대법원 최종 판결

『동아일보』 1959. 2. 27.

**진보당 사건에 대법원서 최종 판결**
**'평화통일론' 등엔 무죄**
**조봉암·양명산에 사형**
**간첩 및 동 방조죄를 적용**

주목되던 '진보당 사건' 대법원의 최종 판결 공판은 27일 밀려든 방청객들로 말미암은 법정 혼란으로 예정보다 늦게 오후 12시 15분에 개정-즉각 김세완 재판장의 판결문 낭독으로 들어가 판결 이유 설명이 있은 후 오후 1시 45분 최종 언도가 있었는데, 이날의 대법원 판결에서는 원심을 완전 전복-'진보당'의 '평화통일론'은 헌법에 보장된 '언론자유'에 저촉되지 않는다고 규정하면서, '진보당'에 관한 본질적인 사건에는 '무죄'를 언도하였으나, 조봉암 피고에게는 '간첩' 및 '간첩 방조죄'를 적용하여 양명산 피고와 함께 사형을 언도하였다.

**당 강령 등도 부저촉**
**판결 이유**

이날의 대법원 판결의 이유 요지는

판결문을 낭독하는 김 대법관.

몰려든 방청객.

上…판결문을낭독하는金大法官 下…몰려든 방청객

進步黨事件에大法院서最終判決

「平和統一論」等엔無罪

曺奉岩·梁明山에死刑

間諜및同幇助罪를適用

黨綱領等도不抵觸 判決理由

曺奉岩被告에 死刑判決理由

廿八日에 다시現場檢證

「迎乙盜票」公判, 두달만에再開

金正鶴等三名 上告棄却判決

來29日에 첫公判

進步黨登錄取消의行訴

拳銃等凶器로

自己들集團에加入않는다

東大門 깡패

「自發的醵出」

『동아일보』 1959. 2. 27.

① 평화통일론은 헌법에 보장된 언론자유에 저촉되지 않는다.
② 헌법에 단체 활동의 자유가 인정되어 있으며, 진보당의 강령은 헌법 위배가 아니다.
③ 진보당의 전 피고들은 국가보안법에 저촉된 근거가 없는 것이며, 이런 문제는 형법에의 저촉 여부를 밝혀야 할 것이다.
④ 이북 괴뢰집단과 진보당이 직접적인 상통을 하였다는 증거가 없다는 점 등이다.

## 조봉암 피고에 사형 판결 이유

한편 조봉암 피고에게 원심형(공소심)대로 사형을 확정시킨 대법원의 판결 이유는 북한 괴뢰집단의 대남간첩인 상 피고인 양명산 피고가 괴뢰의 밀령으로 남한에서의 평화통일 공작을 확대하라는 사명을 띠고 밀파되었다는 점을 충분히 알면서도 그(양)와 밀회, 괴뢰로부터 보내 온 2만 7천 불의 공작금을 받는 등 간첩 활동을 하였다는 사실을 압수된 괴뢰로부터 보내온 비밀문서와 양피고의 진술 등으로 그 증거가 충분하다는 것이다.

## 김정학 등 3명
## 상고 기각 판결

더욱 이날 김정학(증거 인멸), 전세룡(증거 인멸), 이동현(증거 인멸) 등 3피고에 관한 국가보안법 위반 사실에 대해서는 각각 상고 기각으로 원심 언도대로 확정되었다.

이날의 대법원 최종 판결로써 갖은 파란을 겪어 온 동 사건은 마침내 마지막 종지부를 찍었는데, 이날의 판결로서 실형 언도를 받은 이외의 피고는 전원 이날 오후 출감하였다.

| | 언도 | 이심 | 일심 |
|---|---|---|---|
| 조봉암 | 사형 | 사형 | 5년 |
| 양명산 | 상고기각 | 사형 | 5년 |
| 박기출 | 무죄 | 3년 | 무죄 |
| 김달호 | 무죄 | 3년 | 무죄 |
| 윤길중 | 무죄 | 3년 | 무죄 |
| 조규택 | 무죄 | 2년(3년 집유) | 무죄 |
| 조규희 | 무죄 | 2년(3년 집유) | 무죄 |
| 신창균 | 무죄 | 2년(3년 집유) | 무죄 |
| 김병휘 | 무죄 | 2년(3년 집유) | 무죄 |
| 김기철 | 무죄 | 2년 | 무죄 |
| 이동화 | 무죄 | 2년 | 무죄 |
| 이명화 | 무죄 | 2년 | 무죄 |
| 최희규 | 무죄 | 2년(3년 집유) | 무죄 |
| 안경득 | 무죄 | 2년(3년 집유) | 무죄 |
| 권대복 | 무죄 | 2년 | 무죄 |
| 정태영 | 무죄 | 2년 | 무죄 |
| 이상두 | 상고기각 | 2년 | 무죄 |
| 김정학 | 상고기각 | 공소기각 | 1년(3년 집유) |
| 전세룡 | 2년 | 2년 | 10월(3년 집유) |
| 이동현 | 상고기각 | 공소기각 | 1년 |

046

# 이 대통령 84회 탄신일

『동아일보』 1959. 3. 26.

**이 대통령 84회 탄신일**
**건승 비는 경축 잔치 다채**

이 대통령의 제84회 탄신일을 맞은 26일, 이날을 축복하는 경축식은 오전 10시 반부터 서울운동장 내 야구장에서 내외 귀빈 다수와 약 2만 명을 헤아리는 남녀학생 및 시민들이 참집한 가운데 성대히 거행되었다. 10시 25분경 이 대통령이 식장에 들어서자, 식장에서 기다리고 있던 남녀학생들은 손에 들었던 분홍빛 고무풍선을 일제히 하늘높이 띄우며 반겨 맞았다. 식은 주악 연주와 국민의례로 시작되어, 허 서울시장[1]의 "오늘 이 대통령의 탄신을 맞아 이날을 경축하며 이 대통령의 건승을 빈다."는 요지의 경축사에 이어 학도호국단원의 여든네 돌 맞이 노래 합창과 입법부, 행정부, 사법부, 그리고 애국단체연합회의 순서로 이 대통령에게 드리는 꽃다발 증정이 있었다.

다음 차례로 시내 국민학교[2] 아동의 율동 체조, 양정고교생의 체조, 동명여고

---

1 허정 서울시장.
2 오늘날의 초등학교.

경축식장의
대통령 부처.

李大統領84回誕辰日

健勝비는慶祝잔치多彩

內外賀客接見

人波에묻힌古宮

和暢한날씨에無料公開

軍罪囚押送中逃走

店舖35間全燒

裡里市場에火災

社會漫評

창경원에
모여든 인파.

『동아일보』 1959. 3. 26.

생의 고전무용 등 마스게임이 있었는데, 마스게임에서 고전의상을 입고 넘실넘실 춤추던 동명여고생과 머리에 빨간 리본을 달고 푸르고 붉은 유니폼을 입고 몸과 손을 음악소리에 맞추어 춤추던 국민학교 아동들은 관중들로부터 여러 번 박수갈채를 받았다. 식은 마스게임에 이어 해병대 의장대의 씩씩한 시범 훈련이 있었고, 이 대통령의 건승을 비는 만세삼창과 주악 연주로써 끝났는데, 이날 이 대통령은 식이 끝날 때까지 시종 얼굴에 미소를 띠고 기쁜 표정을 숨기지 않고 있었다.

**내외 하객 접견**

한편 이 대통령은 이날 아침 경무대 관저를 예방한 내외 고위 하객들을 접견하였다. 이날 오전 9시에는 3부요인과 각부 장·차관, 실·청장, 기타 고급 공무원, 3군 장성 및 자유당 간부를 일일이 접견하였으며, 뒤이어 9시 45분에는 '다울링' 미 대사를 비롯한 주한 외교사절 및 유엔군 고위 장성들을 접견하였다. 또한 이 대통령은 이에 앞서 부인과 함께 이기붕 민의원 의장이 참석한 가운데 생일 축하 케이크를 잘라 이날을 자축하였다.

**인파에 묻힌 고궁**

**화창한 날씨에 무료 공개**

이 대통령의 제84회 탄신일인 26일 오전-무료 공개된 창경원은 전례없이 많은 인파로 뒤덮였다.

이날 아침 9시경부터 창경원 정문 앞은 말할 것도 없고 종로4가서부터 명륜동 간의 대로는 남녀노소 사람 또 사람의 물결을 이루었다.

정오 현재 추산 약 5만 명.

이 인파 속에 자동차마저 끼어… 열을 지은 전차와 더불어 옴짝달싹도 못하고 총 스톱….

정리하는 창경원 경비원들의 몽둥이에 쫓기는 할머니, 어린이들은 엎치락뒤치락… 도시락이 땅에 뒹굴어 산산이 흩어지고… 고무신이 벗어져 달아나고… 여기에 서로 동행을 찾는 아우성 소리… 자동차의 클랙슨 소리….

한편에서 인파는 거리에도-큰 거리마다 '대통령 탄신일' 경축 행진을 구경하려는 사람들로 이 역시 대법석….

밀고 밀리면서도 자꾸만 모여만 들기만 하여 정리 헌병, 경찰관 들과 아우성의 싸움….

오락가락 찌푸렸던 날씨도 이날따라 활짝 개어 따뜻한 햇볕 아래 이래서 온 장안은 경축 일색….

047

# 4선 출마 기자회견과 『경향신문』 폐간령

『경향신문』 1959. 4. 15.

**헌법 개정은 불필요**
**4선 출마에 당선 희망**
**이 대통령 회견담**
**보안법 개정도 반대**

이 대통령은 15일 정부 출입기자단과의 회견석상에서 명년 5월에 있을 제4대 정·부통령 선거에 대통령으로 재출마할 의사를 명백히 하였다. 이 대통령은 "제4대 대통령으로 출마할 것이라는 나의 태도 표명은 지난번 아무 의미 없이 말을 했는데, 지금 나의 생각으로는 현 시기가 공산당들이 남한에 간첩을 밀파하는 어렵고 위험한 때인 만큼, 나는 이번 선거에는 앞장을 서서 국민 전체가 나를 선출해 주기 바란다."고 언명하였다. 이어 이 대통령은 여야 간에 막후교섭이 진행되고 있던 개헌 문제에 언급하여, 헌법을 자꾸 뜯어고칠 필요가 없다고 단정하였다.

동 회견석상에서 이 대통령이 기자와 주고받은 일문일답을 간추려 보면 다음과 같다.

**문** 각하께서는 차기 정·부통령 선거에 누구를 부통령으로 지명하려 합니까?

『경향신문』 1959. 4. 15.

**답** 이번에는 내가 지명을 하지 않겠다. 민간에서 작정해 주는 사람을 내세우려 한다. 부통령은 대통령이 소속하고 있는 동일한 정당에서 출마해야 한다.

**문** 여야 일부에서 막후교섭을 추진하고 있는 내각책임제 개헌을 각하께서는 어떻게 생각합니까?

**답** 이것에 대한 나의 답변은 몇 차례나 했다. 또 무엇을 말하겠는가. 국가의 헌법은 한가지로 국민들이 이를 지켜야 하는데, 법을 여러 번 개정한다는 것은 우리나라를 혼란하게 만드는 것이며, 우리나라를 어지럽게 하려는 공산당들의 목적을 이롭게 하는 수단밖에는 안 되는 것이다. 그러므로 우리는 어떻게 해서든지 정부가 공고히 해서 혼란을 없애야 한다. 만약 이를 추진하려고 거짓말을 하는 사람이 있으면 벌해야 한다.

**문** 주미 양 대사가 미국에서 행한 통일 방안[1]에 대하여 말씀해 주십시오.

**답** 양 대사는 우리의 통일에 대하여 열정을 가진 사람이다. 내 생각에는 그의 의도에서 벗어나 번역이 잘못되었다든가 얘기를 잘못한 것이지, 정부가 주장하는 것에 배치하여 말한 것은 아니라고 본다.

**문** 공산당에게 항쟁하는 서장 사태[2]에 대하여 말씀해 주십시오.

**답** 자유 우방 국가들이 합심하여 세계 평화를 위하여 서장 인민들을 지원해야 한다. 우리는 서장 인민들을 도와서 공산당을 막는 것이 우리의 반공하는 정신이다.

---

1 이전까지 이승만 정부는 북한을 정부로 인정하지 않았다. 그런 까닭에 통일 방안 역시 북진통일 외에는 없었다. 반면에 유엔에서는 유엔 감시 하의 남북 총선거에 의한 통일을, 북한은 중립국 감시 하의 선거를 통한 통일을 주장했다. 이때 주미 한국대사 양유찬이 1960년 치를 정·부통령 선거에 맞추어 남북 양측에서 유엔 감시 하의 총선거를 통해 통일하자는 제안을 내놓은 것이다.

2 서장(西藏)은 티베트를 가리킨다. 1951년 중국의 자치구가 된 티베트에서 1959년 3월 중국에 저항하는 시위가 벌어졌다.

**문** 2·4 보안법 사태[3]에 대하여.

**답** 민주주의 국가에서 법으로 통과된 것을 파괴하고 뜯어고치려는 것은 될 수 없는 말이다. 더욱이 법은 이미 통과를 보고 있지를 않는가.

**문** 터키 공화국 방문에 대하여 말씀해 주십시오.

**답** 나의 방문이 작정되기 전에는 공표할 수가 없다.

### "자급경제를 지향<br>동서정상회담은 무용(無用)<br>일 북송 강행 시엔 가능한 수단 강구"

한편 이 대통령은 기자들이 서면으로 질문한 국내외 제반 문제에 대해 다음과 같이 답변하였다.

**문** 오는 여름 개최될 것으로 예상되고 있는 동서정상회담에서 만일 한국 통일 문제가 제기되는 경우, 우리 정부로서 어떠한 태도를 취할 것인가?

**답** 공산주의자들이 참석하는 정상회담은 언제나 무익하며, 또 때로는 위험한 것이다. 자유국가들이 공산주의자들과 협의하려는 생각을 포기해야 된다는 것은 나의 신념이다. 한국의 통일 문제는 정상회담에 관련이 되어 있지 않으며, 우리는 우리의 연합국들이 한국의 운명과 장래를 결정하는 문제를 우리가 참석하지 않은 자리에서 토의해 가지고 우리나라의 이익과 희망되는 일을 다 희생시키게 하리라고는 믿지 않는 것이다.

**문** 한일회담이 교포 북한 강송 문제로 교착상태에 빠지고 있는데 이에 대한 해

---

3 1958년 12월 24일 자유당 정부는 대공 사찰 강화와 언론 통제 강화를 주요 골자로 하는 국가보안법 개정안을 국회에서 농성 중인 야당 국회의원들을 폭력적인 방법으로 끌어낸 뒤 통과시키는데, 이를 2·4 보인법 사태라고 부른다.

결책은 어떠한 것이며 또한 교포 북송을 강행할 경우 어떠한 조처를 취할 것인가?

**답** 일본은 지금까지 저희가 한국에서 빼앗아 간 것을 하나도 돌려 보내지 않았으며 또 한국과 한국사람들에게 대해서 아직도 30-40년 전에 저희들이 가지고 있던 생각을 그대로 가지고 있는 것이다. 지금 일본에 있는 한국 동포들에게 대해서는 일본이 제2차 세계대전 때 한인들을 강제로 끌어다가 노동을 시켰는데 그 사람들에 대한 보상을 일본이 지불한다면 이 문제는 해결될 수 있는 것이다. 일본이 이러한 북송 계획은 잘못되었으며 불명예스러운 일이라고 진실하고 정확하게 깨달아서 그것을 그만둘 때는 지금인 것이다. 이것이 실패된다면 한국정부는 한국민들의 요구에 따라서 모든 힘을 다해서 우리나라 국민을 보호할 것이다. 여기에 대해서는 일본에 책임이 있는 것이고 우리에게 있는 것이 아니다. 우리는 항상 일본과 의견 차이를 토의하여 정당한 결론을 얻으려고 노력하고 있는 것이다.

**문** 현 국내 정국을 살펴볼 때 여·야의 심각한 대립으로 국정 운영에 막대한 지장을 초래하고 있는데 그 타개책에 대한 견해는?

**답** 한국의 국회의원들이 어느 당의 구별이 없이 국가의 자존심과 위신을 생각한다면 지나간 몇 달 동안 입법부의 운영을 곤란하게 한 부끄러운 싸움을 속히 그만두도록 해야 할 것이다. 우리나라 국회에서 최근 생긴 일을 말한다는 것은 쉬운 일이 아니다. 어떤 국회의원들은 우리가 이미 성취해 놓은 일을 다 파괴하는 것같이 보이는 때가 있는데 자기들의 정부를 위험에 빠지도록 하는 그러한 행동은 공산당들을 이롭게 할 뿐이라는 것을 잊어서는 아니 되는 것이다. 그렇게 해서 공산당을 이롭게 한 사실은 이미 다른 데서도 있었던 것인데 이것이 한국에서만 그렇게 안 된다고 할 수 없는 것이다.

**문** 미국의 대한 경제 원조액이 점차 감소되고 있는 경향에 비추어 한국의 경제 발전상 민간의 외자도입이 절실한 문제로 되어 가고 있다고 보는데 현 정부 제안의 외자도입촉진법안은 외국자본을 유치함에 있어서 부족한 점이 있다는 외국 전문가들의 평이 있습니다. 이에 대한 견해는?

**답** 이 법은 아직 국회에서 토의될 단계까지는 이르지 않고 있는 것 같으나 해외에서 투자를 하여 또 우리나라에 이익이 될 수 있도록 국회에서 논의가 될 것이고 또 필요한 데가 있으면 수정하게 될 것이다. 이 법은 정당하게 외국의 자본을 끌어들일 뿐만 아니라 동시에 한국에 대한 이익을 보호하지 않으면 아니 되는 것이다. 우리에게 있어야 할 모든 이익을 다 포기하도록까지 해서 외국자본을 끌어들일 수 없는 것이다. 멀지 않아서 외자를 투자하게 될 가능성이 생기겠지만 그것은 법률상으로나 재정상으로나 복잡한 문제가 다 해결이 되지 않으면 아니 될 것이다. 우리가 크게 고려하여야 할 문제는 극단에 흐르지 않도록 해야 할 것이며 또 자본을 만들고 국내의 공업을 확장하기 위한 능력을 막아서 누르는 일이 없도록 해서 시작해 나가야 할 것이다.

**문** 금년도 정부예산에 상당한 액의 적자가 예상되고 있어 재정안정계획 집행을 혼란케 하고 있다고 보도되고 있는데 이에 대한 정부의 대책과 통화량 수축과 재정안정계획에 대한 구체적인 방안을 말씀하여 주십시오.
**답** 우리의 경제는 발전하고 있으며 또 그렇지 않으면 아니 되는 것이므로 통화량을 조정한다는 것은 특별한 것이며 또 어려운 문제를 많이 생기게 하는 것이다. 그러나 통화량의 조정은 반드시 해야 되는 것이며 그렇다고 경제계가 팽창해 나가는 경향을 억누를 정도로 엄해서도 아니 되는 것이다. 미국 원조의 삭감 특히 잉여농산물 계획의 삭감으로 인연해서 우리는 국방 예산에 있어서 자금 부족에 당면할는지 모르는 것이다. 그러나 정부는 세금의 징수 제도를 개선하고 또 필요하다면 다른 비용을 삭감해서라도 수지균형을 맞추려 하고 있는 것이다. 전체적으로 볼 때에 경제 전망은 좋으며 정부는 자급자족을 해서 전진해 나가는 데 더욱 힘을 다하고 있는 것이다.

# "民主主義는 法으로 이룩"

## "改正도 法에 따라야만"

### 李大統領「會見談中 保安法改正도反對」는 錯誤

李大統領은 十五日의 政府出入記者團會見席上에서 『保安法改正問題』에 一切言及치 않았으며 다만 『法이 잘못되었으면 法律에따라 고칠일이지 國會서만들어놓은法을 뜯어고치려든지 없애버리자고는안될말』이라고 말하였다 이와같은李大統領의말은 『누구를 副統領으로指名하겠느냐』란 記者團의質問에對해 『나더러 묻지말고投票하는사람에게묻는다 하라』는 要旨의答辯이 있은후 『특별히 내가 마음이아파서 이야기를 내놓으려고하는것이있다』고하면서 說明한것이다

(訂正=本紙十五日字夕刊一面의 『保安法改正反對』題下의 李大統領記者會見記事中 『【問】二四保安法事態에對하여―【答】民主主義國家에서 法으로通過된것을 反對하고 뜯어고치려는것은 될수없는말이다 더우기法은이미通過를보고있지않는가』의 句節만을쓴것은大統領의 眞意와 相違되므로이句節全部와題目을取消訂正하나이다) (以下錄音記)

『국회에서무세가지정말이 서로 싸워서 난리가나서 기구를 파괴하고 한것은 말이안된다 다만 이것은 부끄럽고 자와된 국민으로서 수치스런일이야 이것이무슨까닭이있느냐하며는 권리를내가 잡겠다는것이야 법으로 잘되든지 안되든지 주먹으로 내가 잡겠다는것이야 우리가 어떻게 해서든지 거기 대해서 신문하는사람들의 보움이 많을줄알아 어떻게 해서든지 내가권리를 잡기위해서 끌어가서 무슨일을 한다는 것은 민주정치할자격이 없어 자유국가는 법으로 만들어지는거야 법은 어길수는 없어 민주주의라는 것은 법으로하는것이기때문에 법이 잘못되면 국회에서 법률에따라 법을 고쳐서 해야지 국회에서 만들어 놓은것을 뜯어 고치려든지 없애자든지 해가지고서는 될수없는 얘기야 그러고 안되는 말이야』

## 韓日會談即時

### 外務部, 對日聲明

『경향신문』 1959. 4. 16.

## 민주주의는 법으로 이룩
## 개정도 법에 따라야만
## 이 대통령 회견담 중 '보안법 개정도 반대'는 착오

이 대통령은 15일의 정부 출입기자단 회견석상에서 '보안법 개정 문제'에 일절 언급하지 않았으며, 다만 "법이 잘못되었으면 법률에 따라 고칠 일이지, 국회서 만들어 놓은 법을 뜯어고치려든지 없애자든지 해 가지고는 안 될 말."이라고 말하였다.

이와 같은 이 대통령의 말은 "누구를 부통령으로 지명하겠느냐?"란 기자 질문에 대해 "나더러 묻지 말고 투표하는 사람에게 물어 보라."는 요지의 답변이 있은 다음 "특별히 내가 마음이 아파서 이야기를 내놓으려고 하는 것이 있다."고 하면서 피력된 것이다.

(정정=본지 15일 자 석간 1면 톱「보안법 개정도 반대」 제하의 이 대통령 기자회견 기사 중 "**문** 2·4 보안법 사태에 대하여 – **답** 민주주의 국가에서 법으로 통과된 것을 파괴하고 뜯어고치려는 것은 될 수 없는 말이다. 더욱이 법은 이미 통과를 보고 있지 않는가."의 구절만을 쓴 것은, 대통령의 진실과 상치되므로 이 구절 전부와 제목을 취소정정하나이다)

(이하 녹음 초(抄))

"국회에서 두세 가지 정당이 서로 싸워서 난리가 나서 기구를 파괴하고 한 것은 말이 안 된다. 다만 이것은 부끄럽고 개화된 국민으로서 수치스러운 일이야. 이것이 무슨 까닭이 있느냐 하면은 권력을 내가 잡겠다는 것이야. 법으로 잘되든지 안 되든지 주먹으로 내가 잡겠다는 것이야. 우리가 어떻게 해서든지 거기 대해서 신문하는 사람들의 도움이 많을 줄 알아. 어떻게 해서든지 내가 권력을 잡기 위해서 들어가서 무슨 일을 한다는 것은 민주 정치할 자격이 없어. 자유국가는 법으로 만들어지는 거야. 법은 어길 수는 없어. 민주주의라는 것은 법으로 하는 것이기 때문에 법이 잘못되면 국회에서 법률에 따라 법을 고쳐서 해야지, 국회에서 만들어

놓은 것을 뜯어고치려든지 없애자든지 해 가지고서는 될 수 없는 얘기야. 그리고 안 되는 말이야."

**『동아일보』 1959. 5. 1.**

---

**『경향신문』에 폐간령**

**군정법령 제88호를 적용**

**국가의 안전 위해 조치**

**전 공보실장 허위 보도 등 5개 이유 지적**

정부에서는 30일 하오 경향신문사에 대하여 폐간령을 내리고, 밤 10시 15분경 '발행 허가 취소 통지서'를 정식으로 동사에 송달하였다.

공보실 당국의 동 폐간 조치는 군정법령 제88호(언론 및 집회에 관한 미군정법령)에 의거한 것으로서, 「허가 취소 통지서」에 의하면 지난 1월 11일 자 사설 「정부와 여당의 지리멸렬상」 내용에 허위사실을 보도하였고, ▲ 2월 4일 자 조간 「여적」 란을 통하여 헌법에 규정한 선거제도를 부정하는 동시에 폭동할 것을 선전하였으며, ▲ 2월 16일 자 3면에 홍천 모사단 유류 부정 사건을 허위 보도하였고, ▲ 4월 3일 자 조간 3면에 「간첩 하모 체포」 기사를 게재하여, 간첩들의 도피를 용이하게 하였으며, ▲ 4월 15일 자 석간 이 대통령 기자회견 기사에서 「국가보안법 개정도 반대」라는 제목으로 허위 보도하였다는 등 다섯 가지의 이유가 지적되고 있다.

그런데 『경향신문』은 1946년 6월 24일 자 허가번호 제55호로 발행 허가가 났던 것이며, 4월 30일 자 지방판 조간까지 지령 제4325호에 이르렀다.

사진은 폐간령이
내린 날의 『경향신문』
편집국의 표정.

東亞日報

京鄕新聞에 廢刊令

軍政法令第八十八號를 適用

國家의 安全위해 措置

全公報室長 虛僞報道等五個理由指摘

政府에서는 三十日下午 京鄕新聞社에 對하여 廢刊命令을 내리고 밤十時十五分頃 發行許可取消 通知書를 正式으로 同社에 送達하였다

國會서 問題化

野, 協議會談은 繼續

言論自由制約痛嘆

民主黨代辯人談 軍政法令適用不當

法務部高位層 關聯與否追窮

野, 公賣延期理由對質審問主張

行政訴訟을 提起

京鄕新聞側談, 許可取消는 不法

『동아일보』 1959. 5. 1.

## 공보실장 담화 내용

신문은 사회의 공기로서 공공의 이익에 충실해야 하며, 보도는 어디까지나 사실에 근거한 진실한 것임을 요하는 것이다. 따라서 신문의 자유도 이와 같은 입장에서 주장되고 보장되어야 할 것임은 물론인 것이다. 이러함에도 불구하고 『경향신문』은 신문에 부하된 그와 같은 사명을 자각함이 없이,

첫째 단기 4292년(1959) 1월 11일 자 사설에서 「정부와 여당의 지리멸렬상」[4]

---

**4** 1959년 1월 11일 자 『경향신문』 사설은 다음과 같다.

정부와 여당의 지리멸렬상

=책임져야 할 사람은 깨끗이 책임져라=

2·4 폭력 국회 파동이 근 이십 일을 지난 오늘까지의 경과를 주시하면서 근본적인 불법과 권력 남용의 병근은 잠시 논외로 하고, 정부와 여당의 지리멸렬상을 한편 가소롭기도 하나 또 한편 국운의 전도를 위하여 탄식할 수밖에 없는 일이다.

행정수반이요 또 자유당 총재인 이 박사가 파동을 전후하여 멀리 진해 별저에 유유자적하였고, 사건 후에도 경무대의 깊은 구름 속에서 국민에게 대한 일언반구의 인사도 없다는 것은 책임에서 초연하다는 인상을 주려 하는 상례적인 연막임을 이해할 수 있다.

그러나 자유당의 제2인자인 민의원 의장이 사건 직후 미리 준비하였던 장문의 담화를 발표한 후 치료를 빙자하고 병원에 입원하여 버린 것은 시국의 중대성에 비추어 무책임 또는 무성의의 비난을 면키 어려울 것이다. 그 담화라는 것도 결국 아랫사람들이 자의로 기초하여 의장의 이름만 빌려서 발표한 것이 아닌가 의심된다.

그러면서도 이 의장은 병구를 끌고 스코필드 박사를 친히 방문하여 본국으로 돌아가라고 '권고'하는 근력이 있었다 하거니와 그 동기는 아마도 스코필드 박사가 시내 모지에 기고한 극히 격렬한 비판문 때문이었으리라는 것도 상상되는 것이며, 동 박사가 의장의 '권고'를 격분한 어조로 거부한 데 대하여 어떠한 양심의 찔림을 받았는지 알고 싶은 일이다.

중앙의 원외투쟁위원회가 그 '데모' 계획이 강력한 경찰력에 의하여 좌절된 후의 한 계책으로 이 대통령을 면회하려고 사자를 보냈으되, 사자는 경무대 정문에서 수비경관에게 제지되어 문안에 들어서지도 못하고 되돌아왔다 하니 경무대에 인의 장막이 있다는 말은 전부터도 들었지만은 그 장막이 정문에까지 연장되어 있다는 사실은 이번에 처음 알게 되었다.

이와 같이 자유당의 1인자와 2인자가 국민의 애절·통분한 여론을 못 들은 척하고 구중심처에서 명절을 즐기고 있는 동안 그 휘하인 정부 각원들과 자유당 간부들이 사태 수습에 대하여 장수를 잃어 버린 졸병들처럼 갈팡질팡하고 있는 처량한 광경은 으레 그럴 줄 알면서도 나라의 장래를 위하여 가슴 아프게 보지 않을 수 없는 일이다.

우선 중대시국에 대하여 헌법이 보장하는 평화적 집회('데모')의 합법 절차를 밟아서 그 의사를 발표하려는 국민운동을 금압하기 위한 구실을 내세우는 데 있어서 당국과 여당은 지리멸렬하고 있다. 옥외집회 금지의 방패로 내세운 '중대정보'가 얼마 없어 '중요정보'로 수정된 것도 우습거니와 지금까지 그 정체는 발표되지 아니했다. 아마도 정체 없는 허수아비가 아니었던가.

그런데 이제 와서 일본에 있는 한국 측 모 고위층 소식통의 정보라 하여 북한으로부터 이 대통령 암살 음모가 있다고 전하여 왔다. 만일 이것이 '중대 정보'였었다면 벌써 작년 12월 그때에 발표되었어

이라는 제목 하에 이 의장은 병구를 끌고 스코필드 박사를 친히 방문하여 본국으로 돌아가라고 권고하는 근력이 있었다 하거니와, 그 동기는 아마도 스코필드 박사가 시내 모지에 기고한 극히 격렬한 비판문 때문이었으리라는 것도 상상되는 것이며, 동 박사가 의장의 "권고를 격분한 어조로 거부한 데 대하여 어떠한 양심의 찔림을 받았는지 알고 싶은 일이다."라고 전혀 허위의 사실을 보도함으로써 개

---

야 할 것이요, 국회 파동이 지난 오늘에 와서 발설된다는 것은 기이한 일이라 아니할 수 없다. 그러므로 AP 통신이 보도한 바와 같이 "얼마 전 한국국회에서 통과된 신국가보안법의 필요를 합리화하기 위해 고의로 유포된 것인지도 모른다."는 언급까지 나오게 된 것이다.

그런가 하면 컨스탄틴 브라운이라 하는 미국의 시사해설가는 NANA통신을 통하여 동경으로부터 발신해 오기를 "입수된 정보들을 신중히 종합해 보면 북한괴뢰와 중공의 참모본부들은 남한에 대하여 또 한 번 기습공격을 계획하고 있음을 보여 주고 있다. 그러나 이번에는 남한정부에 대한 대대적인 폭동을 야기시킨 후에 침략이 감행해질 것이다." 운운하고 공산당의 작전계획의 시기와 내용을 그럴듯하게 나열하고 있다. 브라운 기자는 반공적인 시사해설가로 이름 있는 터요, 작년 우리나라를 방문한 일도 있거니와 그러한 중대 정보가 워싱턴 발로 보도된 사실과 한국정부가 미처 발표하기 전에 동 기자가 먼저 알고 있었다는 기이한 경로라든지, 동 기자의 기사가 신보안법 강행 통과를 변명하는 태도로서 허두와 대미가 장식되어 있다는 사실 등도 유의할 일이다. 더구나 동 기자는 정부기관지인 영문일간 『코리안 리퍼블릭』의 정기적 기고가며, 물론 상당한 원고료를 동 영문지로부터 받고 있으리라는 사실 등을 유의해 둘 만한 일이다.

요컨대 상기한 바와 같은 확인 불가능한 중대 기사들이 오비이락 격으로 국회파동 후 10여 일을 지나서야 비로소 공표되고 있다는 사실은 그것이 폭력 국회를 변호하기 위한 인위적인 재주가 아닌가 일단 의심을 아니 가질 수 없는 것이다.

둘째로 기이한 것은 행정당국이 원외투쟁을 불법적이라고 규정하면서 모든 투쟁은 국회로 돌아가서 하라고 성명하고 있음에 반하여 자유당 의원들은 12일의 임시국회에 불참할 것을 결정하고 통지했다는 모순된 사실이다.

원외투쟁이 불법적이란 논의의 정점은 법무·내무, 양 장관의 경고문에 있거니와, 국민이 어떤 실정법률을 반대하여 평화적으로 의사를 표시하는 것이 '국헌문란'에 해당한다는 논의도 성립되기 어렵고, 또 '국헌문란의 목적'이 있다손 치더라도 '폭동' 또는 그 예비가 아니면 내란죄에 해당시킬 수 없다는 것도 명백한 것이다. 그래서 그런지 경찰당국은 7일 '데모' 금압 조치를 그 경고문에 의한 것이라고도 해 보았다가, 옥외집회 금지 때문이라고도 하고, 또는 양방 데모 충돌을 우려할 것이라고도 하여 갈피를 잡을 수 없다.

또 자유당 간부의 언동 중에도 부의장·원내총무·운영위원장 또는 어떤 개인 의원의 중대발언 등의 내용이 구구하여 그 대체의 방향조차도 종잡을 수 없는 현상이다.

물론 근본적 이유는 자유당이 하나의 기본적인 선, 즉 2·4 파동의 과오를 솔직히 시인·사과할 성의의 선을 넘지 못하는 데 있는 것이나, 한편 우리가 받는 인상은 각료들이나 당 간부들이 제각기 그때그때의 즉흥적 착상으로 국민을 기만해 보려고 무질서하게 행동하고 있다는 것이다. 오합지졸이라는 평을 받아도 변명의 여지가 없는 현상이다.

결국, 책임질 사람이 책임지고 나서거나 그렇지 못하면 깨끗이 물러나는 것이 남자다운 일일 것이요, 또 나라를 위한 일이 아니겠는가.

인의 명예를 훼손하는 동시에 정계의 혼란을 조장하였으며,

둘째 2월 4일 자 조간 「여적」 란을 통하여 헤멘스 교수의 「다수의 폭정」이란 논문을 인용함에 있어 이를 견강부회하여 폭력으로 된 혁명에 의할지라도 진정한 다수의 의사가 반영되어야 할 것이라고 역설함으로써, 헌법에 규정한 선거제도를 부정하는 동시에 폭동할 것을 선전하였으며,

셋째 2월 16일 자 동지 3면에 「사단장은 기름 팔아먹고」라는 제목 하에 "당지(홍천) 모 사단에서 지난해 12월 중순경 (인제 주둔 당시) 동 사단장 박모 준장은 군수참모(최중령)와 합의 하에 휘발유 4백여 드럼(시가 5백여만 환)을 인제제일주차장 및 원통, 속초, 홍천 등지에다 1드럼에 1만 2천 환씩 매각한 사실이 있어 예하 장병들의 비난을 받고 있다."의 기사를 게재함으로써 허위사실을 보도하였으며,

넷째 4월 3일 자 조간 3면에 「간첩 하(河)를 체포」라는 제목으로 "성북서에서는 2일 대남간첩 하모(45)를 체포하는 동시 미화 1천 불을 압수하였다고 한다. 하는 수일 전 군사 기밀, 평화통일 지하 운동의 밀령을 띠고 밀파된 괴뢰간첩이라고 하는데, 구체적인 공작 상황과 접선 인물을 계속 추궁 중에 있다."라는 기사를 당국의 게재 금지 요청이 있었음에도 불구하고, 이를 고의로 게재함으로써 간첩 하모와 앞으로 접선하기로 되어 있는 간첩들의 도피를 용이하게 하였으며,

다섯째 4월 15일 자 석간에 이 대통령 기자회견 내용을 보도함에 있어, 국가보안법 개정에 대해서는 아무런 언급도 없었음에도 불구하고 「보안법 개정도 반대」라는 제목으로 국가원수의 발언을 허위 보도하는 등, 수차에 걸친 중대한 위법사실을 범하였을 뿐만 아니라 그 폐해를 더욱 조장하는 듯한 행동으로 나오고 있음은, 사회의 안녕과 공공의 복리에 중대한 관심을 갖는 국가와 정부의 묵과할 수 없는 일인 것이다.

더욱이 『경향신문』은 재단법인 천주교서울교구유지재단에 의하여 운영되는 것으로서, 불행히도 그 논조가 천주교 본래의 교지(敎旨)와 입장을 달리하고 있을 뿐만 아니라, 오늘날의 민주정치 체제하에서는 종교와 정치는 엄연히 구별되어야 함에도 불구하고 이를 혼동하여 절제 없는 정부 비난과 허위보도를 계속해 오고 있음은 실로 유감된 일이 아닐 수 없는 것이다.

정부에서는 이러한 일이 있을 때마다 그 반성을 촉구하고 시정의 언약을 받았으나 개과의 빛이 조금도 없을 뿐만 아니라 오히려 그 도를 가하여 언론의 정도에서 더욱 이탈되어가고 있음은 실로 한탄할 일이 아닐 수 없는 것이다.

더욱이 지난 3월 2일에는 『경향신문』의 경영책임자인 재단법인 천주교서울교구유지재단 이사장 노기남 주교의 "발행인을 교체하는 동시에 편집진용을 개편하여 건설적인 언론 창달에 이바지할 것"을 공약까지 받은 바 있었으나, 노 주교의 사회적 신분과 그 인격에 신뢰하여 그 각서는 즉일로 반환하고 완전한 신사협정으로 금일에 이르렀던바, 여차한 불행한 일을 초래하고 보니 정부당국으로서는 이 이상 방치할 수 없어, 이에 국가의 안전과 보다 참된 언론계의 발전을 위하여 부득이 『경향신문』을 법령 제88호에 의거 단기 4292년(1959) 4월 30일 자로 그 발행 허가를 취소하는 바이다.

국가 없이 국민의 자유가 보장될 수 없고, 법을 무시한 곳에 자유가 있을 수 없는 것이다. 국가의 안전과 국민의 자유를 수호하기 위하여 우리나라 언론계가 본연의 위치에서 앞으로 그 사명 완수에 더욱더 큰 노력이 있기를 바라마지 않는 바이다.

**행정소송 곧 제기**

**『경향신문』 측 담(談), 허가 취소는 불법**

한편 통지서를 받은 경향신문사 측에서는 정부당국의 조치에 대하여 다음과 같이 말하였다.

▲ 동사 주필 이관구 씨 담=통지서는 발행인 한창우 씨 명의로 되어 있으므로 나로서는 무어라 말할 수 없다. 다만 민주국가에 있어서는 허가 취소란 있을 수 없는 일이다. 위법된 보도가 있다면 의당 법으로서만 처벌될 문제이지, 법의 판결 없이 행정조치로서, 그것도 합헌 여부가 의문시되는 군정법령을 근거로 해서 발행허가 자체를 취소한다는 것은 부당하다. 변호사와 상의해서 행정소송 및 가처분신청으로서 법적 구제를 받아야겠다.

「京鄕」廢刊에 憂慮
美國務省,「다」大使聲明을 支持
'保安法' 地自法 不改正條件附로'
韓副議長、自進辭退用意에 解明
大體討論을 繼續
民主黨政策小委、改憲案圍繞


『동아일보』 1959. 5. 2.

## 『경향』 폐간에 우려
## 미 국무성, 다울링 대사 성명을 지지

【워싱턴 1일발 UPI=동양】 미 국무성은 한국 정부의 야당지 폐간 조치를 간접적으로 비난한 월터 다울링 주한 미국대사의 성명서를 1일 지지하였다.

이와 동시에 상원 극동문제분과위원회는 이 문제에 관한 1시간에 걸친 비밀 심의를 위하여 월터 로버트슨 국무차관보를 소환하였다.

동 분과위원장인 테오도 프랜시스 그린 의원(민주당 로드 아일랜드 주)은 심의에 이어 로버트슨 국무차관보는 사실을 보고하고 우려를 표명하였다고 말하였으나, 그린 의원 및 다른 상원의원들은 공식적으로는 한국의 내정 문제로 간주되고 있는 사태에 대하여 미국의 외교적인 개입을 로버트슨 국무차관보가 시사하지 않았다고 말하였다. 국무성 대변인은 미리 준비한 성명서를 낭독하면서 "우리는 대한민국 정부가 미군정법령 제88호의 규정에 의거하여 서울에 있는 『경향신문』을 폐간시켰다는 보고를 접수하고 우려하고 있다."고 말하고, "우리는 미국 정부가 이 사건의 공과에 대한 판단을 내리는 것이 합당한 것으로 생각하지 않으나, 우리는 이 문제에 대한 다울링 대사의 5월 1일의 성명서를 전적으로 지지하는 바이다."라고 끝을 맺었다.

국무성의 지지를 받은 다울링 대사의 성명은 1946년도의 미군정법령은, 그 당시 심각하였던 공산주의자들의 전복적인 선전 문제를 처리하기 위한 목적을 명확히 가진 것이라고 말하였다.

다울링 대사는 또한 "미국의 여론은 신문에 대한 탄압이 신문의 과오에 대한 요법이 되지 못한다는 견해를 오랫동안 지지하고 있다."라고 말하였다. 한국 정부가 야당지 탄압의 근거로서 과거의 미군정법령을 택한 것은, 일부 관리들에 의하여 미국의 비평가들을 당혹케 할 것을 계산에 넣은 조치로 간주되고 있다.

이는 미국 당국이 양단된 한국의 통치 문제에 직면하였을 때, 미국이 현재 이승만 대통령에게 고취하고 있는 민주주의를 실천하고 있는지의 여부에 관한 문제를 발생케 한 것이다. 미국 관리들은 과거의 미군정법령이 공산주의자들의 선전 탄압에만 엄격히 한정한 것이지, 정치적 비난에는 적용되지 않는다고 주장하고 있다.

이들은 이 군정법령이 군대 진주에 따른 조치이지, 자유국가로서의 법률과 실천을 위한 모형이 아니라고 말하고, 미군 정부는 군정 당시 극단적인 좌익파들을 포함하는 반대 정당들의 성장을 묵인 또는 장려하였음을 기록들이 표시하고 있다고 말하였다.

**『동아일보』 1959. 6. 27.**

## 『경향』 폐간 철회코 이번엔 정간(停刊)
## 정부, 법원서 가처분되자

정부는 26일 하오 서울고법에서 『경향신문』의 '행정소송 가처분신청'에 대한 결정을 내린 직후 공보실 당국의 간부회의 소집에 이어 6시 반경부터 임시국무회의를 장시간 개최한 끝에 "법원의 의견을 존중하여 기왕의 발행허가 취소처분을 철회하고, 6월 26일 자 동 신문의 발행허가를 정지한다."는 결정을 하오 11시 발표하였다.

이날 공보실 당국자들은 법원의 결정이 있은 후 당황의 빛을 감추지 못하였으며, 임시국무회의를 마치고 나온 각부 장관들 역시 일절 언급을 거부하고 침묵으로써 일관하였다. 그런데 공보실 당국자에 의하면 이날 발표문의 요지는 『경향신문』의 정간 처분으로 간주할 수 있다는 것이며, 특히 전 공보실장은 이날 기자

# 京鄕 廢刊撤回코 이번엔停刊

## 政府、法院서 假處分되자

### "野卑한脫法的行爲"

### 野、政府責任追窮氣勢

## 廢刊效力을停止

서울高法決定

## 行政裁量權過重濫用

### 回復못할莫大한損害回避必要

## 司法權

『동아일보』 1959. 6. 27.

와의 접촉을 극력 회피하고 있어 주목을 끌게 하고 있는데, 이날 전 공보실장의 명의로 된 발표문 내용은 다음과 같다.

정부에서는 단기 4292년 4월 30일 자로 『경향신문』의 발행허가를 취소하였던바, 법원이 단기 4292년 6월 26일 자로 동지가 반국가적·반사회적 논설을 반포하여 군정법령 제88호 제6조에 위반함으로써 동법 제4조 다호 '법률에 위반이 유할 시'에 해당됨을 인정하면서도 동지의 발행허가 정지 처분의 계단을 밟지 아니하고 그 허가를 취소함은 과중한 조치라는 의견을 밝혔으므로, 이러한 법원의 의견을 존중하여 기왕의 발행허가 취소 처분을 철회하고, 단기 4292년 6월 26일 자로 동 신문의 발행허가를 정지하는 바이다.

## '야비한 탈법적 행위'
## 야, 정부 책임 추궁 기세

『경향신문』 폐간에 대한 고등법원의 가처분결정에 쾌재를 부르고 작약하던 야당 측은 이날 밤 늦게 공보실에서 새로이 정간 처분을 내린 데 대하여 크게 분격하고 있다.

그들은 이와 같은 정부의 처사야말로 야비한 행정부의 저의를 그대로 노출하는 것이라고 주장하면서 앞으로 그 책임을 철저히 따질 태세를 취하고 있어, 이 문제는 또 하나의 정치적 물의를 일으킬 것이 분명하다.

조병옥 민주당 대표 최고위원은 "일단 법원에서 가처분결정까지 내려 지난번 정보의 폐간 처분이 행정재량권을 남용한 것이라고 지적하였음에도 불구하고 다시 이를 정간 처분한다는 것은 그야말로 법을 무시하는 행정자의 독재적 근성을 여실히 드러내 놓은 것"이라고 신랄한 비난을 퍼부었으며, 조재천 선전부장은 "정치적으로나 법률적으로나 도의적으로나 도저히 용납할 수 없는 일이며 환장한 사람이 아니고는 할 수 없는 단말마적 행위"라고 앙칼지게 비꼬아 대었고 또한 유진산 원내총무는 "정부에서 하는 일련의 야비성을 폭로한 것으로 본다. 폐간 처분 할 때에는 어떠한 법적 증거와 어떠한 마음에서 하였으며, 이제 법원의 가처분결정을 보고 다시 정간시킨다는 것은 야비한 행정부의 저의를 노출시킨 것이니,

이래 가지고야 국민이 정부 처사를 따라갈 수 있겠는가. 이는 확실히 탈법적인 행위이니만큼 앞으로 철저히 그 책임을 추궁하겠다."고 그 태도를 명백히 하였다.

그러나 이에 대하여 여당의 원용석 원내총무는 "『경향신문』이 여러 차례에 걸쳐 사실이 아닌 허위보도를 감행하였으므로 행정부에서 법에 의하여 행정적 제재를 가한 것으로 본다."고 논평하면서 정부 측 처사를 지지하였다. 이 문제는 이렇듯 여야의 견해가 상반되고 있는 만큼 앞으로 원에서 일대 논쟁이 벌어질 것은 분명하다. 그러나 야당 측은 지난번 조 장관 불신임 문제가 그대로 남아 있는 만큼 이를 별도안건으로 취급할 것 같지는 않으며 전번 안건에 포함시켜 원내투쟁을 벌일 것으로 보이고 있다.

048

# 조봉암 사형 집행

『동아일보』 1959. 8. 1.

**조용히 교수대의 이슬로-사형수 조봉암 처형 순간의 모습**
**'설교'와 '기도'를 자청**
**마지막 술 한 잔과 담배 한 대도 청하고**
**창백해진 얼굴에 끝내 무표정**

속보=사형수 조봉암에 대한 사형 집행은 31일 상오 11시 3분 서울형무소 내의 형장에서 교수형으로 집행되었다. 이보다 이틀 전인 29일 하오 3시 4분에는 양이섭(일명 명산)에 대한 사형도 교수형으로 집행되었다. 양에 대한 시체는 30일 하오 3시 반에 이미 유가족에게 인도되었으나, 조의 시체는 아직 유가족에게 인도되지 않은 채 교수형이 집행된 형장에 입관 그대로 보관되어 있다. '진보당 사건'으로 지난 2월 27일 대법원의 최종심에서 간첩 죄명 등으로 사형이 확정된 이 두 사형수 중 조봉암은 경찰에 정식 구속된 날부터 만 1년 6개월 18일 만에 사형으로 집행되었으며, 양이섭은 만 1년 4개월 만에 각각 사형이 집행된 것이다.

조봉암의 사형 집행은 서울고검 안문경 검사의 지휘 하에 14분 동안의 교수형이 집행되었으며, 양이섭은 김병화 검사의 지휘로 15분 동안 집행하였다. 조봉암은 지난 2월 27일 대법원의 확정 판결에서 김갑수 대법관 주심에 의해 사형이

# 조용히 絞首臺의 이슬로

## 死刑囚 曺奉岩 處刑瞬間의 모습

## 「說敎」와 「祈禱」를 自請

…마지막술한盞과 담배한대도 請하고…

### 蒼白해진얼굴에, 끝내無表情

### 「그게정말이냐」고

消息듣고 놀라며痛哭

### 遺族들의 表情

## 두派로갈라진「勞總」

丁·金氏派따로따로會合

### 梁明山은 發惡言辭

### 西大門刑務所앞에 數百名群衆

曺奉岩屍體를 보고자

형무소 철창을 붙들고 마지막 소식이라도 들어 보려는 딸 조호정 여사와 처제 김 여사(왼쪽).

『동아일보』 1959. 8. 1.

언도 확정되자, 5월 5일 3명의 변호인을 통하여 재심을 청구했던 것인데, 그 재심 청구를 받은 대법원에서는 지난 30일 하오 5시에 기각 결정을 내렸으며, 결국 재심 청구를 기각한 지 만 18시간 만에 사형이 집행된 것이다.

형장의 이슬로 사라진 조봉암의 유가족으로 친딸인 호정(32=무직) 씨와 외아들인 규호(11=모 초등학교 4년 재학 중) 군이 있고, 그 외 친누이(조경암=66=인천시내 거주)와 조카 등 친척들이 서울과 인천에서 살고 있을 뿐이다.

그는 작년 1월 13일 경찰에 검거될 당시에는 진보당 위원장이었다.

한편 조봉암의 시체는 집행 시간서부터 48시간이 경과한 후에야 유가족에게 인계되리라 한다.

정부 수립 이후 이름난 정치인으로서 사형이 집행된 정치범은 조봉암이 처음이다. 61세를 일기로 그의 파란 많던 생애를 마친 조봉암은 비교적 조용하게 또 아무 말 없이 죽어갔다는 것이 집행관에 의해 밝혀졌다.

이날 교수형으로 유명을 달리한 조봉암은 머리를 산듯하게 가다듬고는 평소에 입고 있던 모시 바지저고리에 흰 고무신을 신고 가슴에는 2310이란 번호를 붙인 채 11시 45분에 형장에 도착, 미리 대기하고 있던 집행관과 형무소 간부들 앞에 태연한 모습으로 묵묵히 다음 순간이면 이 세상과는 아주 영영 이별해야만 되는 자신의 운명을 모르는 양 양손은 묶인 채 창백해진 얼굴로 집행관이 "본적은 경기도 인천시이고 현주소는 서울시내 충현동이고 이름은 조봉암 나이는 61세"라고 낭독하는 인상(人相) 조사를 위한 순서가 진행되자, 여전히 눈을 감은 채 아무런 반응도 보이지 않았고, 다음 순간엔 판결장을 읽고 청구한 재심의 기각 이유서를 읽어 주고… 그래서 사형이 확정되어 그 형을 집행한다는 집행관으로부터의 설명이 있었다. 그러나 조봉암은 여전히 아무런 표정은 드러내 보이지 않았다는 것이다.

이윽고 집행관이 마지막으로 할 말이 없는가라는 유언 권유에, "별로 할 말은 없고 다만 이 세상에서 고루 잘살려고 한 짓인데 결과적으로 죄짓고 가니 미안할 뿐이며, 남은 가족들은 자신들이 잘 알아서 살 터이니….", 인간 최후로서의 말로는 너무도 짧았고 두 혈육에게 남긴 말 또한 지극히 간단했다.

차츰차츰 자신의 운명의 시간이 닥쳐 오는 것을 그래도 초조하게 여긴 조봉암은 집행관에게 최후의 한마디로 "술 한 잔과 담배 한 대만 주시오." 떨리지 않는 음성 그리고 거친 숨소리도 아닌 사형수의 요청이었으나 규정에 의하여 술 한 잔과 담배 한 대는 끝내 주어지지 않았다.

마침내 교수대에 선 사형수 조봉암은 정녕 마지막 부탁으로 입회한 목사에게 설교와 기도를 해 줄 것을 요구했다.

목사는 사형수의 요구대로 기도를 해 주고 설교도 해 주었다. "우리가 다 일어나 예수를 빌라도에게 끌고 가서 고소하여 가로되…" 「누가복음」 23장이 목사의 떨리는 목소리로 읽어졌다. 눈을 감은 채 다 듣고 난 사형수는 집행관의 인도로 조용히 교수대에 다가서 두 눈에 하얀 수건이 가리어졌다.

사형수는 가만히 앉은 채 집행관과 목사 그리고 형무소 사람들이 입회한 가운데 집행 명령이 내렸다. 사형수 조봉암의 목에 밧줄이 걸리고 이어 '철썩' 하는 가벼운 소리와 함께 소복을 한 사형수의 그림자는 보이지 않고 때는 31일 상오 11시 3분 정각, 14분 후인 11시 17분에는 이미 조봉암은 싸늘한 시체로 변하여 검시관의 감정을 받았다.

이것이 사형수 조봉암이란 인간 최후의 표정이었다.

## "그게 정말이냐"고 소식을 듣고 놀라며 통곡 유족들의 표정

○ 한편 조봉암이 사형되던 31일 상오 11시 3분 서울형무소 미결감 철문 밖에는 그의 조카인 조규진(37) 씨가 매일같이 하는 면회를 하기 위해 초조히 서서 이때나 저때나 하고 간수의 부르는 소리에 귀를 기울이었다. 그러나 좀체 부르는 소리는 없었고… 12시 사이렌 소리가 울리면서 간수는 조 씨를 불렀다. 간수는 조 씨에게 "오늘은 만나고 싶지 않으니 내일 오라."고 하더라는 조의 말을(?) 그대로 전했다. 조규진 씨는 순간 이상한 예감이 떠오르긴 했으나 하는 수 없이 그대로 발길을 시내로 옮기었다. 조 씨가 야릇한 예감을 느낀 그 순간 그의 삼촌인 사형수 조봉암은 이미 싸늘한 시체로 변한 뒤였다.

○ 이날 하오 3시경 아버지의 사형 집행을 전해 들은 딸 호정 씨는 순간 놀라면서 어찌할 바를 모르는 표정에 싸인 채 달려간 기자에게 한 번 두 번 다짐하고 또 다짐하는 것이었다. "그게 정말이냐!"고 마침 옆에 함께 서 있던 그의 이모인 김영애 씨는 순간 울음을 터뜨리고 땅을 치며 통곡했다.

○ 호정 씨는 즉시로 이모와 함께 형무소로 달려가 아버지의 시체를 요구하였다. 그러면서도 붉은 벽돌담에 기대어 울부짖어도 보고 어떻게 된 영문이냐는 듯이 연거푸 한숨을 내쉬며 간수들에게 또 다짐하는 것이었다.

○ 서울시내 충현동 산 24번지에 있는 조규진 씨 집에는 이날 오후 6시경 윤길중 씨를 비롯한 옛날 조봉암과 함께 정치 운동을 했던 동지들이 모여들기 시작했다. 조카인 조규진 씨를 비롯하여 딸, 조카며느리 등은 연신 땅을 치며 통곡을 하고 어린 혈육인 규호(11) 군은 이날따라 인천에 사는 고모집엘 가서 보이지 않았다.

옛 동지였던 윤길중, 김달호 씨는 이구동성으로 "이미 각오는 했던 바이나 그렇게도 빨리 할 줄이야 정말 몰랐다."고 애석한 표정으로 재심청구가 기각되기가 무섭게 서둔 것이 다소 의아스럽다는 표정이었다.

**양명산은 발악 언사**

한편 지난 29일 하오 34분에 사형 집행된 간첩 양이섭은 그의 마지막을 고하는 교수대에서 "조선 인민 만세!"를 불러 끝내 발악하는 태도를 보였으나 별다른 유언은 없었다고 한다.

『동아일보』 1959. 8. 1.

## "일절의 보도 말라"
## 조봉암과 주위 환경 등 기사
## 이 치안국장
## 각지(各紙)에 통고

1일 상오 이 치안국장은 사형이 집행된 조봉암, 양이섭(별명 명산)은 북한괴뢰를 위하여 대한민국의 전복을 기도한 반국가적이고 반민족적인 범증에 의하여 처단되었는데, 그들의 행적과 그 외의 모든 그들에 대한 기사는 민심을 자극할 뿐 아니라 적을 이롭게 할 결과가 될 것이므로, 언론인들은 이 점에 특히 유의하여 달라고 경고하였다.

특히 이국장은 각 신문통신사에 보낸 통고문을 통하여, 이들 사형자와 그 주위 환경 등에 이르는 기사는 법에 저촉될 것이라고 지적하고, 1일 석간부터 일체의 보도를 하지 말아달라고 거듭 요청했다.

『동아일보』 1959. 8. 4.

## '보도관제(報道管制)' 서한은 사신(私信)[1]
## 이 치안국장, 조봉암 기사 경고에 해명
## "위협한 것은 아니다 총독부령 적용은 유족에게만"

1 개인의 사사로운 편지.

# 「一切의報道말라」

## 曺奉岩과周圍環境等記事

李治安局長 各紙에通告

六名이死傷

鐵道事故도六件

『동아일보』 1959. 8. 1.

이 치안국장.

# 「報道管制」書翰은私信

## 李治安局長、曺奉岩記事警告에解明

李治安局長

### 威脅한 것은 아니다

### 總督府令適用은遺族에게만

冥性與否未判明

金陵의腦炎患者

氷菓商56名摘發

汝山과水原에

「칼빙」銃

刑事

警官服

『동아일보』 1959. 8. 4.

이 치안국장은 4일 상오 "지난 1일 각 언론기관에 보낸 조봉암 사형 집행 관계 보도에 관한 경고 서한은 어디까지나 개인 자격으로 보낸 사신이다."라고 주장하였다. 이 치안국장은 사신이기에 편집국장 앞으로 보낸 것이라고 말하고, 철저한 보도관제의 의도가 있었다면 직접 장관(내무)이 각 언론기관의 사장 앞으로 보내었을 것이라고 부언하였다.

그 서한이 사신이라고 주장하는 그는 "그렇다면 그 서한 속에 법에 저촉 운운이라고 위협한 것이 사신의 형식을 갖춘 것이라고 보느냐? 사신이라면 어디까지나 상대편에 사정을 호소하여 양해를 구하는 것이 상식인데 법에 저촉 운운하여 협박한 의도는 무엇이냐?"고 따지는 질문에 대하여 "위협한 일은 전연 없다. 사신이기에 서한 말미에 이강학 배(拜)라고 하였던 것이다."고 답변하고 있었다. 이와 같이 답변한 이 국장은 "총독부령[2] 적용 범위를 밝히라."는 요구에, "적용 범위는 유가족들이고 언론기관은 아니다."라고 말하면서, 사실을 보도하는 언론의 자유는 누구도 막을 수 없는 것이라고 부언하였다. 이 국장은 유가족에 총독부령을 적용하는 경우는 사형자의 비석을 세운다든가, 대중 앞에 공공연히 부고를 낸다든가, 집단이 모여 장례식을 한다든가 하는 때에 적용이 된다고 설명을 하고, 이러한 행위를 함으로써 민심을 자극하고 나아가서는 적을 이롭게 하는 결과를 초래하기 때문이라는 것이다.

---

2 일제강점기에 조선 총독이 직권 또는 위임에 의하여 발포한 명령.

049

# 정·부통령 지명 관련 회견

『동아일보』 1959. 10. 20.

**"자기들끼리 되겠다는 건 창피"**
**이 대통령, 민주당의 정·부통령 지명 전에 언급**
**"명성과 위신 실추**
**선거에 생각 달리하도록"**

이 대통령은 19일 하오 "자기들끼리 대통령 또는 부통령이 되겠다고 하는 것은 대단히 창피한 일"이라고 말하였다. 자유당 전국 선전부장 회의를 끝마치고 이날 하오 2시 반 경무대를 예방한 262명의 선전 책임자에게 표명된 이상과 같은 이 대통령의 언명은 민주당의 내분을 가리켜 한 것이 분명하다.

이날 이 대통령은 "사람들이 자기가 무엇이 되겠다고 한다면 그것은 명성과 위신을 낮추는 것"이므로 "보다 나은 사람이 해야 되겠다는 생각을 가져야 한다."고 말하였다. 동 문제에 관하여 이날 이 대통령은 자유당 선전 책임자들에게 요지를 다음과 같이 언급하였다.

우리와 반대되는 당에서 자기들끼리 대통령이 되겠다 또는 부통령이 되겠다고 하는데, 이것은 대단히 창피한 일이다. 대통령이나 부통령도 중하겠지만 한인들이 서로 다툰다는 것은 말이 안 되는 것이며, 대통령이나 부통령은 싸움이 없이

東亞日報

"自己들끼리 되겠다는건 창피"

李大統領、民主黨의 正副統領指名戰에 言及

"名聲과 威信失墜"

選擧에 생각달리하도록"

趙派、行動을 統一

大統領候補와 代表最高委員에 趙氏推戴貫徹

「僑胞送還協定」

오늘 韓日法的

中共軍百名을射殺

國府遊擊隊本土서

藥品은 버들標로!

『동아일보』 1959. 10. 20.

경무대에서 자유당 선전 책임자들과 회견하는 이 대통령.

좋은 인물이 나오도록 해야 하는 것이다.

나는 나서부터 지금까지 나라를 회복해서 내가 대통령이 되어서 영광을 누리겠다는 욕심은 없는 것이다.

선거에 대해서 우리가 생각을 깊이 할 것은 어떤 사람은 내가 해야 되겠다고 힘쓰며 야단하는 모양이지만, 만일 이런 기회에 자기가 대통령이 되겠다고 하는 사람이 있으면 사람들은 생각을 달리해야 될 것이다. 그것은 나라의 안위가 왔다 갔다 하는 이때에, 이것은 우리나라뿐만이 아니라 세계가 다 그러한 때인데, 내가 무엇이 되겠다고 한다면 그것은 사람의 명성과 위신을 낮추는 것이므로 우리가 대단히 애매하게 생각하는 것이다. 그러므로 나보다 나은 사람이 있으면 그 사람이 해야 되겠다는 생각을 가지고 나가서 서로 일으켜 나라를 찾아서 회복하겠다는 마음이 있어야 하는 것이다.

누구나 다 사사로운 생각을 말고 한 사람이라도 옳은 사람이 나라를 해 가야 없어졌던 나라를 다시 찾아서 생명과 재산을 보호하게 되며, 그렇게 해야 또 하늘이 도와서 나라를 붙잡게 만들어 줄 것이다. 각각 사람마다 나보다 나은 사람을 뽑아서 나라를 해 가야 살길이 된다는 결심을 가지고 힘써 나가기를 바라는 것이다. 정대하게 해 가는 것이라야만 성공하게 되며, 그렇게 해서 이겨야 강하고 복을 받게 되는 것이다. 그러니 뜻과 정신을 널리 해 가지고 다 같이 합동해서 나가면 복을 받고 또 성공하게 될 것이다.

050

# 공무원에게 고함

『동아일보』 1960. 1. 6.

## 공무원에게 고함

단기 4293년[1] 새해를 맞이하여 우리는 다 함께 대한민국의 빛나는 발전과 조국의 통일을 기원하여 마지않는 바입니다. 동시에 금년이야말로 새로운 노력과 정성된 마음으로써 남북을 통일하여 국가 민족의 영원한 번영을 이룩하기에 보다 더한 힘을 기울여 나아갈 것을 아울러 맹서코자 하는 바입니다.

돌이켜 보면 우리나라는 정부 수립 이래 12개 성상의 시간을 겪고 나오는 동안 이루 형언할 수 없는 고초와 곤경 속에서 한 걸음 한 걸음 오늘의 터전을 굳게 하여 나왔습니다. 6·25사변으로 말미암아 우리나라 전 산업의 80퍼센트가 파괴되었던 것도, 이제는 눈부신 건설이 착착 그 성공을 보기에 이르러 휴전시인 4286년[2]에 비하여 28.4퍼센트의 국민총생산 증가를 보였을 뿐 아니라, 새로운 면목을 갖춘 수도 서울의 재건, 70만의 국군, 450만의 학도를 갖기에 이른 것들은 무엇보다도 반가운 일들의 하나가 아닐 수 없습니다. 이것은 실로 영매하신 우리

---

**1** 1960년. 이해에는 제4대 대통령 선거와 제5대 부통령 선거가 치러질 예정이었다.
**2** 1953년.

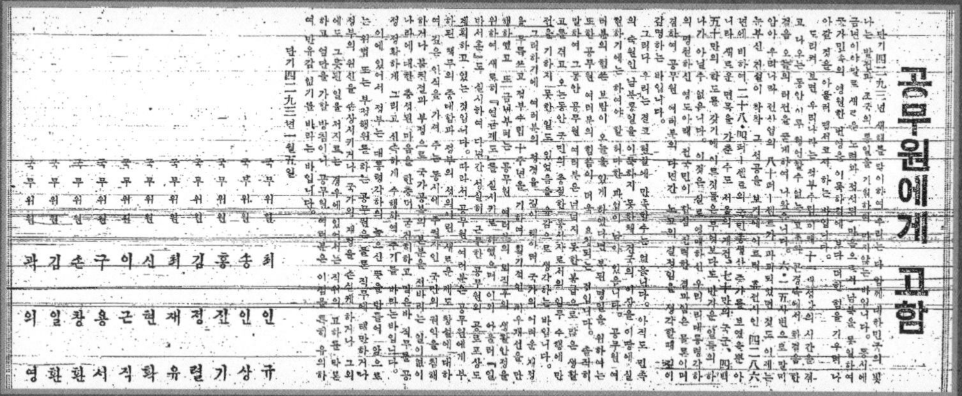

# 공무원에게 고함

단기四二九三년一월六일

| | | | | | | | | | | |
|---|---|---|---|---|---|---|---|---|---|---|
| 국무위원 | 국무위원 | 국무위원 | 국무위원 | 국무위원 | 국무위원 | 국무위원 | 국무위원 | 국무위원 | 국무위원 | 국무위원 |
| 최인규 | 송인상 | 홍진기 | 김정렬 | 최재유 | 신현확 | 이근직 | 구용서 | 손창환 | 김일환 | 곽의영 |

『동아일보』 1960. 1. 6.

이 대통령 각하의 명철하신 영도 아래 전 국민이 합심 진력한 결과임은 물론이며, 겸하여 공무원 여러분의 다년간 노고의 결정임을 생각할 때 깊이 감명하는 바입니다.

그러나 우리는 결코 현실에 만족할 수는 없습니다. 아직도 민족의 숙원인 남북통일을 이룩하지 못한 채 건국의 이상을 이 땅에 실현하기에는 하여야 할 허다한 과업이 남아 있습니다. 공무원 여러분의 힘쓴 보람이 오늘을 있게 하였다면 복된 명일을 위하여는 또한 공무원 여러분의 힘씀이 더욱 요청되는 것입니다. 솔직히 말하여 그동안 공무원 여러분은 넉넉지 못한 봉급으로 많은 생활고를 겪고 오는 동안 국민의 충실한 봉사자로서의 임무 수행에 만전을 기하지 못한 일도 있었음을 유감으로 생각하는 바입니다.

그러하기에 여러분의 정경을 깊이 헤아려 국가의 어려운 재정을 무릅쓰고 정부 수립 10주년을 기하여 획기적인 처우 개선을 단행하였고, 또 금년부터는 공무원 여러분의 퇴직 후의 생활 안정을 위하여 새로이 '연금제도'를 실시키로 하였으며, 이와 아울러 '일반서훈'도 실시하여 다년간 성실히 근무한 공무원의 공로 포상도 계획하고 있는 것입니다. 따라서 공무원 여러분은 공무원에게 부하된 책무의 중대함과 정부의 성의어린 새로운 제도 창설에 대하여 깊은 인식을 가져 주는 동시에, 주권자인 국민의 권익을 침해하거나 불친절과 부정으로 국가 공복의 본분을 저버리는 일이 없이 나라에 대한 충성된 마음을 한층 더 굳건히 하고, 맡은바 직무를 공정 정확하게 그리고 신속하게 수행하여 주기를 바라는 바입니다.

이에 있어서 정부는 대통령 각하의 높으신 뜻을 받들어 앞으로는 위법 또는 부정행위를 하는 공무원은 물론, 직무에 태만하거나 정부의 위신을 손상시키거나, 국가의 재정을 손실케 하거나, 그 외에도 그릇된 일을 저지르는 경우에 있어서는 직위의 고하를 막론하고 엄단을 가할 방침이니 공무원 여러분은 이점을 특히 유의하여 만유감 없기를 바라는 바입니다.

단기 4293년 2월 5일

국무위원 최인규

국무위원 송인상

국무위원 홍진기

국무위원 김정렬

국무위원 최재유

국무위원 신현확

국무위원 이근직

국무위원 구용서

국무위원 손창환

국무위원 김일환

국무위원 곽의영[3]

---

3 최인규는 내무부장관으로 후에 4·19 혁명으로 자유당 정권이 무너지자 3·15 부정선거를 총지휘했다는 죄목으로 5·16 군사쿠데타 후 혁명재판부에서 사형이 확정되어 집행되었다.
송인상은 재정경제부장관이었다.
홍진기는 법무부장관이었으나 1960년 3월 최인규 후임으로 내무부장관에 임명되어 재직 중 4·19 혁명을 맞았으며, 3·15 부정선거 및 4·19 발포명령의 책임자로 체포되었다. 1961년 12월 혁명재판소 상소심에서 무기징역을 선고받았으나, 1963년 8월 석방되었다. 후에 『중앙일보』 회장을 지냈다.
김정렬은 국방부장관으로 4·19혁명 당시 미국과 이승만 대통령의 협상을 중재한 것으로 알려졌다.(『한국민족문화대백과사전』)
최재유는 문교부장관이었다.
신현확은 부흥부장관으로, 4·19 혁명 후 3·15 부정선거 혐의로 2년여 동안 수감되었다. 이후 박정희 정권에서는 보건사회부장관, 부총리 겸 경제기획원장관을 지냈고, 10·26 사태 후에는 최규하 정부의 초대 국무총리를 지냈다.
이근직은 농림부장관으로 1960년 3·15 선거대책 6인위원회 중의 한 명으로 참여했다. 4·19 혁명 이후 1960년 5월 2일 공직에서 사임한 후 부정선거 모의조작 혐의로 구속되었다.
구용서는 상공부장관이었다.
손창환은 보건사회부장관이었다.
김일환은 교통부장관이었으며, 4·19 혁명 이후 「부정선거 관련자 처벌법」 위반으로 구속되어 옥고를 치르다가 모범수로 가석방되었다.
곽의영은 체신부장관이었다.

051

# 정·부통령 후보 등록 방해 테러

『동아일보』 1960. 2. 13.

**수도 서울 복판에서 백주에 등록 방해 테러**
**구청 내서 괴한들에 장 씨 추천 서류 피탈**

정·부통령 후보 등록을 하루 앞둔 12일 하오 반독재민주수호연맹의 장택상, 박기출 정·부통령 후보의 등록이 30명을 넘는 폭한들의 폭력으로 무자비한 피의 방해를 받음으로써, 이번 정·부통령 선거 역시 공포 분위기 속에서 치러질 것이라는 불길한 예측을 내리게 하였다. 특히 그러한 무서운 사건이 수도 서울 한복판에서 백주에 일어났다는 데 대하여 야당은 "민주주의를 도살한 사건이라."고 격분하고 있으며, 방해를 받은 반독재민주수호연맹은 끝내 등록이 좌절되는 경우에는 다른 야당 입후보자를 위한 투쟁을 전개할 것이라는 결의를 표명하고 있다.

피를 본 이날의 등록 방해 사건은 하오 3시 반경 시내 서대문과 종로, 양 구청에서 일어났는데, 반독재민주수호연맹의 정·부통령 후보 추천 서류를 찾아 가지고 나오려는 순간, 잠바를 입은 폭한 약 30명이 "저놈들을 까라."는 호령과 함께 달려들어 머리 얼굴 할 것 없이 돌로 주먹으로 마구 구타하여 뇌진탕을 일으키는 등 수 명이 실신 상태에 빠지는 비참한 사태를 빚어 내고 만 것이다.

한편 반독재민주수호연맹 측에서는 이러한 일련의 등록 방해 사건이 경찰의 서대문구청 구내에서 괴한들로부터 등록서류를 빼앗기고 얻어맞는 반공투 위원들. 오른쪽에서 두 괴한에게 붙들려 무수히 구타당하고 있는 청년은 거의 기진 상태, 그 옆에 있는 청년은 안면을 얻어 맞고 코피를 흘리고 있다. 왼편은 재빠르게 위기를 피하려 정문 쪽으로 내빼는 반공투위원들과 그들을 뒤쫓는 괴한.

首都서울 복판에서

白晝에 登錄妨害테로

區廳內서 怪漢들에 張氏推薦書 또 被奪

(寫眞) 西大門區廳構內에서 怪漢들로부터 登錄書類를 빼앗기고 얻어맞는 反共鬪委員들. 바른쪽에서 두 怪漢에게 붙들려 無數히 毆打당하고 있는 靑年은 거의 氣絶狀態, 그 옆에 있는 靑年은 顔面을 얻어맞고 코피를 흘리고있다. 왼편은 재빠르게 危機를 피하며 正門쪽으로 내빼는 反共鬪委員들과 그들을 뒤쫓는 怪漢

『동아일보』 1960. 2. 13.

사주 하에 이루어졌다고 지적하고 있으며, 서대문구청에서 폭한에게 중상을 입은 반공투위 간부 이시록 씨는 폭한들이 달려들기 직전 구청장실에는 수 명의 경찰관이 있었고, 구청 경비실과 호적과 현관에는 20, 30명의 폭한이 서성대고 있었다고 한다.

### '말살된 민주주의'
### 장 씨 등록 포기?

반독재민주수호연맹의 대통령 후보자 장택상 의원은 12일 하오 연달은 동 연맹 후보자 등록 방해 사건에 대하여 "입후보를 포기하는 수밖에 없다."는 절망적인 태도를 표명하였다. 장 의원은 "살인을 용인하는 정부는 존재할 수 없다."고 말하면서 13일 상오에 동 사건의 경위와 자신의 태도를 밝히는 성명서를 발표하겠다고 말하였다.

한편 이 사건에 대한 정계의 반향은 다음과 같다.

▲ 김도연 민주당 대통령후보 사무장=민주주의 국가에 있어서는 어느 정당 단체이고 간에 정·부통령 입후보를 낼 수 있는데, 반독재민주수호연맹이라고 하여 그러한 탄압을 받는다면 민주주의의 권위는 말살되고 만다. 이번 선거에서 폭력이 난무한다면 한국에 민주주의는 영원히 없어질 것이다.

052

# 의견 다른 부통령 당선 거부

『동아일보』 1960. 2. 14.

**"의견 다른 사람이 부통령 되면 당선돼도 응종(應從)[1] 거부"**
**이 대통령, 선거에 담화**

이 대통령은 13일 하오 공보실을 통하여 발표한 공식 담화에서, 정·부통령은 같은 정당 소속으로 선출되어야 한다고 강조하면서, 이번 3·15 선거에서 각각 의견이 다른 사람이 정·부통령으로 피선된다면 "나는 응종할 수 없다."고 선언하였다.

1 명령이나 요구 따위에 응하여 그대로 따름.

"意見다른사람이副統領되면

當選돼도應從拒否"

李大統領、選擧에談話

李大統領은 十三日下午 公報室을通하여 發表한公式談話에서 正·副統領은 같은政黨所屬으로 選出되어야한다고强調하면서 이번三·一五選擧에서 各各 黨籍이다른사람이正·副統領으로被選된다면 「나는應從할수없다」 고言明하였다

『동아일보』 1960. 2. 14.

053

# 조병옥 박사 급서

『동아일보』 1960. 2. 16.

**조병옥 박사, 미국서 급서(急逝)**
**월터리드 병원에서**
**어젯밤 10시 20분에**

【워싱턴 15일 AP 특전 동화】 한국의 민주당 대통령 후보 조병옥 박사는 15일 '월터리드' 육군병원에서 서거하였다. 병원 공보(公報)는 조 박사가 갑자기 서거하였다고 말하였다. '월터리드' 병원의 '콤뮤니케'[1]는 다음과 같이 말하였다.

한국의 민주당 대통령 후보 조병옥 박사는 2월 5일 이곳에서 복부 수술을 받은 이래 만족스러운 경과를 보이고 있었다. 그는 1월 30일 이래로 '월터리드' 병원에 입원하고 있었다. 예기치 않았던 그의 사망 시각에 그의 병상에는 조 박사 부인이 있었다. 조병옥 박사의 사망으로 3월 15일로 예정된 한국의 대통령 선거는 새로운 불안정 속으로 빠져들었다. 장례식의 제반 절차에 관한 발표는 후에 있을 것이다. 병원의 부관(副官)들은 조병옥 박사가 2월 5일 수술을 받은 이래 '매우 훌륭하게' 회복하고 있었다고 말하였다. 조 박사는 수많은 소종양으로 앓고 있었다. 동

1 성명서.

# 趙炳玉博士、美國서急逝

월터·리드 病院에서 어제밤十時二十分에

【워싱톤15日AP特電同和】韓國의 民主黨大統領候補趙炳玉博士는十五日「월터·리드」陸軍病院에서 逝去하였다 病院公報는 趙博士가 갑자기 逝去하였다고 말하였다 「월터·리드」病院의 「콤뮤니케」는 다음과 같이 말하였다 韓國의 民主黨 大統領候補趙炳玉博士는 二月五日 이곳에서 腹部手術을 받은 以來 滿足스러운 經過를 보이고있었다 그는一月三十日 以來로「월터·리드」病院에 入院하고있었다 豫期치 않았던 그의 死亡時刻에 그의 病床에는 趙博士夫人이있었다 趙炳玉博士의 死亡으로 三月十五日로 豫定된 韓國의大統領選擧는 새로운 不安定속으로 빠져들었다 葬禮式의 諸般 節次에 關한 發表는 後에있을 것이다 病院의 關官들은 趙炳玉博士가 二月五日 手術을 받은以來「매우 훌륭하게」回復하고 있었다고 말하였다 趙博士는 數많은 小腫瘍으로 앓고있었다 同手術은 이러한 腫瘍이 惡性인가 이를테면 癌인가아니면 良性인가의 與否를 決定짓기 위하여 行하여졌었다 急逝한 時間은 韓國時間 一五日下午 一○時二○分 (美國時間 一五日 上午 八時五○分)이다

『동아일보』 1960. 2. 16.

수술은 이러한 종양이 악성인가, 이를테면 암인가 아니면 양성인가의 여부를 결정짓기 위하여 행하여졌었다. 급서한 시간은 한국시간 15일 하오 10시 20분(미국시간 15일 상오 8시 50분)이다.

# 054 투표일 전 극장 무료입장권 배부

『동아일보』 1960. 3. 11.

**극장 무료입장권을 배부**
**투표일 닷새 앞둔 10일부터 시내 일원에**
**모 기관, 모 단체서**
**시민 위안이란 명목으로**
**각 극장마다 하루 수백 명씩**

정·부통령 선거 투표일을 만 4일 앞둔 10일부터 서울 시내 일원에 걸쳐 시민 위안이란 명목으로 극장 무료입장이 실시되고 있다. 이날 알려진 바에 의하면 모 기관과 단체에서는 각 구 단위로 관내 극장마다 하루 평균 한 극장에서 최저 250매로부터 최고 800매까지 무료 초대권을 발행하여 각 동별로 배부, 일류극장은 주로 오전 중, 이·삼류극장에서는 수시로 이를 가진 사람들을 입장시킨다는 것인데, 이러한 것은 간접적으로 모당의 선거운동의 일책으로써 계획적으로 실시되고 있는 것이다.

이러한 무료입장은 투표 전날인 14일까지 5일간에 걸쳐 계속된다고 하는데, 각 극장에서 하루 평균 발행하는 무료 초대권의 수는 다음과 같다.

한편 이와 같은 사실에 대하여 경찰은 무료입장 자체를 간접적으로 시인하

劇場無料入場券을配付

投票日닷새앞둔十日부터市內一圓에

某機關·某團體서

市民慰安이란名目으로

各劇場마다 하루數百名씩

支署主任등이暴行

壁報붙이는民主黨員에

『동아일보』 1960. 3. 11.

고 있을 뿐, "시민에게 봉사하는 것으로 생각된다."고 하면서 경찰의 관련설을 극력 부인하고 있다.

▲ 국도=800 ▲ 명보=600 ▲ 수도=700 ▲ 초동=300 ▲ 동양=300 ▲ 계림=500 ▲ 서대문=380 ▲ 성남=400 ▲ 평화=550 ▲ 자유=300 ▲ 신도=336 ▲ 경남=400 ▲ 천일=500 ▲ 봉래=260 ▲ 동화=320 ▲ 현대=455 ▲ 동도=250 ▲ 대한·동보·청계=불명

**『동아일보』 1960. 3. 15.**

---

**감사말씀**

금번 서울을 비롯하여 인천, 광주, 전주, 대전 등 각처에서 여러분을 위안하여 드리기 위하여 막을 올린 저희들의 예술제전이, 여러분의 열성적인 환호리에 대성황이 이루어졌는 데 대하여 충심으로 감사의 뜻을 표하는 바입니다. 금번의 저희들의 계획에는 대구, 부산의 시민 여러분께도 동 제전을 열고 위안을 하여 드리게끔 되어 있었사오나 3·15 선거일에 박두한 시간적 관계상 부득이 이를 일시 보류하게 되었음을 유감스럽게 생각하며, 앞으로 3·15 선거가 끝나는 대로 가급적 빠른 시일 내로 여러분의 고장을 방문, 위문하여 드리기로 약속하는 바입니다.

저희들은 금번 여러분의 열성적인 환호와 여러분의 평소에 있어서의 기대에 보답하기 위하여 앞으로 더욱 우리나라의 예술 발전에 이바지하여 나아갈 결의를 새롭게 하고 있사오니, 부디 편달·성원하여 주시기 바랍니다. 그리고 여러분의 건강과 행복을 빌어마지 않습니다.



단기 4293년 3월 13일

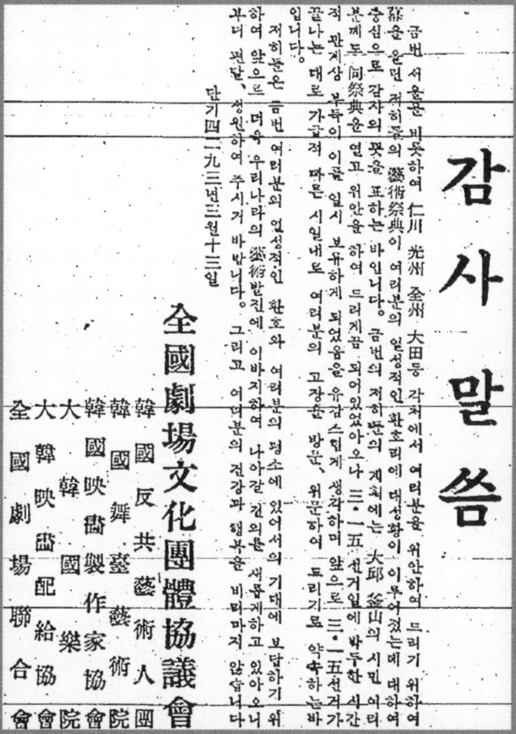

# 감사 말씀

금번 서울을 비롯하여 仁川 光州 全州 大田등 각처에서 여러분을 위안하여 드리기 위하여 羅을 올린 저희들의 藝術祭典이 여러분의 일성적인 환호리에 대성황이 이루어졌는데 대하여 중심으로 감사의 뜻을 표하는 바입니다。금번의 저희들의 계획에는 大邱 釜山의 시민 여러분께도 同祭典을 열고 위안을 하여 드리게끔 되어있었아오나 三·一五 선거일에 박두한 시간적 관계상 부득이 이를 일시 보류하게 되었음을 유감스럽게 생각하며 앞으로 三·一五선거가 끝나는 대로 가급적 빠른 시일내로 여러분의 고장을 방문、위문하여 드리기로 약속하는 바입니다。

저희들은 금번 여러분의 열성적인 환호와 여러분의 평소에 있어서의 기대에 보답하기 위하여 앞으로 더욱 우리나라의 藝術발전에 이바지하여 나아갈 길외를 새롭게하고 있아오니 부디 편달、성원하여 주시기 바랍니다。그러고 여러분의 건강과 행복을 비러마지 않습니다

단기四二九三년三월十三일

全國劇場文化團體協議會

韓國反共藝術人團

韓國舞臺藝術院

韓國映畵製作家協會

大韓國樂院

大韓映畵配給協會

全國劇場聯合會

『동아일보』 1960. 3. 15.

전국극장문화단체협의회

한국반공예술인단

한국무대예술원

한국영화제작가협회

대한국악원

대한영화배급협회

전국극장연합회

055

# 민주당 선거 무효 선언

『동아일보』 1960. 3. 16.

**민주당, 선거의 무효 선언**
**선거무효소송 곧 제기**
**정치적·법적 투쟁 결의**
**3인조 투표 등 불법성을 지적**

민주당은 15일 하오 4시 30분 "3·15 선거는 불법 무효"라는 것을 선언하고 동 선언 내용을 즉시 각도 당부(當部)에 타전했다. 민주당 측의 "3·15 선거 불법 무효 선언"은 투표 완료 시각을 기해서 공개되었으며, 이러한 결정은 15일 하오 3시 30분부터 부통령 공관에서 긴급 소집된 최고위원과 중요 간부들이 모인 '확대간부회의'에서 내려진 것이다. 한편 이날의 확대간부회의에서는 정치적·법적인 투쟁을 전개하기로 결의한 바 있는데, 동 결의의 초점이 3·15 정·부통령 선거의 무효소송을 제기하는 데 있다는 것이 조 민주당 대변인에 의해서 확인되었다.

**야, 전 참관인 철수**
**개표는 여당 일방적으로 진행**

한편 조 대변인은 15일 밤부터 시작되는 개표에는 "민주당 측의 선거위원과 참관

# 民主黨, 選擧의 無效宣言

## 選擧無効訴訟 곧提起

## 政治的·法的鬪爭決意

### 三人組投票等不法性을指摘

民主黨은 十五日下午四時三十分 「三·一五選擧는 不法·無效」라는 것을 宣言하고 同宣言內容을 即時各道黨部에 打電했다 民主黨側의「三·一五選擧不法·無效宣言」은 投票完了時刻을 期해서 公開되었으며 이러한 決定은 十五日下午三時三十分부터 副統領公館에서 緊急召集된 政務委員과 重要幹部들이 모인「擴大幹部會議」에서 내려진 것이다. 한便 이날의 擴大幹部會議서는 政治的·法的인 鬪爭」을 展開하기로 決議한바 있는데 同決議의 焦點이 三·一五正·副統領選擧의 無效訴訟을 提起하는데 있다는 것이 當民主黨代辯人에 依해서 確認되었다

## 野, 全參觀人撤收

### 開票는與黨一方的으로進行

## "奸惡한政略的術策"

### 自由黨, 民主黨宣言을非難

## "選擧抛棄

### 民主黨, 國

### 投票狀況檢討

#### 臨時國務會議

### 民主黨參觀人 一名緊急拘束

#### 崔內務長官談

『동아일보』 1960. 3. 16.

인이 참가하지 않을 것이다."고 시사하였다. 따라서 이번 선거의 개표 사무는 여당 측 선거위원과 동 참관인의 일방적인 관리 하에서 일사천리로 진행될 것이 확실하게 되었다. 민주당 측의 선언 내용은 다음과 같다.

"3·15 선거는 불법·무효임을 선언한다."

이번 정·부통령 선거만은 공명선거를 실시하여 온 겨레가 갈망하는 조국의 민주주의 발전과 민족의 복리증진을 이룩해 보자는 우리들의 비원은 포악에 의하여 무참히도 짓밟히고 말았다.

이승만 박사 집권 12년간에 갈수록 불법화하고 추잡해 간 부정선거의 양상은 드디어 악의 절정에 달하였다. 민심의 완전 이반으로 인하여 민주 자유선거로서는 도저히 정권을 유지할 수 없게 된 자유당은 최후 발악으로 모든 경찰국가 수법을 총동원하여 최고의 포악 선거를 단행할 것을 결의하고,

(1) 헌법 정신에 위반되는 조속 선거

(2) 야당계 인사 입후보 등록의 폭력 방해

(3) 무수한 유령 유권자의 조작

(4) 야당 선거운동원의 살상 자행

(5) 대다수 참관인 신고의 접수 거부

(6) 신고된 소수 참관인의 입장 거부 또는 축출

(7) 헌병·경찰·폭한에 의한 공포 분위기의 조성

(8) 기권 강요

(9) 투표 개시 전에 4할 무더기 표 기입

(10) 투표함 검사 거부

(11) 내통(內通)식 기표소의 설치

(12) 3인조 강제 편성 투표

(13) 사할 공개투표의 강요

(14) 공개투표 불응자에 대한 상해

(15) 집단 대리투표 등등으로,

민주주의의 초석인 자유선거와 비밀 투표 제도를 완전 파괴하고 말았다. 이

는 '선거'가 아니라 '선거' 이름 아래 이루어진 국민주권에 대한 포악한 강도 행위이며, 따라서 자유당 후보자의 당선이 발표될지라도 이는 당선이 아니라 주권 강탈에 불과한 것이다. 요컨대 이번 선거는 계엄령 하와도 같은 공포 속에서 불법과 테러가 난무한 민주 파괴 이외에 아무것도 아닌 것이다. 본당은 자유당 정부의 민주주의 도살을 막기 위하여 피투성이의 투쟁을 끝까지 계속해 왔으나 결국은 도살되고 만 민주주의의 시체를 앞에 놓고 통곡하면서 3·15 선거는 전적으로 불법 무효임을 만천하에 엄숙히 선언하는 바이다.

056

# 마산 데모

『동아일보』 1960. 3. 16.

**마산서 데모 군중이 지서를 습격**
**한 곳 파괴, 한 곳 소실**
**경찰 응원대 출동 밤 11시경 진압**

【마산발】 15일 하오 7시 30분 마산 중심지에서 수천 군중들이 "부정선거를 즉시 정지하라."고 외치면서 시작된 데모는 마침내 경찰과 충돌, 1개 경찰지서를 파괴하고 또 한 곳의 지서를 소실시키고, 7명의 사망자와 70여 명의 부상자를 내는 일대 불상사를 빚어 내었다. 이들 군중은 경남 경찰국을 비롯한 마산 주변 경찰서에서 급파한 응원대에 의하여 이날 밤 11시경 겨우 진압되었다.

**7명 사망 70여 부상**
**대부분 총탄 맞은 듯**
**개표장인 시청은 무사히 경비**

즉 이날 하오 7시 30분경부터 무질서하게 움직이기 시작한 수천 명의 군중들은 마산 시가를 휩쓸기 시작, 남성동지서를 포위하고 돌을 던져서 지서 창문과 기물을 파괴하다가 경찰과 충돌하였으며, 이때 경찰은 돌을 던지는 군중을 해산시키

『동아일보』 1960. 3. 16.

민주당본부 앞서
연설하는 두 청년과
잡혀 가는 광경.

기 위하여 공포를 쏘았으며, 그 후 군중들은 북마산 방면으로 몰려가면서 도로 주변에 있는 수 개의 점포 유리창 등을 파괴하였다. 이들 군중은 다시 북마산지서를 습격하였는데, 북마산지서에는 군중들이 온다는 소식에 지서원들이 도피하였고, 지서 안에 뛰어든 군중들이 난로에 비품 등을 던지는 바람에 불이 일어났다. 급거 출동한 소방대가 소화 작업을 하려 하였으나 군중들이 돌을 던지는 바람에 불을 끄지 못하였고, 2차로 다시 불을 끄려고 오던 소방차도 도중에 군중들이 돌을 던지는 바람에 운전수가 돌에 맞아 소방차가 전주를 들이받게 되어 소방 작업은 완전히 불가능 상태에 빠져 동 지서는 결국 소실되고 말았다.

또한 이들은 계속하여 오동동지서를 습격할 목적으로 달려가던 도중, 수 동(棟)의 민가를 파괴하였고, 이어 선거 개표장으로 되어 있는 시청을 포위하려 하였으나 개표장을 지키는 경찰의 최루탄으로 실패하였다. 그들은 민주당에서 자유당 당적을 바꾼 신마산 소재 허윤수 민의원 자택을 파괴하는 등의 난동을 일으켰으나, 경남경찰국을 비롯한 마산 주변에서 모여든 수백 명의 경찰대에 의하여 11시경에 완전히 진압되었고, 때마침 정전까지 된 마산시내에서는 캄캄한 밤거리에서 통행인을 요소요소에 배치된 경찰에 의하여 일일이 검색이 실시되고 있다고 한다.

그런데 이 사건을 완전히 진압하기까지 캄캄한 마산의 밤거리에서는 기관총을 비롯한 권총, 소총 등의 총성이 요란하게 울렸다.

한편 이날 밤 사건으로 인한 사망자나 부상자는 유아로부터 성장년에 이르는 각계각층이며, 사망자는 물론 부상자의 대부분이 총에 맞았고 돌에 맞거나 밟혀 죽은 것은 거의 없다시피 하며, 70여 명의 부상자는 현재 마산시내 동(東)병원을 비롯한 수 개 병원에 분산, 응급가료를 받고 있고, 7명의 사망자는 이름과 소지품을 하나도 가지고 있지 않은 학생들이 많기 때문에 아직 신원은 전혀 알 수 없는 형편에 있고, 사망자나 부상자 수도 앞으로 더욱 증가될 것이라는 것이 당시에서 떠돌고 있는 소문이다.

### 민주당원 3명과 학생 20여 연행

한편 마산경찰서에서는 당지 민주당원 3명과 학생 20여 명을 폭동 혐의로 연행, 문초 중에 있으며 주모자의 색출에 노력 중이라고 한다.

### 데모 경위

한편 이날 밤의 불상사에 앞서 하오 3시 40분부터 산발적인 데모가 있었는데, 그 경위는 다음과 같다

즉 이날 하오 3시 40분부터 30여 민주당원들로 시작된 '부정선거 배격' 시위가 시내 남성동에서 불림동을 거쳐 해안통 일대에서 계속되었는데, 동 데모대의 뒤를 따르는 수천 군중도 이에 합류되어 약 1시간 반 동안 마산시는 일대 혼란 상태를 보였다.

그런데 데모 도중 이를 제지코자 급거 출동한 경찰들은 소방차를 몰고 와서 군중들에 물을 뿌리고 해산시킨 일도 있었던 것이다.

057

# 이 대통령 4선

『동아일보』 1960. 3. 17.

**이 대통령 4선 확정**
**부통령엔 이기붕 씨**
**16일 하오 6시 현재**
**전국 개표 결과 거의 판명**

자유당 대통령 후보 이승만 박사는 선거법 64조에 의해 총 유권자의 3분지 1(373만 2,164표) 이상인 951만 2,793표를 획득함으로써 제4대 대통령에 당선될 것이 확정되었다(무안구만 미 판명).

중앙선위는 16일 하오 6시 현재 전국 개표 집계에서 이 박사가 이와 같이 득표했다고 발표했다. 한편 자유당의 이기붕 부통령 후보 또한 6시 현재 822만 587표를 얻어 당선이 확정되었다.[1]

**"승리자 긍지로 국정 쇄신 주력"**
**자유당, 국민 협조에 감사**

1 부통령 후보 가운데 2위 장면의 득표수는 1,844,257표에 불과했다.

이 대통령(위),
이기붕 씨(아래).

李大統領四選確定

副統領엔李起鵬氏

16日下午六時現在 全國開票結果거의判明

"勝利者矜持로 國政刷新注力"

自由黨, 國民協調에感謝

李博士四選 AP報道

"不正選

『동아일보』 1960. 3. 17.

자유당은 16일 상오 동 당의 정·부통령 후보인 이승만 박사와 이기붕 씨의 당선이 확실해진 데 대하여 "국민의 절대적인 신임에 감사한다."는 성명서를 발표하였다. 이날 조순[2] 선전위원장에 의하여 발표된 동 성명서는, "집권을 계속하게 되는 본당으로서의 중책을 통감한다."고 전제하고, "승자의 긍지와 아량으로 여야 협조를 도모하고 국정 쇄신과 국력 증강에 총력을 경주할 각오라."고 말하였다.

---

2 자유당 소속 국회의원을 지낸 정치인으로, 경제학자 조순과는 다른 인물이다.

058

# 미국, 3·15 선거 유감

『동아일보』 1960. 3. 18.

**"한국 민주 발전에 지장"**
**아이젠하워 대통령, 3·15 선거 불상사에 유감 표명**
**"폭력 사건으로 자유당 승리 망쳤다"**
**허터 장관. 양 대사 초치코 언급**

【워싱턴 16일 AFP 특전동화】 아이젠하워 미 대통령은 한국 선거 기간 중 발생하였던 모든 폭력 행위를 개탄하고 그와 같은 폭력 행위는 한국의 민주주의 발전에 지장을 초래할 것이라고 말하였다.

【워싱턴 16일 AP 급전합동】 아이젠하워 미 대통령과 허터 국무장관은 16일 다 같이 한국의 대통령 선거 운동과 관련해서 발생한 폭력 사건에 개탄의 뜻을 표하였다. 대통령은 기자단과의 회견에서 한국 선거에 논평하였다.

한편 허터 장관은 이날 양유찬 주미 한국대사와 국무성에서 약 20분간 회담하였다. 이 회담 뒤 양 대사는 "유감스러운 폭력 사건의 발생으로 이 대통령과 그의 자유당이 얻은 압도적인 승리를 망쳐졌다는 것을 허터 장관이 나에게 알리고자 하였다."고 밝히었다.

『동아일보』 1960. 3. 18.

한국으로부터의 보도에 의하면 선거일인 3월 15일에 폭동이 일어나 적어도 7명의 사망자와 11명의 부상자를 내게 하였다고 한다.

아이젠하워 대통령은 기자단과의 회견에서 폭력 사건이 발생하였다는 보도에 개탄한다고 말하였다. 그러나 그는 개인의 투표권을 침해하는 사례가 있었다는 소식에는 접하지 못하였다고 언명하였다. 양 대사는 허터 장관이 선거 중에 일어난 혼란이 가장 불행한 것이라고 지적하였다고 말하였다. 그는 이 대통령도 폭력 사건이 개탄스러운 일이라고 말한 바 있다고 부언하였다.

그리고 양 대사는 "그러한 사건의 발생이 매우 불유쾌한 일이었다는 데는 나도 동의한다. 그러나 그것은 국민이 끝까지 싸울 수 있게 하는 참된 민주주의가 있다는 것을 알려주는 것이었다."고 말하였다.

【워싱턴 16일 AFP동화】 국무장관 크리스천 A. 허터 씨는 16일 한국 선거에서 나타났던 폭동은 "대단히 불행한 일"이었다고 말하였다.

이것은 주미 한국대사 양유찬 씨가 허터 국무장관을 방문한 뒤 동 대사로부터 기자들에 전해졌던 것이다.

양 대사는 또한 기자들에 대하여 허터 국무장관이 이 대통령의 "압도적 선거가 한국 각처의 폭동을 수반한 것으로" 생각하고 있다고 말하였다.

059

# 대통령 탄신일 행사 중지

『동아일보』 1960. 3. 23.

**"나의 생일 행사 중지"**

**이 대통령, 간소히 지내겠다고 담화**

이 대통령은 2일 하오 담화를 발표하여 "나의 생일을 위하여 국군의 분열식과 축하식 등을 하면 재정이 많이 들므로 그러한 행사를 폐지하고 간소히 지내려 한다."고 언명하였다.

이 대통령 탄신일 축하 행사를 준비하고 있는 것과 때를 같이하여 항간에서는 큰 행사가 중지되리라는 설이 유포되고 있었으며, 선거가 끝난 직후인 만큼 학생들과 군중들이 한 곳에 많이 모이는 행사는 되도록 피하는 것이 좋겠다는 당국의 견해도 있었다. 이날 발표된 이 대통령 담화 요지는 다음과 같다.

나의 생일을 위하여 예년 국군의 분열식과 축하식 등을 해서 모든 동포들과 어린이들이 참가하여 큰 성황을 이루었는데, 지금 우리의 형편은 많은 재정을 들여서 지낼 수는 없는 것이므로, 이번에는 이러한 행사를 일체 폐지하고 간소히 지내려고 하는 것이다.

또 우리의 사랑하는 동포들이 예물을 보내온 것을 사양도 하였으나 마음에 불안하고 미안한 생각을 면하기 어려운 사정이 해마다 생기게 되었던 것이다.

# 「나의 生日行事中止」

## 李大統領、簡素히지내겠다고談話

### 慶祝行事中止

### 26日은公休日

『동아일보』 1960. 3. 23.

만일 그냥 지내기가 어렵다고 생각해서 생일에 행하는 전례로 생일 케이크라도 보내겠다면 이것을 몇 곳에 있는 병원에나 나누어 줄 수 있을 것이니 여기서 더 생색나는 일이 없을 것이다.

**『동아일보』 1960. 3. 23.**

---

### 경축 행사 중지
### 26일은 공휴일로

22일 상오에 열린 정례 국무회의에서는 오는 26일의 이 대통령 제85회 탄신일을 맞아 서울특별시 및 각도별로 거행될 경축 일체를 모두 중지, 26일은 공휴일로 하기로 의결하였다. 또한 동 회의는 3군 분열식과 기타 경축 불꽃놀이도 모두 중지토록 관계 당국에 지시하기로 결정하였는바, 동 결정은 21일 발표된 이 대통령 담화를 따라 이루어진 것으로 보인다. 종전의 예로 보아 이 대통령 탄신일 경축식이 갑자기 중지되는 것은 이번이 처음이다.

공사 중지된 사열대.

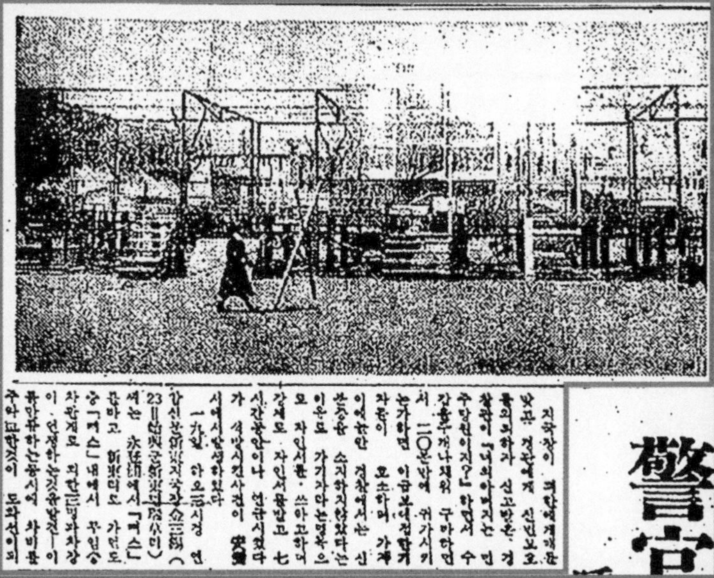

『동아일보』 1960. 3. 23.

060

# 마산에서 데모 발생

『동아일보』 1960. 4. 11.

**마산서 오늘밤 중대 사태**
**경찰서 등 관공서 대파**
**수만 군중이 전 시가 휩쓸고**

【마산지국 발 지급전】 11일 밤 6시 반부터 마산시엔 미증유의 중대 사태가 발생, 11시 현재 확대일로에 있다. 이날 상오 제1차 데모 당시 행방불명이 된 소년 시체가 발견됨으로써 흥분된 3천여 시민이 하오 2시경 마산도립병원에 집결, 이들 시민은 하오 6시 15분부터 일대 데모를 개시, "살인선거 물리치라.", "시체를 인도하라."는 구호를 외치기 시작, 남녀노소 시민의 수는 각일각(刻一刻) 급증, 수만의 군중은 마침내 도처에서 관공서를 파괴하기 시작, 폭력화하였다.

**시민 3명 사망설(1명은 확인)**
**하오 11시 현재 계속 중, 부산서 경관 특파**

데모대원들은 이날 하오 10시 현재 마산경찰서에 난입, 동 서를 대파, 경찰서장 지프차 1대를 소각, 자유당 마산시당부(黨部), 서울신문 마산지사, 허윤수(자유당) 의원의 자택, 남성동파출소 등을 대파하였는데, 처음 동 데모를 방관 중이던 경찰

馬山서 오늘밤 重大事態

警察署등官公署大破

數萬群衆이全市街휩쓸고

市民三名死亡說(一名은確認)

下午11時現在繼續中·釜山서警官特派

【馬山支局發至急電】十一日밤六時半부터 馬山市엔 未曾有의 重大事態이 發生十一時現在 擴大一路에있다 이날上午 第一次「데모」當時行方不明이된 少年屍體가 發見됨으로써 興奮된 三千餘市民이 下午二時頃 馬山道立病院에 集結, 이들市民은 下午六時十五分부터 一大「데모」를 開始「殺人選擧물리치라」「屍體를引渡하라」는 口號를외치기시작 男女老幼市民의數는 刻一刻急增ㅡ 數萬의 群衆은 마침내 到處에서 官公署을 破壞하기시작ㅡ 暴力化하였다

「데모」隊員들은 이날下午十十時現在 馬山警察署에 亂入, 同署를 大破, 警察署長「찝」車를 燒却, 自由黨馬山市黨部, 서울신문馬山支社, 許潤秀(自)議員宅, 南城洞派出所等을 大破했는데 처음同「데모」를 傍觀中이던警察은 下午九時五〇分에이르러 約百餘發에達하는銃發射ㅡ暴擧는下午十一時現在繼續中이다 下午十一時現在 이밖에破壞된곳은다음과같다 ▲트럭二臺 ▲오동派出所 ▲市廳유리窓一部 ▲朴永斗市長집 ▲東洋酒精會社事務室 ▲國民會馬山支部

한편 이날暴擧를通하여 一名의市民死亡者가發生된것이 確認되었으며 三名이死亡했다는說이 있다 釜山市內五個警察署는 이날밤非常召集이내려 그中多數警官이 馬山市에急派되었다

『동아일보』 1960. 4. 11.

은 하오 9시 50분에 이르러 약 백여 발에 달하는 총을 발사, 폭거는 하오 11시 현재 계속 중이다. 하오 11시 현재 이 밖에 파괴된 곳은 다음과 같다.

▲ 트럭 2대 ▲ 오동파출소 ▲ 시청 유리창 일부 ▲ 박영두 시장 집 ▲ 동양주정회사 사무실 ▲ 국민회 마산지부

한편 이날 폭거를 통하여 1명의 시민 사망자가 발생된 것이 확인되었으며, 3명이 사망했다는 설도 있다. 부산시내 5개 경찰서는 이날 밤 비상소집이 내려 그중 다수 경관이 마산시에 급파되었다.

061

# 마산 관련 특별 담화

『동아일보』 1960. 4. 14.

**난동자 의법 처리**
**배후에 공산당 혐의 있어 조사 중**
**이 대통령, 정국 안정을 강조**

이 대통령은 13일 하오 마산 사태 등 일련의 혼란한 정국에 관하여 특별 담화를 발표하고, "대통령의 명의로 민심을 안정시키도록 해야 하므로, 불법 행위를 일체 중지하고 불만된 일과 억울한 일은 법리적으로 해결토록 해야 한다."고 언명하였다. 동 담화에서 이 대통령은 법률을 어겨 혼란을 일으키는 자는 법에 의거 처리해서 시국을 정돈해야 한다고 강조하면서, 국민들이 양민(良民)의 태도를 견지해 주기를 바란다고 호소하였다.

이 대통령은 그의 담화 서두에서 최근 실시되는 새 정당 제도는 그전과 달리 파쟁을 지양하고 상호 잘못된 점을 교정해 나가는 것이라고 전제하면서, 동 제도를 무시하고 혼란을 일으켜 싸움을 하고 있는 요즘의 실태는 잘못이라고 지적했다.

동 담화 요지는 다음과 같다.

# 東亞日報

夕刊

# 「亂動者」依法處理

## 背後에 共產黨嫌疑있어 調査中

## 李大統領, 政局安定을 强調

## 政府, 强硬策을 採擇

### 任副議長談 發砲限界도 決定

## 背後糾明에 重點

### 自由黨調委員連席會議

『동아일보』 1960. 4. 14.

불행히도 우리 사람들 중에 새 정당 제도를 다 집어내 버리고 혼란을 일으켜서 싸움으로 모두 결단을 내는 것만을 시행하고 있으니, 이렇게 되면 이것은 예전 그대로를 또 해서 결단을 내려는 것이므로, 지금이라도 근대 세계에서 시행되는 정당 제도를 배워서 시행해 나가야 되는 것이다.

그러나 슬프게도 오늘에 와서는 문명 정도를 다 파괴시키고, 난당(亂黨) 행위를 행하려는 것이 지금 목전에 있으니, 이것을 그냥 내버려 두고는 누구나 다 편안히 살 수 없는 것이다. 그래도 우리가 이것을 참고 의로운 방면으로 계속해서 나가 볼까 했던 것인데, 점점 심해 가서 지금은 대단히 위험한 자리에 들어가고 있는 것이다.

지금 법을 다 폐지하고 난당의 행위로 여기저기서 싸움이 일어나고 사람의 생명을 살해하며, 학교에서 공부하는 아이들을 선동하여 끌어내다가 혼동을 일으켜 위험한 자리를 이루게 되니 이것을 그냥 두고는 어떻게 할 수가 없게 될 것이다.

그러므로 부득이 내가 대통령의 명의를 가지고 민심을 안정시켜서 모든 사람들이 다 안도가 되도록 하여야 하므로 불법 행위를 일체 중지하고 법으로 조처할 것이니, 만일 누구든지 불만한 일이나 억울한 일이 있으면 다 각각 그 지방에 법을 맡아 보는 사람들에게 호소해서 법리적으로 행하게 만들어야 될 것이다.

그렇지 않고 각각 법률을 내놓고 자행자의(恣行恣意)로 혼란을 만드는 자는 어디서든지 법대로 처리해서 시국을 정돈해야 될 것이며, 우선 이렇게 만들어 놓으면 그다음 해 나갈 것은 다시 더 지휘를 할 것이니, 그렇게 알고 법령을 각각 준(遵)히 시행하되, 일반 민중은 각별히 조심해서 난민들과 사귀지 말고 양민의 태도를 준행(遵行)해서 이대로 지켜 행하여야 정돈이 되어서 위험한 자리에 들어가지 않게 될 것이다.

이 난동에는 뒤에 공산당이 있다는 혐의도 있어서 지금 조사 중인데, 난동은 결국 공산당에 대해서 좋은 기회를 주게 할 뿐이니 모든 사람들은 이에 대해서 극히 조심해야 될 것이며, 또 지방경찰은 각각 그 지방의 정돈을 지켜서 혼란이 없게 만들어야 될 것이다.

062

# 마산 관련 2차 담화

『동아일보』 1960. 4. 16.

**'공산당 조종한 혐의'**
**이 대통령, 마산 사태에 거듭 담화**

이 대통령은 15일 상오 마산 사건에는 공산당의 배후 조종 혐의가 개재해 있다고 전제하고, 가증가탄(可憎可嘆)[1]할 난동 행위를 그냥 둘 수는 없으며, "다시는 이런 일이 없도록 법으로 다스려야 한다."고 언명하였다. 이날 이 대통령은 공보실을 통하여 발표한 담화에서 이상과 같이 언급한 다음, 어린 학생들을 방임한 책임은 그들의 부모에게 있다고 경고하면서, 난동 행위는 결국 공산당에 좋은 기회를 주는 결과밖에 되지 않는다고 말하였다. 이 대통령은 동 담화에서 고문 경찰관의 처벌 등 마산 사태를 수습할 정부 방침에 관해서는 전혀 언급치 않았는바, 담화 요지는 다음과 같다.

"지금 듣기는 마산폭동이 거반 정돈이 되어서 철모르고 덤비던 사람들이 정신을 차려 거반 정돈이 되어 가게 된 것을 잘되는 것이라고 생각하는데, 해내외에서 들어오는 소식은 마산에서 일어난 폭동은 공산당이 들어와 뒤에서 조종한 혐

1 가증스럽고 개탄할 만함.

이 대통령.

# "共黨操縱한 嫌疑"

## 李大統領, 馬山事態에 거듭 談話

李 大 統 領

李大統領은 十五日上午 馬山事件에는 共産黨의 [illegible] 操縱嫌疑가 介在해있다고 前提하고 可憐可[illegible]한 亂動行爲를 그냥둘수는없으며 「다시는 이런일이 없도록 法으로다스려야한다」고 言明하였다 이날李大統領은 公報室을通하여 發表한 談話에서 以上과같이 言及한다음 어린學生들을 [illegible]任한責任은 그들의父兄에게있다고 警告하면서 亂動行爲는 結局共産黨에 좋은機會를 주는 結果밖에 되지않는다고말하였다 李大統領은 同談話에서 拷問等 [illegible]의 [illegible] 馬山市民들을 收拾할 政府方針에 關해서는 全혀言及치 않았는바 談話全[illegible]은 다음과같다

「지남번에는 마산사동이 거반 정돈이되어서 철모르고 덤비던 사람들이 정신을차려서 방정돈이되어 가게된것을 잘되는것이라고 생각하는데 해내외에서 들어오는소식은 마산에서 일어난 폭동은 공산당이 들어와 뒤에서조종한 혐의가있다고 하는것이다 공산당의 선전에 속아서 이런일을 한다면 가증가만할일인것이다 몰지각한 사람들이 또선동하여 난동을하다가 경찰이러한 불상사를 만들어놓았으니 이것을 우리가 그냥둘수는 없는것이다

그저 정치욕만으로 이런일을 또만들었으니 몰지각한 사람들이 밖에서 선동하는것만듣고 공산당의 선전에 놀아나는것을 각오시켜서 다시는 이런일이없도록 법으로 다스려야할것이다

제일 주의하여야할것은 학교에다니는 어린아이들을 꾀어가지고 선동을해나가는것인데 이것은 첫째로 그부모들이 자식들을 방임한 책임이있는것이니 앞으로는 그렇지않도록 각오하고 다시는이런일에 참석치못하도록만들어놓아야 할것이다

과거 전남여수에서 공산당이일어나서 사람들을 많이 죽였을때에 조그만 아이들이 일어나서 수류만을 가지고 저희부모들에게 까지던지는 이런불상사는 공산당이 아니고는 있을수없는 것이라고 하였던것이다

이런것을보고 외국기자들도 말하였지만 공산당이라는것은 부모도어른도 아이도 모르고 사람이할수없는짓을 자행자지하며 이렇기하는것을 오히려잘하는줄로 알고있는 것이다 그러니 난동을 일으켜서 결국공산당에게 좋은기회를 주는결과밖에되지않는것이니 이러한일이 없도록 모든사람들이 다같이 노력해서 만전을기하도록 하여야할것이다」

# "共產黨 介在란 不正隱蔽手段"

## 野, 誠意있는 收拾策主張

民主黨은 十五日上午 談話를 發表하고 「政府는 馬山市民에 對하여 共産黨云云의 陋名을 씌우려는 威脅政策을 버리고 지금이라도 國民앞에 不法을 謝過하는 同時에 모든 [illegible]行爲者를 [illegible]處理하여 民心을 [illegible]시키는데 誠意있는 努力을 해야할것」이라고 主張하였다 [illegible]部長이 發表한 同談話는 또한 「馬山事件의 原因은 [illegible]政府의 多年間에걸친 [illegible]·不法·失政에 對한 不滿의 累積에 있고 近因은 不正投人選擧·無差別銃擊·[illegible]的拷問·[illegible]에 對한 [illegible]에 있는것이며 그 [illegible]으로 [illegible]한것임은 天下가 共知하는바이라」고 指摘하는 同時에 「政府는 馬山事件의 [illegible]이 不正選擧를 是正하기 [illegible]하여 再選擧를 實施하여야할것이라」고 力說하였다

十四日下午의 民主黨 [illegible]의 決議에 依하여 發表된 이談話는 또한 다음과같이 指摘하였다

「最近의 李大統領談話文, 內務長官의 [illegible]文, 內務長官및 法務次官談話 그리고 軍檢察의 對共三部合同搜査委員會 [illegible]는 馬山事件의 背後에 共産黨이 介在한 [illegible]疑가 있다는것이다 그러나 內務次官·大檢察廳次長等은 「證據는아직없다」고 말하

「동아일보」 1960. 4. 16.

의가 있다고 하는 것이다. 공산당의 선전에 속아서 이런 일을 한다면 가증가탄할 일인 것이다. 몰지각한 사람들이 또 선동하여 난동을 하다가 필경 이러한 불상사를 만들어 놓았으니, 이것을 우리가 그냥 둘 수는 없는 것이다.

그저 정치욕만으로 이런 일을 또 만들었으니, 몰지각한 사람들이 밖에서 선동하는 것만 듣고 공산당의 선전에 놀아나는 것을 각오를 시켜서, 다시는 이런 일이 없도록 법으로 다스려야 할 것이다.

제일 주의하여야 할 것은 학교에 다니는 어린아이들을 꾀어 가지고 선동을 해 나가는 것인데, 이것은 첫째로 그 부모들이 자식을 방임한 책임이 있는 것이니, 앞으로는 그렇지 않도록 각오하고 다시는 이런 일에 참석지 못하도록 만들어 놓아야 할 것이다.

과거 전남 여수에서 공산당이 일어나 사람들을 많이 죽였을 때[2]에 조그만 아이들이 일어나서 수류탄을 가지고 저의 부모들에게까지 던지는 이런 불상사는 공산당이 아니고는 있을 수 없는 것이라고 하였던 것이다.

이런 것을 보고 외국기자들도 말하였지만, 공산당이라는 것은 부모도 어른도 아이도 모르고 사람이 할 수 없는 짓을 자행자지(恣行自持)[3]하며, 이렇게 하는 것을 오히려 잘하는 줄로 알고 있는 것이다. 그러니 난동을 일으켜서 결국 공산당에 좋은 기회를 주는 결과밖에 되지 않는 것이니, 이러한 일이 없도록 모든 사람들이 다 같이 노력해서 만전을 기하도록 하여야 할 것이다.

---

2 1948년 10월 19일 일어난 여수·순천 반란사건을 가리킨다.
3 스스로 행하고 스스로 그친다는 뜻으로, 자기 마음대로 했다 말았다 함을 이르는 말.

063

# 부정선거 규탄 데모 전국 확대

『동아일보』 1960. 4. 20.

**부정선거 규탄 학생 데모 전국에 확대**
**경무대 앞서 일대 혼란 야기**
**장갑차를 동원, 군중에 무차별 일제 사격**
**피살자 수십 명, 총상자 수백 명 예상**

10여만 명의 서울 지구 각 대학 혼성 데모대와, 이에 합류한 고교생 데모대 및 수만 시민들은 노도와 같이 19일 장안 일대의 질서를 무너트렸다.

따라서 이날 하오 정부는 이에 대한 비상책으로서 서울, 부산, 대구, 광주, 대전 등 5개 도시에는 경비계엄령을 선포하였으며, 일선지구로부터는 탱크 1개 중대를 포함한 보병 1개 사단이 서울로 이동을 개시하는 등, 유사 이래 최초의 초비상사태가 벌어지고 있다.

그러나 데모대들은 경무대 문전과 서대문 이 의장댁[1] 문전까지 육박, 무차별 사격을 받고 피살자와 총상자가 속출되는 일대 비극을 연출시키고 있다.

하오 5시를 기하여 무장경찰대들은 장갑차까지 동원하고 마침내 장안을 뒤

1 부통령에 당선된 이기붕.

경무대 입구에서 총을 겨누고
데모대의 돌격을 막는
무장경찰대.

東亞日報

不正選擧糾彈學生「데모」全國에擴大

景武臺앞서 一大混亂惹起

裝甲車를動員 群衆에無差別一齊射擊

被殺者數十名·銃傷者數百名豫想

◇寫眞은 景武臺入口에서 銃을 겨누고 데모隊의 突擊을 막는 武裝警察隊

暴政이 利敵이다

各大學宣言文 似而非民主主義를 排擊

非常戒嚴令宣佈 서울、釜山、大邱、光州、大田等

輕妄한行動말라

「탱크」中隊를動員

一個師兵力서울로進擊?

李議長집앞에도殺到

祖國愛의 發露

『동아일보』 1960. 4. 20.

덮은 학생 데모대 그리고 시민들의 해산을 목적으로 전반적인 무차별 소탕 사격을 시내 도처에서 개시하여, 일선 전투를 방불케 하는 총성으로 수도 하늘을 진동, 수십 명의 사망자와 무수한 총상자를 노상에 늘어 놓고 있다.

또한 데모대에 의해서 방화된 서울신문, 반공청년단이 있는 반공회관, 그리고 태평로파출소, 적선동파출소 등은 흑연을 하늘로 내뿜으며 완전 소각 중에 있고, 시내의 소방차는 데모대에 의하여 소실 혹은 장악되어 소화 기능이 마비된 상태에 있다.

3·15 정·부통령 선거의 부정을 규탄하는 학생 데모는 19일 서울과 광주, 인천, 부산 등 전국 각 지방에서 노도와 같이 거리를 메우고 '민주주의 사수'의 구호는 지축을 흔들었다.

이날 서울에서 10여만 명에 달하는 학생 데모는 공포(空砲)와 최루탄 그리고 곤봉의 세례를 뚫고 부정선거의 시정을 절규, 경무대와 서대문 이기붕 의장댁을 향해서 스크럼을 짜고 돌진, 바리케이트를 쌓고 대기 중인 무장경찰대와 도처에서 충돌을 일으켰다.

데모 대학생군은 직접 이승만 대통령과 이기붕 의장에게 선거 부정의 시정을 강력히 요구할 태세를 갖추었으며, 그들은 마침내 경무대 근처와 서대문 이 의장댁 부근 노상에서 필사적인 무장경찰의 저지로 말미암아 답보 상태를 유지한 채 일촉즉발의 위기를 조성하면서, 각각 경무대와 이 의장댁 문전에 육박, 실탄 발사의 세례를 받고 사상자를 속출시키고 있다.

이날 하오 1시 현재 서울 장안을 휩쓸고 있는 학생 데모대는 만여 명을 헤아리는 서울대학교의 각 대학과 동국대, 연세대, 성균관대, 건국대, 경기대, 중앙대, 홍대 등 수만 명의 대학생 군으로 혼성되었으며, 동성고, 대광상고, 휘문 등 고등학교 학생들이 그 뒤를 따랐다.

그런데 전기 각 대학 학생들은 각기 학교를 출발할 때부터 경찰들의 저지를 받았고, 공포(空砲)와 최루탄 및 곤봉의 세례를 무릅쓰고 서울의 2대 간선도로인 을지로와 종로 등 약 10킬로의 대로를 뒤덮어 버렸다.

서울대학의 선발대가 국회의사당 앞에 집결하고 농성 태세에 들어간 것을 기점으로, 대학별로 진행되던 학생 데모군은 정오를 기해서 광화문으로 집결하기 시작하였고, 완전한 집결을 기다릴 사이도 없이 돌진하여 온 동국대학을 선두로 물밀듯이 경무대를 향하여 중앙청을 경유, 각양각색의 구호를 부르며 돌진하였다.

064

# 4·19 혁명

『동아일보』 1960. 4. 21.

---

**원인·책임 물을 때 아니다**
**이 대통령, 4·19 사태에 담화**
**"불평 주인(主因)[1] 있으면 다 시정**
**급선무는 법·질서 회복"**

이 대통령은 20일 하오 "어제 일어난 난동으로 본인과 정부 각료들은 심대한 충격을 받았다."고 언명하였다. 이날 공보실을 통하여 발표된 담화에서 이 대통령은 "급선무는 법과 질서를 회복하여 계엄령을 없게 하는 것"이라고 전제하고, "불평의 주요 원인이 있으면 다 시정될 것"이라고 말하여 큰 주목을 끌게 하였다.

정계 옵서버들은 이 대통령의 이날 담화를 평하여 "앞으로 양호한 분위기가 조성될 동기가 될 것 같다."고 희망적인 견해를 표시했는바, 동 담화 내용은 다음과 같다.

"나의 전 생애를 바쳐 온 애국적인 한국민으로서 어느 누구든지 그러한 행동

---

1 주요한 원인.

이 대통령.

『동아일보』 1960. 4. 21.

을 취할 수 있었다고는 거의 믿지 못할 것이다.

그러나 지금은 그 원인을 논의하거나 책임을 묻고자 할 때가 아니다.

급선무는 법과 질서를 회복하여 계엄령의 필요성이 없게 되게 하는 것이다.

나는 전 한국 국민이 이 목적을 위해 애국심을 발휘하고 책임 당국의 지시에 따르기를 호소하는 바이다.

질서가 회복되면 정부는 이번 소요사건의 조사에 최대의 노력을 기울일 것이다.

죄가 있는 사람들은 벌을 받을 것이고 불평의 주요 원인이 있으면 다 시정될 것이다. 많은 사람들이 목숨을 잃고 부상을 당하고 피를 흘렸으며 많은 손해를 입게 된 것을 가슴 아프게 생각하는 바이다.

부상자들 가운데 두 사람의 미국인이 끼어 있었음을 심히 유감으로 여기는 바이다.

이 쓰라린 경험을 통해서 모든 우리 국민이 큰 교훈을 얻게 되었으며, 우리가 법과 질서 그리고 정의의 원칙에 충실하는, 일치단결된 국민으로서 서로 전진할 수 있게 되기를 오직 바라는 바이다.

065

# 4·19 혁명 희생자 명단

『동아일보』 1960. 4. 21.

---

**민간인 사망 94명**

**경관 3명**

**부상자 도합(경관 포함) 532명**

**계엄사령부서 발표**

**4·19 데모 희생자(서울) 명단**

송요찬 계엄사령관은 21일 상오 9시를 기하여 4·19 비상 데모로 인한 학생과 민간인 및 경찰관 측 피해를 발표하였다.

동 발표에 의하면 민간인 94명과 경찰관 3명이 사망하였다.

한편 부상자는 민간인 456명 경찰관 76명이다. 희생자의 시체는 각 병원에서 유가족들에게 인도 중에 있다.

사망자 명단은 다음과 같다.

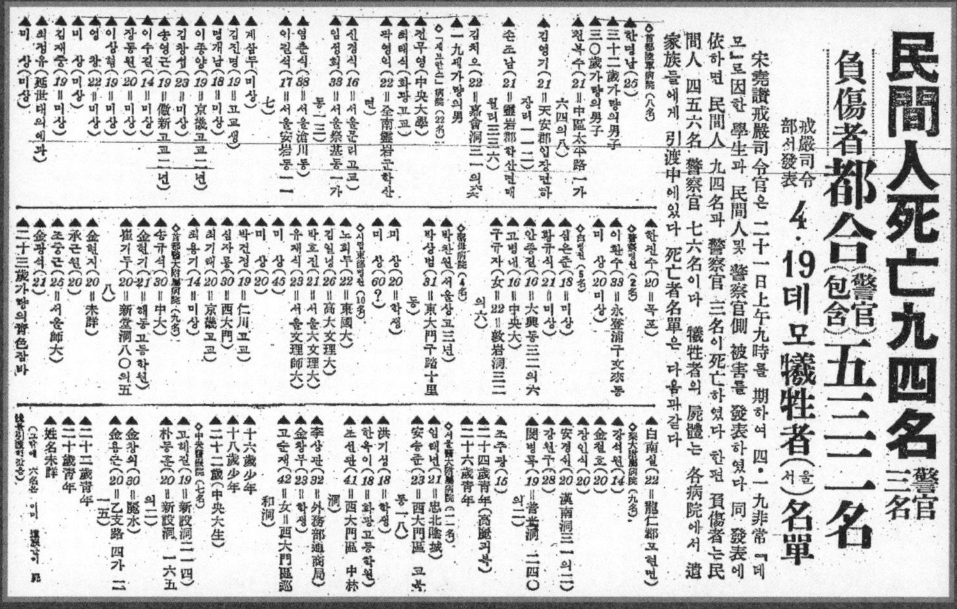

# 民間人死亡九四名 警官三名

## 負傷者都合(警官包含)五三二名

戒嚴司令部서發表

## 4·19데모犧牲者(서울)名單

宋堯讚戒嚴司令官은 二十一日上午九時를 期하여 四·一九非常「데모」로因한 學生과 民間人및 警察官側 被害를 發表하였다 同 發表에 依하면 民間人 九四名과 警察官 三名이 死亡하였다 한편 負傷者는民間人 四五六名 警察官 七六名이다 犧牲者의 屍體는 各病院에서 遺家族들에게 引渡中에있다 死亡者名單은 다음과같다

◇首都陸軍病院 (八名)
▲한명남(25) ▲三十二歲가량의男子 ▲三〇歲가량의男子 ▲천복수(21=中區太平路一가 六四의八) ▲김영기(21=天安郡입장면하장리一一二) ▲손조남(21=靈岩郡학산면매월리三三六) ▲김치오(22=嘉會洞三一의六) ▲一九세가량의男

◇「세브란스」病院 (22名)
▲전무영(中央大學) ▲허태식(화광고교) ▲곽영이(22=全南靈岩군학산면) ▲신경식(16=서울문리고교) ▲임성회(33=서울祭基동一가동一三) ▲염춘식(38=서울滄川동) ▲이길석(17=서울安岩동一一七) ▲계삼두(미상) ▲김진명(19=고교생) ▲명개남(18=미상) ▲이종양(19=京畿고교二년) ▲김창섭(23=미상) ▲송영근(19=徽新고교二년) ▲이수길(14=미상) ▲장동원(20=미상) ▲이상혁(19=미상) ▲영 창(22=미상) ▲비 상(미상) ▲김재중(19=미상) ▲최정유(延世대의예과) ▲미 상(미상)

▲한진수(20=폭포)

◇警察병원 (2名)
▲이환수(33=永登浦구文來동) ▲미 상(20미상)

◇白병원 (5名)
▲심은춘(18=미상) ▲황규식(21=미상) ▲안종길(16=大興동三二의六) ▲고병내(16=中央大) ▲구규자(女22=敦岩洞三三의六)

◇聖母病院 (4名)
▲박찬원(서울상고三년) ▲박상범(31=東大門구踏十里동) ▲미 상(20=학생) ▲미 상(60?)

◇시립東部병원 (10名)
▲노회두(22=東國大) ▲김일남(26=高大文理大) ▲박호진(21=서울大文理大) ▲유재식(23=서울文理師大) ▲미 상(45) ▲미 상(20) ▲박전정(19=仁川고교) ▲심자룡(30=西大門) ▲최기태(20=京畿고교) ▲최용기(14=미상)

◇首都醫大附屬病院 (九名)
▲송규석(30=中大) ▲金현기(21=해동고등학원) ▲崔기두(20=新堂洞八〇의五八) ▲金현지(20=未詳) ▲承근원(20) ▲조중근(25=서울師大) ▲金광석(21) ▲二十三歲가량의青色잠바

▲白南실(22=龍仁郡포현면)

◇梨大附屬病院 (九名)
▲강석원(14) ▲金철호(20) ▲장인식(20) ▲安경식(20 漢南洞三一의二) ▲강원구(28) ▲閔병묵(19=普光洞二四〇의二) ▲조주광(15) ▲二十四歲青年(高麗고복) ▲二十六歲青年

◇서울醫大附屬病院 (二名)
▲임태년(21=忠北陰城) ▲安송준(23=西大門區고양동一八) ▲洪기성(18=학생) ▲한옥이(18=화광고등학원) ▲조선관(41=西大門區中林洞) ▲李상관(32=外務部通商局) ▲金창부(23=학생) ▲고순재(42=女=西大門區巡和洞) ▲十六歲少年 ▲十八歲少年 ▲二十二歲(中央大生)

◇中央醫院 (七名)
▲고해진(19=新設洞二一四) ▲朴동훈(20=新設洞一六五의二) ▲金창의(30=麗水) ▲金용은(20=乙支路四가二一五) ▲二十二歲青年 ▲二十歲青年 ▲姓名未詳

(그밖에 六名은 이미 遺族들이 引渡해 갔음)

『동아일보』 1960. 4. 21.

◇ 수도육군병원(8명)

▲ 한명남(25)

▲ 32세가량의 남자

▲ 30세가량의 남자

▲ 천복수(21=중구 태평로1가 64의 8)

▲ 김영기(21=천안군 입장면 하장리 112)

▲ 손조남(21=영암군 학산면 매월리 336)

▲ 김치오(22=가회동 31의 66)

▲ 19세가량의 남

◇ 세브란스병원(22명)

▲ 전무영(중앙대학)

▲ 최래식(화광고교)

▲ 곽영익(22=전남 영암군 학산면)

▲ 신경식(16=서울문리고교)

▲ 임성희(33=서울 제기동1가동 13)

▲ 염춘식(38=서울 창천동)

▲ 이길석(17=서울 안암동 117)

▲ 계삼두(미상)

▲ 김진명(19=고교생)

▲ 명개남(18=미상)

▲ 이종양(19=경기고교 2년)

▲ 김창섭(23=미상)

▲ 송영근(19=경신교교 2년)

▲ 이수길(14=미상)

▲ 장동원(20=미상)

▲ 이상형(19=미상)

▲ 영창(22=미상)

▲ 미상(미상)

▲ 김재중(19=미상)

▲ 최정유(연세대 의예과)

▲ 미상(미상)

▲ 한진수(20=목포)

◇ 경찰병원(2명)

▲ 이환수(33=영등포구 문래동)

▲ 미상(20=미상)

◇ 백병원(5명)

▲ 심은준(18=미상)

▲ 황규식(21=미상)

▲ 안종길(16=대흥동 32의 6)

▲ 고병내(16=중앙대)

▲ 구규자(여=22=돈암동 32의 6))

◇ 성모병원(4명)

▲ 박찬원(서울상고 3년)

▲ 박상범(31=동대문구 답십리동)

▲ 미상(20=학생)

▲ 미상(60?)

◇ 시립동부병원(10명)

▲ 노희두(22=동국대)

▲ 김일녕(26=고대 문리대)

▲ 박호진(21=서울대 문리대)
▲ 유재식(23=서울 문리사대)
▲ 미상(45)
▲ 미상(20)
▲ 박건정(19=인천고교)
▲ 심자룡(30=서대문)
▲ 최기태(20=경기고교)
▲ 최용기(14=미상)

◇ 수도의대부속병원(9명)
▲ 송규석(30=중대)
▲ 김현기(21=해동고등학원)
▲ 최기두(20=신당동 80의 58)
▲ 김현지(20=미상)
▲ 승근원(20)
▲ 조중근(25=서울사대)
▲ 김광석(21)
▲ 23세가량의 청색잠바
▲ 백남실(22=용인군 모현면)

◇ 이대부속병원(9명)
▲ 강석원(14)
▲ 김철호(20)
▲ 장인식(20)
▲ 안경식(20=한남동 31의 2)
▲ 강원구(28)
▲ 민병록(19=보광동 240의 2)
▲ 조주광(15)
▲ 24세 청년(고려피복)
▲ 26세 청년

◇ 서울의대부속병원(11명)
▲ 임태년(21=충북음성)
▲ 안승준(23=서대문구 교북동 18)
▲ 홍기성(18=학생)
▲ 한옥이(18=화광고등학원)
▲ 조선관(41=서대문구 중림동)
▲ 이상관(32=외무부 통상국)
▲ 김창무(23=학생)
▲ 고순재(42=서대문구 순화동)
▲ 16세 소년
▲ 18세 소년
▲ 22세 중앙대생

◇ 중앙의료원(7명)
▲ 고혜길(19=신설동 214)
▲ 박동훈(20=신설동 165의 2)
▲ 김창의(30=여수)
▲ 김용근(20=을지로 4가 215)
▲ 22세 청년
▲ 20세 청년
▲ 성명 미상
(그 밖에 6명은 이미 유족들이 시체를 인도해 갔음)

066

# 미국 정부의 태도

『동아일보』 1960. 4. 22.

## 미국 정부 태도에 소식통 관측
## 언커크[1] 보고받고 미 강경책 결정

【워싱턴 20일 AFP동화】 그럼에도 불구하고 비공식 서클에서는 한국의 유엔 가맹을 맨 먼저 제창한 나라인 미국은, 이 대통령 정부의 반대파가 제기한 불만을 해소시키기 위한 과단성 있는 조치를 취하지 않고서 한국 문제에 대처하게 되면 매우 입장이 곤란할 것이라고 말하였다.

자유선거에 의한 통한(統韓)을 바란다고 항상 말해 온 미국은 3·15 선거를 특징지은 부정행위 때문에 허황한 입장에 서게 되었다.

19일 한국 정부에 대해서, 기본 민주자유를 회복시키고 재야 세력에 대하여 민주주의의 이름에 부끄러운 제 행동을 중지하도록 호소한 허터 장관의 지극히

---

1 UNCURK(United Nations Commission for the Unification and Rehabilitation of Korea, 국제연합한국통일부흥위원회). 1950년에 설립된 기구로 대한민국의 통일, 독립, 민주정부 수립, 경제 재건 및 평화 회복을 활동 목적으로 했다. 호주, 칠레, 네덜란드, 파키스탄, 필리핀, 타이, 터키 등 7개국으로 구성되었으며, 1968년까지 국제연합 총회에 한국의 정치, 경제, 군사 등 중요한 문제에 관한 연례보고서를 제출했다.

美國政府態度에消息通觀測

언커크報告받고美强硬策決定

訪韓計劃아직不變

아大統領

訪韓取消不當

美上院外委長强調

『동아일보』 1960. 4. 22.

강경한 태도는 다수의 정치 해설가들을 놀라게 하였다.

한편 아이젠하워 대통령이 6월 22일로 예정된 서울 방문을 포기해야 할지의 여부를 논의하면서 대체로 정통한 소식통은, 아 대통령이 1952년 11월에 처음으로 방문한 한국에 가기를 아직도 원하고 있다고 말하였다.

수개월 동안 공개되지 않을 것으로 보이는 전기(前記) 언커크 보고서는 지난 3·15 선거 중 민주주의 원칙을 심히 위반한 데 대하여 주시하였던 것으로 생각된다.

미 국무성은 20일 밤 이 대통령으로부터 그의 반대파 측에서 표시한 정당한 불만을 신중히 고려하겠다는 확언이 전달되기를 기다리고 있었다.

현재까지 알려진 유일한 보장은, 서울에서 발표된 이 대통령의 담화 속에 나타나 있는 일들뿐인데, 동 담화의 공식 원문은 아직 워싱턴 당국에 접수되지 않았다.

### 방한 계획 아직 불변
### 아 대통령

【오가스타(조지아 주) 20일 AP 동화 검열필[2]】 아이젠하워 대통령은 20일 한국의 불안스러우며 군대로써 유지되고 있는 평온 상태에 관하여 최신 보고를 받았다.

아이젠하워 씨는 한국에 관하여 국무장관 및 국무성과 긴밀한 연락을 취하고 있다. 그러나 한국에 관한 성명서나 조치는 국무성에게 일임하고 있다.

…… 6월 22일에 한국을 방문하려는 그의 계획에는 변함이 없다. 워싱턴에서 상원외교위원회의 2의원은 제3의원의 반대리에 아이젠하워 대통령은 항의 표시로써 동 여행을 취소시켜야 한다고 말하였다. 백악관 공보비서서리 왜인 호크스 씨는 기자들에 대하여, 아이젠하워 씨는 19일 해거티 씨와 전화로써 이야기하였으며, 허터 장관과는 긴밀한 연락을 취하고 있다고 말하였다.

골프 휴가가 끝나기 하루 전인 이날 아이젠하워 씨는 오가스타 국립 골프장에 설치된 그의 사무실에서 1시간 반 동안 집무하였다.

---

**2** 이날 현재 계엄 중인 까닭에 기사에 대해 계엄 당국의 검열을 받았다는 뜻.

아이젠하워 씨의 아들이며 백악관 비서로 있는 존 아이젠하워 소령은, 대통령에게 모종 서류를 제시하고 토론하였는데, 호크스 씨는 "나는 한국 문제가 제기되었음을 확신한다."고 말하였다.

아이젠하워 씨는 아마도 20일 하오 3시경 이곳을 출발하여 워싱턴으로 귀환하게 될 것으로 추측되었다.

067

# 이 대통령 하야 결의

『동아일보』 1960. 4. 27.

**이 대통령 하야 결의**
**정·부통령 재선거도 실시**
**원한다면 내각책임제 개헌**
**노도 같은 수십만 데모 있자 중대 성명**
**공산 재침 기회 주지 말도록**

이 대통령은 26일 상오 국민이 원한다면 대통령직에서 물러나겠다고 언명하였으며, 또한 3·15 선거가 부정하게 실시되었다는 여론에 따라 정·부통령 선거를 다시 실시하도록 지시하였다고 밝혔다.

25일 밤부터 철야하고 이날도 새벽부터 서울 거리를 뒤덮은 노도와 같은 수십만 군중의 데모가 이 대통령의 하야를 절규하며 이리 몰리고 저리 몰리고 있는 도중, 상오 9시 반 발표된 이 대통령의 중대 성명에서는, 국민이 원한다면 내각책임제 개헌도 하겠다고 지적되어 있었다. 이러한 소식이 전해지자 거리를 뒤덮은 군중들은 일제히 환성을 올리었으며, 그들의 요구가 관철되었다는 기쁨에 한층 흥분은 최고 절정에 도달하였다. 이 대통령은 이날 성명에서 혼란을 틈탄 공산괴뢰의 재침을 엄계해야 한다고 언명하였는 바 동 성명 내용은 다음과 같다.

이대통령의 하야결의 성명을 듣고 세종로 네거리 군 '탱크' 위에서 환호하는 젊은이, 노인, 어린이들.

# 李大統領下野決意

## 正·副統領再選擧도實施

## 願한다면內閣責任制改憲

### 怒濤같은數十萬「데모」있자重大聲明

### 共産再侵機會주지말도록

李大統領은 二十六日 上午 國民이 願한다면 大統領職에서 물러나겠다고 言明하였으며 또한 三·一五選擧가 不正하게 實施되었다는 輿論에 따라 正副統領選擧를 다시 實施하도록 指示하였다고 밝혔다.

二十五日밤부터 徹夜하고 이날도 새벽부터 거리를 뒤덮은 怒濤와같은 數十萬群衆의 데모가 李大統領의 下野를 絕叫하며 이리몰리고 저리몰리고있는 途中 上午九時半發表된 李大統領의 重大聲明에서는 國民이 願한다면 內閣責任制改憲도 하겠다고 指摘되어있었다 이러한 消息이 傳해지자 거리를 뒤덮은 群衆들은 一齊히 歡聲을 올리었으며 그들의 要求가 貫徹되었다는 기쁨에 한층 興奮은 最高絕頂에 到達하였다 李大統領은 이날 聲明에서 混亂을틈탄 共産傀儡의 再侵을 嚴戒해야한다고 言明하였는바 同聲明內容은 다음과같다

### 事實上下野 許外務談

### 內閣責任 民議員總 與,野

寫眞=(上) 李大統領의 下野決意聲明을듣고 世宗路네거리 軍「탱크」위에서 歡呼하는 젊은이, 노인, 어린이들…(下)「李承晩물러가라!」「선거다시하라!」고 외치며 行進하는世宗路…中央廳大路를 메운市民들

『동아일보』 1960. 4. 27.

"이승만 물러가라!", "선거 다시 하라!"고 외치며 행진하는 세종로…중앙청 대로를 메운 시민들.

나는 해방 후 본국에 돌아와서 애국애족하는 동포들과 더불어 잘 지내왔으니 이제는 세상을 떠나도 한이 없으나, 나는 무엇이든지 국민이 원하는 것만이 있다면 민의를 따라서 하고자 한 것이며 또 그렇게 하기를 원했던 것이다.

보고를 들으면 우리 사랑하는 청소년 학도들을 위시해서 우리 애국애족하는 동포들이 내게 몇 가지 결심을 요구했다 하니 내가 아래서 말하는 바대로 할 것이며, 내가 한 가지 부탁하고자 하는 것은 우리 동포들이 지금도 38 이북에서 우리를 침입코자 공산군이 호시탐탐하게 기다리고 있다는 것을 명심하고 그들에게 기회를 주지 않도록 힘써 주기를 바라는 바이다.

(1) 국민이 원한다면 대통령 직을 사임하겠다.

(2) 3·15 정·부통령 선거에 많은 부정이 있다 하니 선거를 다시 하도록 지시하였다.

(3) 선거로 인연한 모든 불미스러운 것을 없이 하기 위하여 이미 이기붕 의장에게 공직에서 완전히 물러나도록 하였다.

(4) 내가 이미 합의를 준 것이지만, 만일 국민이 원한다면 내각책임제 개헌을 하겠다.

068

# 이 대통령 사임

『동아일보』 1960. 4. 28.

**이 대통령, 국회에 사임서**
**12년간 집권에 종지부**
**국회, 27일 하오 2시 정식 접수 발효**

이 대통령은 27일 상오 '국회의 결의를 존중해서' 대통령직을 즉각 물러나겠다는 성명을 발표하는 동시에, 대통령직 사임에 필요한 법적 절차를 밟고자 대통령직 사임서를 하오 2시 국회에 송부하였다. 국회는 대통령 사임서를 원의(院議)에 따라 접수함으로써 이 대통령은 3대에 걸쳐 12년간의 대통령직에 마지막 종지부를 찍었다.

이 대통령의 사임서는 이날 신 국무원 사무국장에 의하여 국회에 전달되었다. 이 대통령은 27일 하오 11시 반경 경무대를 출발하여 종로를 경유, 모처로 향하였다. 그는 4·19와 4·26 사태 후의 민정을 보고자 이날 경무대를 나온 것으로 보인다.

**국회 결의를 존중**
**이 대통령의 사임서 내용**

李大統領 國會에辭任書

十二年間執權에終止符

國會, 27日下午2時 正式接受發效

李大統領은 二十七日上午『國會의 決議를尊重해서』大統領職을 即刻물러나겠다는 聲明을發表하는同時에 大統領職辭任에 必要한 法的節次를 밟고자 大統領職辭任書를 下午二時 國會에送付하였다. 國會는大統領辭任書를 院議에따라 接受하므로써 李大統領은 三代에걸쳐 十二年間의 大統領職에 마지막終止符를 찍었다

國會決議를尊重

李大統領의辭任書內容

李議長辭表는未接

28日本會議서處理豫定

馬山事態報告

在美韓人電文 國會서接受

任哲鎬副議長 韓熙錫議員職

『동아일보』 1960. 4. 28.

이 대통령은 27일 하오 다음과 같은 대통령직 사임서를 국회에 제출하였다.

허 외무장관[1] 은 대통령 사임이 26일 국회의 결의를 존중하고 있는 만큼 즉각 사임을 의미하는 것이라고 언명하였다.

"나 리승만은 국회의 결의를 존중하여 대통령의 직을 사임하고 물러앉아 국민의 한 사람으로서 나의 여생을 국가와 민족을 위하여 바치고자 하는 바이다."

---

1 허정 외무장관. 허정은 이승만 하야 후 대통령 권한대행을 지냈다.

069

# 미 대통령 회견

『동아일보』 1960. 4. 28.

**미국 압력 아니다**
**한국민 자신이 4·26 혁명 성취**
**애국자이지만 이 박사는 과오 범했다**
**아 대통령 회견서 6월 방한 재확인**

【워싱턴 27일 UPI 특전동양】 아이젠하워 대통령은 27일 한국에서의 민주주의 조치를 재래(齎來)[1]한 것은 미국 정부의 압력이 아니라 한국 국민들 자신이라고 말하였다. 아 대통령은 미국이 이승만 대통령 정부를 전복시킨 소요를 사주하였다는 것을 부인하였다. 아 대통령은 그는 아직도 예정대로 다음 6월 22일 한국을 방문할 계획이라고 말하였다

【워싱턴 27일 AP 특전합동】 아이젠하워 대통령은 기자회견에서 소련, 일본 및 한국에서의 짤막한 체류 외에 기타 국가를 그의 방문 계획에 포함시킬 수는 없었다고 말하였다. 아이젠하워 대통령의 기자회견은 "아직도 한국을 방문할 생각을 하고 있는가?"라는 제1 질문에 대답함으로써 시작되었다.

1 어떤 원인에 따른 결과를 가져옴.

美國壓力아니다
韓國民自身이 4·26革命成就
愛國者이지만 李博士는 過誤犯했다
아大統領會見서 六月訪韓再確認
李在鶴氏 副議長職辭任書
李起鵬氏辭表接受되면 議長團闕席
改革目的實現祈願
선거크民主發展報告豫定
現民議員自退 學生收拾隊要求
李農林·兪國防 委員長職辭任
國軍서拒絶說 李起鵬氏身邊保護
李起鵬氏亡命 美官邊, 許與示唆
民主黨代表指示 報復行爲抑制
議會弱化
閣人選
유엔監視機關構想?
美官邊, 韓國再選에公明性期待

『동아일보』 1960. 4. 28.

그는 이 대통령 정부에 대한 반대 데모에 폭력이 따랐다는 데 대해서 심심한 유감을 표명하였다. 그는 기자회견에서 그 자신의 역할에 관하여 그가 한국 사태에 취한 유일한 조치는, 이 대통령에게 한국 선거에는 분명히 부정이 있었으며, 이것을 초래시킨 사태는 시정되어야 한다는 것이라고 말하였다. 그러나 아이젠하워 대통령은 85세의 한국 지도자를 위대한 인간이며 굉장한 애국자이며 한국의 아버지라고 말하였다. '아' 대통령은 이어 그러나 이 대통령은 나이가 들어가면서 과오를 범하였다고 말하였다.

020

# 이기봉 씨 일가족 자진

『경향신문』 1960. 4. 28.

**이기붕 씨 일가족 자진**
**오늘 새벽 경무대서**
**유해 수도육군병원에 이송**
**사체 검안 후 진상 조사 중**

계엄사령부는 28일 상오 10시 15분 "이날 새벽 5시 40분경 이기붕, 박마리아, 이강석 소위, 차남 이강욱 군 들이 세종로 1번지에 있는 경무대 36호 관사에서 자결했다. 동 유해는 자결 현장에서 검사와 의사의 검안을 끝마치고 수도육군병원에 안치 중에 있으며, 진상은 조사 중이다."라고 발표하였다.(호외 재록(再錄))

25일 이후 그 행방이 묘연하던 이기붕 씨 일가족 4명은 28일 경무대 별관에서 권총으로 자결하였다. 그런데 28일 상오 5시 40분경 경무대 별관에서 이 대통령의 양자 이강석(육군소위) 군이 자기 양친인 이기붕 씨와 박마리아 여사 및 동생 강욱 군을 권총으로 사살한 다음 자기도 그 권총으로 자결한 것이다.

# 李起鵬氏一家族自盡

## 오늘 새벽景武臺서

=遺骸首都陸軍病院에移送=

死體檢案後眞相調査中

戒嚴司令部는二十八日上午十時十五分「이날 새벽五時四十分頃 李起鵬 朴마리아·李康石少尉·次男 李康旭君들이 世宗路一番地에있는 景武臺三六號官舍에서 自決했다 同遺骸는自決現場에서 檢事와醫師의 檢案을끝마치고 首都陸軍病院에 安置中에있으며 그眞相은 調査中이다」라고 發表하였다 (號外再錄)

二十五日이후 그행방이 묘연하던 李起鵬氏 일가족 四명은 二十八日경무대별관에서 권총으로 사결하였다 그런데 二十八日上午五時四十分경 景武臺別館에서 李大統領의 養子李康石(陸軍少尉)군이自己養親인 李起鵬氏와 朴마리아女史및 同生康旭君을 권총으로 射殺한다음 자기도 그권총으로 사결한것이다

李承晩博士

28日國會流會

『경향신문』 1960. 4. 28.

위-이기붕.
가운데-박마리아.
아래 왼쪽-이강석.
아래 오른쪽-이강욱.

071

# 이 대통령 하와이로 망명

**『경향신문』 1960. 5. 29.**

---

**이 박사 부처 돌연 하와이로 망명**
**오늘 아침 김포공항을 출발**

【김포공항에서 신태민·김수종·윤양중 본사 특파원발】 전(前) 대통령 이승만 박사와 동 부인 프란체스카 여사는 29일 상오 8시 45분 CAT항공사 소속 전세기편으로 김포국제공항을 떠나 하와이로 일로 망명의 길을 떠났다.(호외 재록)

이날 공항에는 허정 수석국무위원과 이수영 외무차관 및 그의 운전수와 경호원 수 명이 전송할 뿐 16년 전 그가 국부로 추앙을 받으며 동포의 환호성에 묻혀 환국했을 때와는 너무도 대조적이어서 파란 많은 그의 생애를 말하는 듯하였다.

**"이제 무슨 말을 하겠소.**
**그대로 떠나게 해 주오."**
**허 수석 등 전송·4개의 백 휴대**

남기고 싶은 말이 없느냐는 기자 질문에 이 박사는 "지금 내 입장에서 무슨 말을 하겠소. 얘기를 하면 내 생각하는 일이 달라질지 몰라 다 이해해 주고 그대로 떠나게 해 주오."라고 말하였으며, 프란체스카 부인도 소감을 묻는 기자에게 "낫씽...

29일 아침 김포공항에 도착, 비행기에
오르기 전 전송객과 이야기하는 이 박사.

# 李博士夫妻突然「하와이」로亡命

## 오늘아침金浦空港을出發

【金浦空港에서 申泰旼·金壽鐘·尹亮重本社特派員發】前大統領 李承晩博士와 同夫人「후란체스카」女史는 二十九日 上午八時四十五分 CAT航空社所屬專貫機便으로 金浦國際空港을 떠나「하와이」로 一路亡命의길을떠났다(號外再錄)

## "이제무슨말을하겠소 그대로떠나게해주오"

### 許首席등餞送·四個의짐携帶

## 國會問題化할듯

## 海外에財産莫大

### 李女史와外交官

## 暫定査證으로

『경향신문』1960. 5. 29.

탑승하는 이 박사, 부축하는
사람은 경호원 김창근 씨.

아이 러브 코리아."(아무것도 없소. 나는 한국을 사랑합니다)라고만 말했다.

41개의 좌석이 있는 CAT사의 B1004호기는 이날 아침 7시 반 대북(臺北)[1] 으로부터 비래(飛來)[2] 하여 이 박사 내외와 그들의 휴대품인 4개의 중형 보스턴백, 2개의 우산과 이 박사가 10여 년래 애용해 온 타이프라이터 1대와 단장(短杖)[3] 1개를 실었을 뿐 아무도 따라가는 이가 없었고, 승무원으로는 기장 K. R. 락웰 씨, 부조종사 티턴 및 핀카바 씨의 3명 외에는 한 사람의 스튜어디스(안내원)도 없었다. 락웰 조종사는 이날 기상 등 비행 조건이 호적(好適)[4] 하다고 말하면서, 순조로우면 21 내지 22시간 후에 하와이 호놀룰루 비행장에 닿을 것이며, 도중 웨이크 도(島)에 기착하게 될 것이라고 말하였다.

허 수석 국무위원은 정비 관계로 이날 예정보다 1시간여 연발하게 된 기체 안에서 이 박사와 얘기하였는데, 그것은 "별 얘기도 아닌 이런저런 얘기였다."고 말하였다. 허 수석은 이 박사 부처가 "휴양 차 하와이로 떠났다."는 것을 공보실을 통하여 발표할 것이라고 말하였다.

이로써 4월 민주혁명의 성공으로 12년간에 걸친 장구한 1인 독재정치에 종지부를 찍은 '완고한 노인'은 뼈를 조국에 묻고 싶다던 하나의 소망도 거두지 못하고 아무도 반겨 주는 이 없을 이역으로 떠나갔다.

### 국회, 문제화할 듯

이승만 박사의 해외 망명 사건은 30일의 국회에서 일단 문제화될 것 같다. 민주당 소속의 대부분은 "좋은 의미에서나 나쁜 의미에서나 국회에서 문제 삼아야 한다."고 주장하였다.

29일 상오 민주당의 양일동 의원은 "모든 부정의 수사가 현재 고인이 된 이기붕 씨에게서 멈칫하고 있는 데 대해 국민은 의혹을 품고 있다."고 말하면서, "김

---

**1** 타이베이.
**2** 날아와.
**3** 짧은 지팡이.
**4** 매우 좋음.

구 선생과 조봉암 씨의 살해 사건 수사가 전개되면, 그 대상의 정점 인물이 될 이 박사의 망명을 묵인한 과도정부의 태도를 국회로서는 추궁을 해야 할 것이다."라고 사견을 표시했다.

072

# 이승만 서거

『동아일보』 1965. 7. 20.

---

**이승만 박사 서거**
**19일 오후 7시 35분 한국시간**
**뇌일혈로 마친 향년 90세**

【호놀룰루 19일 UP 특전동양=본사 특약】 이승만 전 대통령은 우리나라 시간으로 19일 오후 7시 35분 호놀룰루의 마우나라니 병원에서 뇌일혈로 서거했다. 한국 독립을 위해 전 생애를 바쳐 온 이 박사가 19일 90세를 일기로 서거했을 때, 그의 병상 곁에는 프란체스카 부인과 양자 이인수 씨가 있었다.

**21일 안으로 서울로 운구**
**"노 아이 엠 쏘리."… 흐느끼는 프 여사**

【호놀룰루 20일 AP 동양=본사 특약】 이 박사의 유해는 20일 혹은 21일 서울로 운구될 것이며, 양자 이인수 씨가 이에 따를 것이다. 그리고 미망인 프 여사도 유해와 함께 서울로 올 가능성이 있다.

마우나라니 병원에서 프 여사는 이 박사의 사망을 매우 슬퍼했다.

AP 기자는 프 여사가 한 작은 방에서 전화를 받으며 조용히 울고 있는 것을

90세를 일기로 파란 많은 생애를 마친 이승만 박사.

『동아일보』 1965. 7. 20.

봤다.

프 여사는 기자가 다가가자, "노, 아이 엠 쏘리."라고 말하고 중얼거렸다. 이 박사는 임종이 왔을 때 혼수상태에 있었으며, 아무런 고통도 느끼지 않았다고 개인 주치의 민 박사는 말했다.

한편 이 박사의 친구인 최 씨는 전 비서 황규면 씨가 한국 기독교회에서의 장례식에 참석하기 위해 서울로부터 호놀룰루에 비래할 것으로 알고 있다고 말했다.

최 씨는 또한 이 박사의 먼 친척의 한 대표가 역시 한국으로부터 이곳에 올 것이라고 말했다.

## 이승만 연보
1875–1965

| | |
|---|---|
| 1875. | 황해도 평산에서 이경선과 김해 김씨 사이에 셋째아들로 태어남 |
| 1891. | 박승선과 첫 번째 결혼 |
| 1895.4. | 배재학당에 입학 |
| 1898.8. | 『제국신문』 주필 |
| 1899.1. | 박영효와 관련된 고종 황제 폐위 음모 사건에 연루되어 1904년 8월까지 투옥 |
| 1904.8. | 특별 사면령으로 석방 |
| 1905.2. | 미국 조지워싱턴대학에 입학 |
| 1905.4. | 기독교 세례 받음 |
| 1910. | 프린스턴대학교에서 박사학위 취득 |
| 1910.8. | 귀국하여 감리교 선교사로 활동 |
| 1912.4. | 미국으로 출국 |
| 1913.8. | 하와이에서 한인기독학원 운영 |
| 1914. | 하와이에서 무장투쟁을 주장하는 박용만에 맞서 교육을 통한 실력 양성을 주장하며 대립 |
| 1919.2. | 한국을 국제연맹의 위임통치 하에 둘 것을 요청하는 청원서를 미국 윌슨 대통령에게 제출 |
| 1919.3. | 러시아령 임시정부에서 국무 및 외무총장에 임명 |
| 1919.4. | 상해 임시정부에서 국무총리에 임명 |
| 1919.9. | 상해 임시정부에서 이승만을 임시 대통령에 추대 |
| 1920.12. | 상해 임시정부에서 대통령 직 수행 |
| 1921.5. | 워싱턴에서 개최될 군축회의에 참석하기 위해 미국으로 출국 |
| 1922.9. | 하와이로 출국 |
| 1925.3. | 상해 임시정부 의정원은 이승만을 탄핵한 후 대통령 직 박탈 |
| 1933.1. | 스위스 제네바에서 열린 국제연맹 회의에 참석 |
| 1933.11. | 상해 임시정부 국무위원에 선출 |
| 1934.10. | 뉴욕에서 오스트리아인 프란체스카 도너와 재혼 |
| 1940. | 주미 외교위원부 위원장 임명 |
| 1945.10. | 광복 후 귀국 |
| 1945.10. | 독립촉성중앙협의회 조직 후 회장에 추대 |
| 1946.2. | 미군정이 조직한 남조선대한국민대표민주의원에 참여해 의장에 선출 |
| 1946.6. | 정읍에서 남쪽만의 임시정부 혹은 위원회 조직이 필요하다며 남한 단독정부 수립을 |

| | |
|---|---|
| | 주장(정읍 발언) |
| 1948. 5. | 남한만의 국회의원 총선거에서 당선 |
| 1948. 5. | 국회의장에 최연장자로 선출 |
| 1948. 7. | 국회에서 선거에 의해 대한민국 대통령에 선출되어 7월 24일 취임 |
| 1948. 9. | 반민족행위자 처벌에 반대 입장 표명 |
| 1949. 6. | 반민족행위특별조사위원회 특경대원 해산 명령 |
| 1952. 7. | 발췌개헌안 통과시킴 |
| 1952. 8. | 제2대 대통령에 선출되어 취임 |
| 1954. 11. | 대통령 3선 금지조항을 삭제한 제2차 헌법개정안을 통과시키고자 하였으나 의결정족수에 한 표 미달하여 부결. 그러나 4사5입에 따라 가결된 것이라고 주장하며 부결된 개정안을 통과시킴 |
| 1956. 5. | 제3대 대통령에 선출되어 취임 |
| 1958. 1. | 제3대 대통령 선거에서 2위로 낙선한 조봉암이 간첩죄 및 국가보안법 위반 혐의로 검거됨. |
| 1958. 7. | 조봉암에 대한 1심 재판 결과 징역 5년 받음 |
| 1959. 2. | 조봉암, 대법원에서 최종 사형 판결 받음 |
| 1959. 7. | 조봉암 사형 집행 |
| 1960. 3. | 제4대 대통령 선거에서 당선 |
| 1960. 3. | 미국 대통령 아이젠하워, 3·15 선거에 대해 유감 표명 |
| 1960. 4. 11. | 경상남도 마산에서 데모 발생 |
| 1960. 4. 18. | 부정선거를 규탄하는 학생 데모 전국에 확대 |
| 1960. 4. 27. | 국회에 대통령 사임서 제출 |
| 1960. 5. 29. | 미국 하와이로 망명 |
| 1965. 7. 19. | 미국 하와이에서 뇌일혈로 사망 |
| 1965. 7. 27. | 유해를 국립묘지에 안장 |